中华上下五千年
历史谜案

楚湘 / 编著

西苑出版社

图书在版编目（CIP）数据

中华上下五千年历史谜案/楚湘编著．—北京：西苑出版社，2009.7

ISBN 978-7-80210-552-2

Ⅰ.中… Ⅱ.楚… Ⅲ.中国—通史—通俗读物 Ⅳ.K209

中国版本图书馆CIP数据核字（2009）第103790号

中华上下五千年历史谜案

编　　著　楚　湘

出版发行　西苑出版社

通讯地址　北京市海淀区阜石路15号　邮政编码：100143

电　　话：010-88624971　传　　真：010-88637120

网　　址　www.xycbs.com　E-mail：xycbs8@126.com

印　　刷　唐山新苑印务有限公司

经　　销　全国新华书店

开　　本　787mm×1092mm　1/16

字　　数　249千字

印　　张　15.25

版　　次　2009年9月第1版

印　　次　2009年9月第1次印刷

书　　号　ISBN 978-7-80210-552-2

定　　价　28.00元

（凡西苑版图书如有缺漏页、残破等质量问题，本社邮购部负责调换）

目录

第五章 唐朝历史谜案

第六章 宋朝历史谜案

第七章 元朝历史谜案

第八章 明朝历史谜案

第九章　清朝历史谜案

第一章

秦朝历史谜案

1. “奇货可居”：秦始皇的迷离身世

秦始皇嬴政是中国历史上的第一位皇帝，他13岁即位，在位期间，相继灭韩、楚、燕、魏、赵、齐，统一六国，称为始皇帝。秦始皇定官司制，废分封、行郡县，统一文字、律令、度量衡，开创了此后延续了两千多年的中华帝国的基业，但关于他的身世一直是一个千古之谜。

秦始皇是中国历史上第一位皇帝，他统一了六国，统一了度量衡，修筑了举世闻名的长城，一生功绩卓著。但另一方面，他也是一个暴君，实行暴政，秦仅经历两朝而亡，他有不可推卸的责任。史书记载，秦始皇有三个名字：一是嬴政，因为“秦之先为嬴姓”；二是赵政，秦始皇是他父亲秦庄襄王在赵国当人质时所生，故姓赵氏；三是吕政，这是指秦始皇乃吕不韦幸姬带孕而嫁后所生，实为吕不韦之子。

说秦始皇是吕不韦私生子，是根据司马迁《史记·吕不韦列传》的一则记载：“吕不韦取邯郸诸姬绝好善舞者与居，知有身。子楚从不韦饮，见而说之，因起为寿，请之。吕不韦怒，念业已破家为子楚，欲以钓奇，乃遂献其姬。姬自匿有身，至大期时，生子政。”

秦始皇的父亲本是秦国公子嬴异人，后改名子楚（即庄襄王），是秦昭王的孙子。秦赵两国发生长平之战，赵国惨败。秦昭王则借助长平之战的余威，派军队围攻赵都邯郸，但没有成功，于是同赵国达成暂时妥协。由于战国时候各诸侯国之间倘若结盟，必须相互派送人质，所以秦昭王让孙子异人到邯郸做人质。不久，秦国攻打赵国，赵王迁怒异人，有意将他处死，幸而平原君赵胜以“异人不得宠，杀之无益，反而使秦国有责怪赵国的借口，并断绝了日后秦赵和谈之路”为由阻止，但赵王仍无法解恨，从此不再以公子之礼对待异人，使其流落街头、无以为生。

这时候，大商人吕不韦和他父亲正在各国行商。这吕不韦野心勃勃、志向远大，总想寻觅到能够一本万利的买卖。

一天，吕不韦兴冲冲地跑回家，神秘兮兮地问他父亲：“耕田的利有几倍?”父亲回答：“十倍。”他又问：“商贾的利有几倍?”答：“百倍。”他再问：“如果立一个国王，利有几倍?”父亲让儿子这么一个没头没脑的问题给弄懵了，过了好久，嘴里才吐出几个字：“无数倍。”

儿子一笑，一字一句地对父亲说：“当今之世，拼命种田，出死力耕作，

到头来也只能混个吃饱穿暖。若能买到一个国君，让他听我的，不仅一生有享不尽的荣华富贵，还可泽及后代。我就要做这样的买卖。”

原来，吕不韦盯上了正在赵国做“质”的异人，认为这正是“奇货可居”的大买卖。他决定做一次冒险而能一本万利的政治投资。

于是，吕不韦设法结交异人，并与其相处得非常亲密。一天，他对异人说：“现在秦王老了，太子安国君宠爱华阳夫人，只有华阳夫人能立太子，可惜她没有儿子。你们兄弟有20多人，你排在中间，又不得宠，还长期在赵国做人质。以后安国君继任王位，你是没有希望当太子的。”异人对这一点早就看得很清楚，沮丧地说：“这又能怎么办呢?”吕不韦随即表示愿意帮助异人回国继承王位。

异人喜出望外，当下就与吕不韦说好，如果事成，两人共有秦国。

但吕不韦的目的是要使秦国成为吕家的天下，于是，他就进一步设计将怀有自己孩子的漂亮情人赵姬“送”给异人。

一天，他请异人吃饭，觥筹交错之间，请出赵姬歌舞助兴。赵姬眉眼传情，又频频为异人敬酒，弄得异人神魂颠倒。酒后异人拉住吕不韦的手，请求他将赵姬送给自己为妻。吕不韦假装恼火，异人则苦苦哀求，于是，吕不韦便顺水推舟：“既然你如此喜爱，我就只能忍痛割爱了，送给你吧。”异人千谢万谢，对吕不韦愈加感激不尽。

赵姬后来怀胎十二个月生下一男孩，名政，就是后来的秦始皇。

这个故事最早见于《史记》，所以许多人对秦始皇的这种出身信以为真。班固也认为秦始皇是吕不韦之后，并把这一观点写进了《汉书》，还直呼嬴政为吕政，于是让更多的人对此深信不疑。后来，南朝宋人裴骃在写《史记集解》时，也赞同这个观点：“吕政者，始皇名政，是吕不韦幸姬有娠，献庄襄而生始皇，故云吕政。”以后，诸多史家也都一遍一遍地重复着这个带有传奇色彩的故事。于是，秦始皇为私生子的说法，好像成了一个确凿不疑的定论。

然而，记录战国事迹甚详的《战国策》却不这么认为。后世的疑窦大体上表现为以下三个方面：

(1) 关于吕不韦“钓奇”之谋

有人认为：吕不韦出谋之时，秦昭王在位，安国君不过是一个太子，怂恿异人求为“太孙”已经事出常轨，把希望寄托于还在胎中的“太玄孙”，也就是自己的儿子身上，未免太不切实际。吕不韦不是神人，他怎么知道秦昭王不久于世，孝文王即位一年、庄襄王即位三年就相继而亡?显然，这是后人根据已经发生的史实编排而成，不是信史。郭沫若在《十批判书》中就持此观点，为此，他指出了三个疑点：

第一，仅见《史记》而为《国策》所不载，没有其他的旁证；

第二，和春申君与女环的故事如同一个刻板印出的文章，情节大类小说；

第三，《吕不韦列传》又有“子楚夫人赵豪家女”之说，显然与上述故事自相矛盾。

明代王世贞在《读书后记》也怀疑《史记·吕不韦列传》这段记载的真实性，他提出了两条理由：

一是吕不韦为使自己长保富贵，故意编造自己是秦始皇的父亲的故事；

二是吕不韦的门客骂秦始皇是私生子以泄愤，而编造此说。

另一些人对上述观点持反对态度，郭志坤在《秦始皇大传》对郭沫若的三点质疑，作了针锋相对的批评。他认为：

第一，《史记》的记载有不少为《战国策》所不载，没有旁证，照样保持《史记》的真实性；

第二，春申君与女环的故事，出于《战国策·楚策》。《史记》所载的故事与此相类似，并不能否定《史记》记载的真实性，只能说明这种斗争手段，在当时是被不少政治上的风云人物所运用的；

第三，并没有自相矛盾。司马迁说吕不韦取“邯郸诸姬绝好善舞者”献于子楚，此“姬”即为“赵豪家女”，完全说得通。

(2) 关于赵姬的家世

关于赵姬的家世，《史记》的叙述矛盾百出。《史记·秦始皇本纪》称秦始皇母为“吕不韦姬”，《史记·吕不韦传》也称始皇母为“邯郸诸姬绝好善舞者”，可见，秦始皇的母亲只是邯郸城中的一名出色的优伶，出身卑微，没有显赫的地位。可是，在同一篇《吕不韦列传》中又说：“赵欲杀子楚妻子，子楚夫人赵豪家女也。得匿，以故母子竟得活。”《史记·秦始皇本纪》还记载：灭赵以后，秦王亲临邯郸，把同秦王母家有仇怨的尽行坑杀。试问：如果赵姬确实出身优伶，哪有那么多的仇家？如果赵姬出生豪门，又何至于先作吕不韦之姬妾，再被献作异人之妻？

(3) 关于秦始皇的妊期

历史上，关于秦始皇的妊期一直存在多种争论。有些人认为：赵姬由吕不韦献给秦始皇的父亲子楚，这件事也许可能存在，但是“过门不及期(jī，一周年) 而生”，却是颇为有些可疑。《史记》记载，赵姬是在子楚娶了她一年后，才生下嬴政。因此，从时间来看，嬴政是子楚所生是无可怀疑的。如果说始皇本是“不及期而生”，赵姬要在子楚身边将此事一直隐瞒到“及期”后，子楚不可能不发觉？可见，始皇确是异人之子。

还有些人认为：如果赵姬怀孕而来，不及期而生，则事出正常，不值得一书；如果赵姬未孕而来，十二月而生子则事又正常，更不值得一书；

正因为怀孕过期而生，事出异常，太史公才有此说。为了避免误解，司马光在《资治通鉴》中，干脆改为“孕期年而生子政”。期年，满一年也。可见，司马光也认为秦始皇是吕氏之子。

也有一些人说：吕不韦献匿身姬，是传闻；秦始皇十二月而生，是事实；太史公的先举传闻、后举事实，就在于以事实来订正传闻。

不过，这种说法也是牵强附会。事实上，《史记》说“至大期时，生子政”的这个大期，只是怀妊期，表示足月而生，并不涉及赵姬跟从异人时间的长短。议论者把表示怀妊时间的“大期”与赵姬跟从异人的时间等同起来，才出现以上一些不必要的争议。

更有一些论者认为：有关秦始皇出生的传说均属子虚乌有，司马迁只是搜奇猎趣，以讹传讹而已。

看来，对于秦始皇的身世之谜，各方学者都缺少过得硬的资料，而现在的文献资料也没有这方面的确切记载，只有等待日后地下出土的资料了来破解这个“千古之谜”了。

2. “五厄”之首：秦始皇“坑儒”始末

大秦帝国建立后，为了加强对人民思想的控制，秦始皇实行文化专制，发起了前所未有的“焚书坑儒”运动。秦始皇为什么要这样做？而数以百计的儒生被坑杀活埋，在当时是一件影响非常大的事情，其“坑儒”地点在什么地方，为什么史书中却没有明确的记载？秦始皇在一手制造了千古冤案的同时，也给后人留下了千古之谜。

秦始皇遵循秦国崇尚武力、重用刑罚的传统，灭掉六国之后，不给人们休养生息的机会，浩大的建筑工程有增无减：修筑长城、造骊山墓、建阿房宫、不断地巡幸天下……以致于国无宁日，民不聊生。那些来自六国的书生们，承袭了战国以来“处士横议”的风气，不断地以《诗》《书》典籍及先王善政为根据，讥评时政，煽动反抗情绪，威胁着秦王朝的政权和政令的推行，这当然是秦始皇断然不能容忍的。

始皇三十四年（前213）的一天，秦始皇在咸阳宫举办宴会，博士70人全部参加，一齐向始皇敬酒祝福，仆射周青臣趁机说：“原先，秦国的土地不过千里，靠陛下神圣英明，平定海内、赶走蛮夷，普天之下莫不臣服；建立郡县、不封诸侯，人人安乐，万世万代，永无战争之患，从古到今，哪有陛下这样的威德？”

淳于越是来自齐国的博士，针锋相对地说：“我听说商周享国千余年，分封子弟功臣，在四周拱卫辅佐。现在陛下拥有天下，但你的子弟却是普

通老百姓，一旦有犯上作乱之臣，怎么能互相救助？办事不效法古代而能长久的，我还没听说过。周青臣当面讨好，加深你的过错，不是一个忠臣。”

秦始皇叫大家都发表意见。丞相李斯说：“五帝的政令不相重复，三代的制度不相承袭，都把国家治理得很好。为什么？因为时代变了。陛下创千秋大业，建万世功勋，这些都不是像淳于越那样的腐儒所能理解的。可他们凭着一张嘴巴，以古论今，蛊惑百姓，新的政令一出，他们就街头巷尾议论纷纷，拉帮结派、哗众取宠，如果让他们这样胡闹下去，不只降低了皇上的威信，而且也必将形成一股反对政府的势力。”

“你认为需要采取哪些措施呢？”秦始皇问。

李斯说：“禁。”

秦始皇又问“如何禁？”

李斯回答到：“臣以为，除了秦国的史书、六国史官所记之简册，一律烧毁；除了博士，凡私家所藏《诗》、《书》及百家语，也烧；有敢交头接耳谈《诗》说《书》的，砍头；以古论今的，灭族；官吏知而不报者，同罪；令下三十日后留书不烧的，脸上刺字后罚四年苦役，戍边筑城。只有医药、占卜、种植的书不烧。要学习法令的，以吏为师。”

秦始皇说：“行，就这样办。”

不久全国各地焚书火起，从都城咸阳到边远的乡村，四处是焚书的烈焰，大批文化古籍在无情的烈火中化为灰烬，中国文化史上第一次灭绝性的大浩劫从天而降。焚书的恶果不仅使许多先秦重要典籍遭到破坏，同时也给春秋战国以来活跃的思想领域和理论探索者们以致命的打击，堵塞了秦代学术自由的探讨之路，阻碍了先秦诸子百家思想文化融合的进程。

然而，焚书的余烟尚未消散，“坑儒”的风波又平地而起。“坑儒”的直接起因是方士侯生、卢生等讽议始皇，继而逃走所致。秦始皇称帝后，为求长生不老，迷恋仙道，不惜重金，先后派徐福、韩众、侯生、卢生等人寻求仙药。由于多方寻求仙药未果，引起秦始皇的不满，他的脾气也变得越来越跋扈、暴躁，喜怒无常。

侯生与卢生当时都是秦始皇身边的方士，由于长期寻求仙药终不可得，害怕被处死，同时，从博士们的前车之鉴感受到自身命运亦将不济，因此，他们内心惴惴不安，感受到自己的末日即将来临。于是，二人悄悄地逃走了。

秦始皇得知此事后愤怒异常，暴跳如雷地说道：“我招揽了众多的文章博学之士和方术士，并厚礼相待，希望通过他们求得仙药，谋求天下太平。而侯生、卢生等人，不但没求得仙药，还不辞而别，恶意诽谤我，这岂能姑息！”于是，他下令对咸阳的所有儒生进行审问，欲查出造谣惑众

之人。儒生们为保全自己，只得互相告发，最后圈定的460余人都被活埋。长子扶苏进谏道：“天下刚刚安定，远方的黎民百姓尚未完全归附，众儒生都学习孔子的学说。如今一概重刑处理，恐怕会引起天下的不安，希望皇上慎重考虑这件事。”然而，此时的秦始皇根本听不进别人的意见，一怒之下竟把扶苏赶出咸阳，派其北去上郡监视蒙恬，驻守边疆。

从史书的记载看，秦始皇焚书坑儒的事实比较清晰，但有人认为这件事情的经过还存在一些疑点：秦始皇究竟“坑”的是谁？坑儒的数目是多少？坑儒的地点在哪里？

从“坑儒”事件的起因来看，秦始皇所坑杀之人似应是方士，而从秦始皇长子扶苏的进谏“众儒生都诵法孔子”来看，所坑杀的似又是儒生。对此顾颉刚先生认为：从秦开始，方士和儒生走到一起，特别是儒生们，看到秦始皇如此崇信仙道方术，所以在他们谈论政治制度时，也常用邹衍的“五德终始说”来迎合皇帝的意图，儒生方士化的倾向越来越明显；而方士们看到仅靠仙法道术也并不能完全满足秦始皇的需求，尤其不能在政治上超过儒生，便也表现出崇尚儒学的样子。这样，一方面是儒生们尽量方士化，而方士们为取得政治权力也相继归到儒生的队伍里。就此而言，秦始皇所坑杀的人中，当是儒生与方士都有。

那么，坑儒的数目到底是多少呢？《史记·秦始皇本纪》中记载坑儒数目为460余人。《论衡·语增》中作467人，而卫宏《诏定古文尚书序》中说700人被坑杀。马端临在《文献通考·学校考》中考证说，秦始皇共两次坑儒。第一次是上面所说的公元前212年在咸阳坑杀的460余人，这是公开坑杀的。采取“杀鸡儆猴的手段”，“使天下知之，以惩后”。第二次坑杀了700余人，是采取秘密暗害的手段，方法也更为“巧妙”和残忍，使被害者在不知不觉中突然死去，外人更是毫不知情，所以能把真相隐瞒了256年之久，直到东汉光武帝时，卫宏才在《古文尚书》序言中透露出这段骇人听闻的史实。接着后人为《史记》注“正义”时，将卫宏所披露的秦始皇第二次坑儒事件作为参考资料编入史书，悄悄地流传下来。

在《史记·儒林传正义》中这样记载了秦始皇的第二次坑儒事件：“秦始皇焚书以后，担心天下人不按照颁布的法令去做，遂召诸生，凡是到咸阳的一律拜为郎，前后有700人。不久密令冬天在骊山坑谷比较温暖处种瓜，等到瓜结果成熟时，他诏博士、诸生谈论此事。儒生们搞不清楚冬天为何要种瓜，便纷纷发表自己的意见，乱作一团。于是，秦始皇让大家前去察看，预先派人在这个地方设置了机关。诸生贤儒到达后，仍是互相论辩不止，这时秦始皇命人触发机关，将

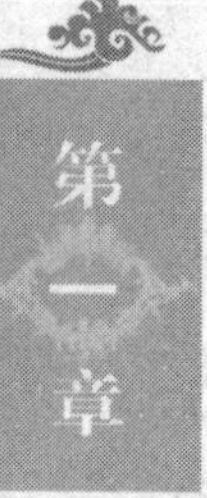

士从上面往下填土，不一会儿众儒生全部被埋在下面，没多少时间就没有声息了。”有人认为卫宏的记载与司马迁《史记·秦始皇本纪》所记载的是不同的两次坑儒事件，也有人认为卫宏的记载只是一个传说而已。总之，因为这个传说，骊山温谷从此又叫坑儒谷，汉代又把这里叫愍儒乡。有学者考证，地址在今临潼县西10公里的洪庆堡过去又叫灭文堡。

另外，根据刘修明先生实地考察认为：坑儒谷应当在今据临潼西南5里处的一个狭长幽深的山谷里，其地“温泉水脉纵横，瓜果能不按季节而生”。山谷两边都是高坡峻岭，只要投下黄土石块守住谷口，别说是进来数百人，即便是数千人也同样逃不出来，但这一切都缺少明确的考古证据，因此确切的“坑儒”地点至今仍然是一个谜。

3. 地下兵团：谁是兵马俑的真正主人

1974年，陕西临潼西杨村农民利用新春农闲之际打井，却意外地挖出了一个和真人一样大小的陶质巨人，其身披铠甲、手持武器、威风凛凛、神情肃穆。考古工作者顺藤摸瓜，挖掘出一个大型的地下兵马俑军阵，数千名武士排满俑坑，战马、兵车、五花八门的青铜兵器似乎正在恭候检阅。随后，考古工作者又发掘出了二号坑、三号坑和四号坑。兵马俑的发现引起了世界性的极大轰动，被誉为“世界第八大奇迹”。那么，兵马俑的主人是谁呢？真的是雄霸天下的秦始皇吗？

1974年，在陕西省临潼县秦始皇陵东侧，西杨村的一个农民正在打井，挖了好几天挖不出水来，却挖出了一个真人大小的瓦人。他认为是这个怪物在作弄他，便把瓦人吊在树上砸得粉碎，以消晦气。后来在秦陵西面，农民耕地时发现一个瓦人头和三个跪首的瓦人，丢在一边无人过问。建国前，焦家村也挖出两个跪首瓦人，像泥塑的菩萨，信佛的农民特地盖土地庙供奉。后来，西杨村的农民打井时，发现一个圆口形的陶器。继续挖下去，发现是一个“瓦盆爷”（当地人对陶俑的俗称）。农民认为挖不出水是它在作怪，于是又吊了起来。水保员发现后便赶到临潼博物馆，请专家来鉴别无果，只好把它运到博物馆暂存，并把碎片进行粘补，但没有向上级汇报。一个新闻工作者发现了这件事，写《内参》建议国家文物局关注此事。此事得到党和国家领导人的重视，陕西省考古队立刻开赴现场，经过几年的挖掘，发掘出一处兵种齐全、威武雄壮的大型地下兵马俑军阵（一号坑），以后又陆续发掘出二号坑、三号坑和四号坑，其中陶俑、陶马共计8000余件，这就是举世闻名的秦兵马

俑。其阵势之大、制作之精、形态之生动，令世人惊叹叫绝。

以一号俑坑为例，6000多件如同真人真马的陶俑、陶马依坑排列，面向东方，形成一个行进中的长方形军阵。整个军阵由三部分组成：前面是210个弓弩手组成的前锋部队，中间是6000人的铠甲俑组成的主体部队，后面是35乘驷马战车，战车两侧各有一排保护驭手的侧翼部队。这些武士俑身高1.75～1.86米，可分为两类：一为身穿短褐的武士俑，另一为铠甲武士俑。第一类武士俑均身穿交领右衽短褐、勒带、束发、发髻偏于头的右上方，腿扎行縢，足登方口齐头履，根据手臂不同的姿势和其身边出土的实用兵器，可知有的手持弩机、弓箭、背负箭菔，菔内装瀍铜矢，有的手持度长矛，有的腰佩弯刀。第二类铠甲武士俑均身穿短褐，外披铠甲，足登短靴或方品齐头履，步兵均腿扎行縢，头上束发或戴圆形软帽。车上的铠甲俑腿绑胫裆，头上束发或戴小冠，有的手持弩机、弓箭，腰佩铜剑，有的手持长矛。

陶马和真马大小相似，通高1.5米，体长2米。四匹陶马为一组，拖木车一辆，车马的前边有铠甲俑三排，每排四人，都手执铜矛等兵器。陶俑、陶马均是泥质灰陶，火候高，质地硬。经观察，没有发现模制迹象，当为一个个雕塑而成。陶俑、陶马身上原都绘有鲜艳的颜色，因俑坑被焚，加上长期埋于地下，颜色几乎全部脱落。但从局部保留的颜色可窥见有绿、粉绿、朱红、粉红、紫、桔黄、黑白、灰白、赭等色。各色调配和谐、壮丽，更增添了整个军阵的威武雄壮感。

秦兵马俑的发现轰动了全世界，人们把它称作是世界上最大的地下军事博物馆，是“人类文明的精神瑰宝”，是“世界第八大奇迹”。

人们认为，只有统一全国的秦始皇才具有组织和指挥这支钢铁队伍的气度和能力。秦始皇死后，有这么一支驻扎在京城内外的大军，一可显示皇威，表彰军功，宣扬他统一大业的丰功伟绩；二来，守在皇陵一侧，供其避邪压恶、防神驱鬼。毫无疑问，这些俑坑就应该是秦始皇的陪葬坑，这些兵马俑就是他的殉葬品。

可是，有人经考证否定了这个结论，提出了一些疑问，使这个公认的流行说法变成了扑朔迷离的谜团。1978年，陈景元在《大自然探索》上发表文章，对兵马俑的属主问题提出了大胆而全新的见解，否定了秦始皇是兵马俑属主的流行说法。他的见解归纳起来有四点：

（1）军阵与秦国作战方式不同

在一号坑和二号坑里，共发掘出战车130多辆。其中有战车、指挥车、佐车和驷乘车。这些战车和步兵、骑兵编组组成方阵。这个车阵攻防结合、车步协同、互相掩护，坐如磐石、动如滚雷，威力无比。实物显示，车战

是这支部队的基本作战方式。可是，在有关秦始皇时期作战的古文献中，只有大量使用步兵、骑兵的记载，没有进行车战的痕迹，可见它根本不是秦始皇时期的军阵。那么，兵马俑也就不为秦始皇所有。

(2) 武士没有战斗力

以一号坑中的武士俑着装为例，其最前端横列三排共204件兵俑，除3个将军俑外，其余均身穿战袍、腿扎行膝、足登浅履、精梳着各种头髻，有的还带着软帽，没有攻坚作战必备的头盔。有的战士身着软袍，却没有穿护身铠甲，显然这不是一支攻城掠地的战斗队伍。这样的队伍怎能抵御敌人的刀枪箭矢呢？秦始皇能用这样无战斗力的军队征战南北吗？

(3) 出现了秦始皇违禁的武器

众所周知，秦始皇在统一六国时，用精良的钢铁兵器武装了将士。但一统天下后，曾于公元前221年下令收缴全国铜制兵器运入咸阳，铸成了各重24万斤的12个大铜人，以此来剥夺各国贵族反抗的武器。凡收藏者，罪不容诛，以犯上论处。然而，在兵马俑坑中竟出土了大批步兵使用的矛、铍等具有强大杀伤力的长柄武器，还有弓弩手使用的劲弓和成束的铜箭头。这些全部都是违禁的啊，试想秦始皇刑法严苛，谁敢这样大胆，冒着杀头的危险用这种违禁的武器为秦始皇陪葬呢？

(4) 服饰颜色有犯上之嫌

秦统一六国之后，秦始皇根据五行相生相克的道理，认为周尚火德，秦尚水德，取水克火意，规定“衣服、旌旗、节旗皆为尚黑”的制度，一律着黑色。可是，俑坑中的武士俑身上穿的无论是长战袍还是短褐，都五颜六色、，长裤有蓝、紫、白好几种颜色，鲜明艳丽、争奇斗艳，这不仅违反了秦始皇的命令，而且也破坏了风水论，秦始皇怎能答应？

这些疑点确实对“秦始皇是兵马俑属主”提出了挑战。那么，兵马俑的主人到底是谁呢？

有人详细考证了俑坑中出土铜铍的年代顺序，追溯了大多数武士头冠和发髻的本源，判读了武士俑身上发现的铭文，对兵马俑西侧“凸”字形小墓和楚国军阵情况进行了分析，认定：兵马俑的属主是秦昭王的生母，在秦昭王时期专权达41年之久的秦宣太后，这些兵马俑是护送她的亡灵回楚国老家的仪仗队。

但是，兵马俑的属主是宣太后的论断仍然有两个疑点使这个说法难以成立。

第一，兵马俑坑中出土的兵器比秦宣太后晚50年，谁也不会把当代的新式兵器加到半个世纪前死者的坟墓中去。兵器之一的“相邦吕不韦戈”属于秦始皇时期三年、四年、五年、七年之物。兵器之二名为“寺工”长铍。“寺工”一词最早出现在秦始皇二年（前245），是专铸墓葬兵器的官

署。况且这些兵器出土时，土层并没有被挖掘过的痕迹。

第二，秦宣太后的墓葬位置。《史记》中明确记载“宣太后死，葬芷阳骊山”。实际上，芷阳在骊山南麓，而兵马俑坑在骊山北麓，方向正好相反。因此，兵马俑西侧的那座“凸”形的小墓决不会是宣太后的坟墓。

一个是言之凿凿的史实，一个是明确无误的实地，结论根本不同。因而，在没有新的资料佐证之前，一般认为兵马俑仍然是始皇陵园的一个组成部分。

4. 天降横祸：阿房宫毁谁之手

阿房宫是一处规模宏大的宫殿建筑群，是秦王朝拟建的政令中心，也是中国历史上规模最宏大的建筑之一。其遗址位于今西安市阿房村。宫殿始建于始皇三十五年（前212），全部工程至秦朝灭亡时仍未完成。阿房宫规模宏大，前殿“东西五百步，南北五十丈，上可坐万人，下可建五丈旗”。现仍存高大的夯土台基高约7米、长约1000米。那么，如此庞大的一座建筑为什么消失了呢？

“六王毕，四海一，蜀山兀，阿房出……楚人一炬，可怜焦土。”晚唐诗人杜牧一阙《阿房宫赋》至今余音绕梁。为了树立皇帝的至高权威，在大秦帝国建立后，秦始皇穷奢极欲、大兴土木、横征暴敛、峻法严刑，极端残暴的统治使得大地哀鸿遍野，人民怨声载道。

在兼并六国时，秦始皇每灭一个国家就命人把该国宫殿绘制成图样，在咸阳仿造。秦朝统一后，他曾打算扩建苑囿，西起雍、陈仓（今陕西凤翔、宝鸡一带），东至承谷关（今河南灵宝以北），面积广阔，东西千里。优旃是秦始皇身边的侏儒，很爱开玩笑，他说：“好极了！这么大的苑囿，多放凶禽猛兽，如果有强盗从东方来进犯，让麋鹿出动就能把他们顶跑了。”秦始皇听后大笑，放弃了扩建。他虽然没有扩建这一苑囿，却到处建造离宫馆，仅首都咸阳四周200里内就有宫殿270座，关中有行宫300座，关外400多座。

阿房宫是秦始皇兴修的宫殿中规模最大的一个，至今也没有人能说出阿房宫究竟有多大。据史料记载：阿房宫殿堂东西宽500步（秦制6尺为一步），南北长50丈，殿内可以容纳1万人。5丈高的旗杆立于殿前，宫门前立有各重24万斤的12尊铜人。以磁石为门，有怀刀隐甲的人入宫就会被吸止。周围各宫室由建阁道连通，其阁道又依地势上达南山（今陕西西安南）。又造复道，从阿房宫通达渭水北岸，连接咸阳，以此象征天极紫

宫后十七星横越云汉，达于宫室（二十八星宿之一）的天庭。

在修建这一庞大的宫殿时，秦始皇下令征调隐宫（施宫刑之所。宫刑畏风，须入隐室，故名）罪人与刑徒70余万分工劳作（其中一部分被派往修骊山陵墓），北山（今陕西礼泉、泾阳、三原与淳化境内）石料和蜀楚木材，源源不断地运到关中作建造用。

阿房宫建制占地的范围：从咸阳以东到临潼，以西至于雍（今陕西凤翔南），以南抵于终南山，以北达于咸阳北坂，纵横300余里。除此之外，从咸阳到函谷关（今河南灵宝东南）以西有朝宫300余所，函谷关以东400余所。众多的宫殿一律施以雕刻，涂以丹青，五光十色、色彩斑斓，气势宏伟，极其具有皇家特色。

阿房宫的建造使得人民大众痛苦不堪。到秦始皇死时，宫殿还没有落成，由他的后人秦二世继续建造。

深居宫中的秦二世心想：先帝之所以营建阿房宫是认为咸阳的朝廷小。现在前殿还未竣工先帝就已驾崩，只好停工，抽掉人力去骊山复土。骊山复土工程已完，若不继续营建阿房宫，岂不证明先帝兴建工程是错误的吗？于是，秦二世又下令开工营建阿房宫，并继续修筑直道、驰道、骊山墓和各项土木工程。同时增加赋税和徭役，这样肆无忌惮的狂征滥调，渐渐使国家走到了无人可征的地步。

秦朝灭亡后，从楚汉战争到项羽入关，各诸侯霸王都对秦朝在关中的一系列重要建筑物进行毁灭性的破坏。《史记》中说“烧秦宫室，火三月不灭，收其货宝妇女而东”，可见这一建筑的宏伟和庞大。

千百年，阿房宫来已被人们认为是古代历史上的特殊载体，既是古代宫殿建筑的杰作，又是秦始皇和秦二世大兴土木、奢华无度、涂炭百姓、重赋急刑、贬善纵恶的历史佐证。因此，后代文人对阿房宫的描写也越来越夸张，而秦始皇、秦二世淫威暴虐的狰狞面目，在人们的心目中也就越来越突出。西汉前期著名政治家贾山在其《至言》中是这样描述阿房宫的：“殿高数十仞，东西五里，南北千步，从车罗骑，四马鹜驰，旌旗不桡。为宫室之丽至于此，使其后世曾不得聚庐而托处焉。”著名史学家司马迁笔下的阿房宫是“东西五百步，南北五十丈，上可以坐万人，下可以建五丈旗。周施阁道，自殿下直抵南山。表南山之颠以为阙。为复道，自阿房渡渭，属之咸阳，以象天极阁道绝汉抵营室也。”对秦宫室和阿房宫的描述，汉唐时代的文人们更是进行了更具丰富的想象力。《三辅黄图》甚至将秦都咸阳的离宫别馆统统记在阿房宫名下，其言“始皇广其宫，规恢三百余里。离宫别馆弥山跨谷，辇道相属，阁道通骊山八十余里。表南山之颠以为阙，络樊川以为池。”唐代大文学家杜牧笔下的阿房宫更是被

推向极至：“六王毕，四海一。蜀山兀，阿房出。复压三百余里，隔离天日。”“五步一楼，十步一阁。廊腰缦，檐牙高啄。各抱地势，钩心斗角。盘盘焉焉，蜂房水涡，矗不知其几千万落。”

然而这样一座庞大的建筑，据说被“楚人一炬”变成“可怜焦土”！杜牧对此倾吐了自己的心声：“秦人不暇自哀，而后人哀之。后人哀之而不鉴之，亦使后人而复哀后人也。”现代的历史学家们正是根据这些，证明秦阿房宫是毁在项羽手中的。

然而在最近几年，由中国社会科学院考古研究所和西安市文物保护考古所组建的阿房宫考古工作队，对阿房宫前殿遗址进行了密集考古勘探和重点考古试掘、发掘工作，发现“火烧”一说不能立足。史料说项羽火烧阿房宫三个月，如果事实如此的话，阿房宫遗址应遍地都是红烧土，但考古队只发现了几块瓷类地表，而焚烧后残留的草木灰更是没有丝毫发现。专家在考察咸阳宫遗址时，却发现了大片红烧土遗迹，就此推断项羽火烧的是咸阳宫，非阿房宫。那么阿房宫是如何消失的呢？到底有没有阿房宫这座建筑群呢？建成的程度如何呢？

综合考古成果，专家们提出阿房宫只是一个“半拉子”的工程，并没有彻底完工。理由如下：

（1）从时间上来说，阿房宫是不可能完成的

《史记·秦始皇本纪》记载：在秦始皇三十五年（前 212）开始修建阿房宫，秦始皇死后，便把修建阿房宫的百姓调去修筑骊山陵墓。秦二世元年（前 209）四月，为了证明秦始皇修建阿房宫的正确性，秦二世命令继续修筑阿房宫。同年七月，陈胜、吴广起义。秦二世二年（前 208）冬因为天下形势混乱，繁重的赋役使得民不聊生，于是左丞相李斯、右丞相去疾和将军冯劫三人向秦二世上奏，建议停止修建阿房宫，却遭到拒绝并因此而丧命。到了第二年秦二世死后，阿房宫才停止修建。以此可以看出：阿房宫从开始修建到最后停工，前后最多只有 4 年时间，而实际施工时间还要比这短得多，仅就前殿 54 万平方米的台基来看，像阿房宫这样规模的建筑，在当时条件下是不可能完成的。

（2）历史上也没有明确记载指出阿房宫已经建成

根据《史记·秦始皇本纪》中关于阿房宫的记载：“三十五年（前 212），除道，道九原抵云阳，堑山堙谷，直通之。于是始皇以为咸阳人多，先王之宫廷小，吾闻周文王都丰，武王都镐，丰镐之间，帝王之都也。乃营作朝宫渭南上林苑中。先作前殿阿房，东西五百步，南北五十丈，上可以坐万人，下可以建五丈旗。周驰为阁道，自殿下直抵南山。表南山之颠以为阙。为复道，自阿房渡渭，属之咸阳，以象天极阁道绝汉抵营室也。

阿房宫未成；成，欲更择令名名之。作宫阿房，故天下谓之阿房宫。”这就说明，在秦始皇在世时它就没有建成，等建成后会用新的名字来命名，因为是在阿房这个地方修建的宫殿，所以人们称它为阿房宫。可以说司马迁写《史记》时距秦的时间最短，只有100年左右，对当时阿房宫的遗存应该非常清楚。秦朝未完成阿房宫修建工程的最可靠、最明确的文献资料莫过于班固在《汉书·五行志下》中所写，他十分肯定地说：“秦复起阿房，未成而亡”。宋敏求《长安志》中记载：“秦阿房，亦名阿城，西北东三面有墙，南面没墙。”此外从记载看，秦始皇、秦二世及以后子婴等人的活动地点主要是在咸阳，根本没提到阿房宫。如《史记》所言，秦始皇建阿房宫是因为嫌咸阳宫太小，想把朝廷搬到阿房，如果建成的话，这里将是秦朝新的政治中心，所以这也正反映出阿房宫直到秦末都没有建成。

（3）现代考古结果也证明阿房宫只是一个未能完工的建筑工程

2002年到2004年，中国社会科学院考古研究所和西安市文物保护考古所联合组成的阿房宫考古队对秦阿房宫前殿遗址进行了考古勘探。考古队花了一年多的时间，发掘面积3000多平方米，勘探面积达35万平方米，仍然未能发现秦代宫殿建筑中必不可少的建筑材料——瓦当，更没发现任何秦代宫殿建筑的遗迹，如墙、殿址、壁柱、明柱、柱础石及廊道和散水及窖穴、排水设施等。

中国社会科学院考古研究所科技中心还对前殿土台基上的七组土样进行了植硅石分析，证明土台基建成后相当长一段时间生长的都是野草，并无其他建筑存在。《史记》也曾记载：“……阿房宫未成；成，欲更择令名名之”，《汉书》也有“复起阿房，未成而亡”的记载。种种证据都表明了阿房宫前殿土台基上，除了围墙建筑外，再也没有其他秦代建筑，因此阿房宫并没有建成。

更有专家大胆推测，阿房宫所指也许就是一座前殿，并无其他。因为《史记·秦始皇本纪》中说秦始皇“乃营作朝宫渭南上林苑中，先作前殿阿房，……作宫阿房，故天下谓之阿房宫。”这是说因为宫建在“阿房”这个地方，所以叫阿房宫，而且只是一个前殿。类似记载在《水经注·河水》里也能找到。

因此，阿房宫并未建成，更非项羽焚烧毁掉，已是不争的事实。

5. 沙丘之变：秦始皇的真实死因

围绕着秦始皇的历史疑案数不胜数，他暴死沙丘后，一场事关秦帝国命运的夺嫡阴谋正在酝酿，担任总策

划和导演的正是赵高。他究竟为何要导演这场好戏，又是如何安排这场表演的呢？

关于秦始皇之死，《史记》记述很多，分别见于《秦始皇本纪》《李斯列传》《蒙恬列传》。其大概经过是这样的：始皇三十七年（前210），秦始皇第五次出巡，第一站到了湖北的云梦，后去了湖南南部的九嶷山。接着顺长江而下，到江苏、浙江；又从镇江附近上船至长江口，沿海北上，到了山东琅邪、荣成山、芝罘山等地，一路劳顿。接着，又沿海而行，当到达平源津的时候，本来就体弱多病的秦始皇，因旅途劳累患上重病。虽经随驾医官多方诊治，却不见效，而且病情日益严重。生命垂危之际，他意识到死神已经向他伸出了双手，开始安排后事。他口授叫赵高写了一封信给公子扶苏，让其速回咸阳办理丧事，并继承帝位。然而，未等这封信送出，秦始皇便驾崩于沙丘平台（河北巨鹿县东南）。这位叱咤风云的一代帝王，只活了49岁。从上述记载中，秦始皇的死因无可置疑，但将所有记载文字细细阅读后，却发现其中有耐人寻味之处，秦始皇沙丘之死也就变得扑朔迷离。

据《史记》记载，秦始皇自幼有各种疾病——蜂准（马鞍形鼻梁）、挚鸟膺（鸡胸），这两项均为先天或发育时落下的病症，又有豺声（支气管炎），所以体质较弱。同时秦始皇在生活上荒淫无度，为人又刚愎自用，事无巨细都要亲自裁决；每日批阅文书120斤，工作极度劳累；加以7月出巡遇高温，以上诸因素并发，促使他在途中生病，但是否秦始皇就因此在途中一命呜呼，尚令人怀疑。那么，秦始皇到底是怎么死的呢？有的历史学家把怀疑的目光投向了秦始皇身边的随从赵高。

赵高是个宦官，曾是秦始皇次子胡亥的老师，教胡亥读书和学习刑法律令等事，深得胡亥的宠幸。在秦始皇这次出巡中，胡亥担任了中车府令的职务。赵高也在这次出巡的队伍中，赵高在秦始皇病重和死后的种种表现，使人不得不怀疑秦始皇的死与赵高有关。

秦始皇这次出巡，上卿蒙毅也在随行之列。蒙毅是蒙恬的亲弟弟，为皇帝的亲信，可是当秦始皇在途中病重时，蒙毅被遣"还祷山川"。这可能是赵高的计谋。因蒙恬当时正领兵30万随公子扶苏驻防上郡，从秦始皇的身边遣走蒙毅，也就是去掉了扶苏的耳目；加之赵高曾被蒙毅治罪而判死刑，后因秦始皇赦免才恢复官爵。因此，赵高对蒙毅恨之入骨，发誓要灭掉蒙氏一族。这时赵高也清楚地认识到：一旦秦始皇驾崩，扶苏继承了皇位，蒙氏兄弟势必受到重用，到那时自己的结局将是非常可怕的。赵高遣走蒙毅，也为自己后来计谋的实施清掉了一个绊脚石。

秦始皇死后，赵高采取说服胡亥、威胁李斯的手法。首先，他对胡亥说："皇上逝世，没有诏令封立公子为王，只给长子扶苏留有遗诏。扶苏一到咸阳，就会立为皇帝，而您却连一寸封地也没有，这如何是好？"

胡亥不知赵高心怀诡计，况且他本来不是太子，此刻也根本没有想到要当什么皇帝。所以，他不以为然地随口答道："本来是这样！我听说贤明的君主最了解他的臣子，贤明的父亲最了解他的儿子。父皇临终不封赐儿子们，有什么好说的呢？"

赵高见胡亥还没有意识到皇位的重大利害，又开导说："话不能这样说！当今天下大权、生死存亡都在于您，我和丞相李斯无所谓，希望你能慎重考虑。作人君和作人臣，人为我制和我为人制，岂可同日而语？"

此时的胡亥良心还没有泯灭。他说："废弃长兄而拥立弟弟，这是不义；不遵从父亲的遗命，这是不孝；才能浅薄，强夺别人君位，这是无能。这三种行为都是违背道德的，天下人心不服，到时只能是身败名裂、社稷不安啊！"

赵高听了胡亥这一番话，明白了他的是怕遭到天下、后人的唾骂。于是，他进一步诱惑说："你这些顾虑完全是多余的。我听说商汤、周武王杀死了他们的君王，天下人都认为合理，不能算是不忠。卫君杀死了他的父亲，而卫国人称颂他的功德，孔子还记载了这件事，不算是不孝。做大事的人不拘泥于小节，作大德不必谦让。乡里风俗各有习惯，而百官的工作也各不相同。办大事用不着顾小节。顾小而忘大，后必有害；优柔寡断，日后必然后悔。一个人只要敢作敢为，连鬼神都得让路，事情也一定能成功。希望公子立即采取行动。"

赵高的这一席话说得胡亥怦然心动，但其又深深地叹了口气说："现在皇上刚去世，还没有发丧，丧礼还没进行，怎好拿这事去求丞相呢？"

赵高见他心动便接口说道："时间紧急，短暂地来不及谋算。就像背着干粮骑着快马赶路一样，千万不能耽误了时机！"

经赵高反复劝说，胡亥终于同意篡位。赵高又说："如果不跟丞相谋划，恐怕事情不会成功。臣请求为您去与丞相一起谋划这件事！"

于是，他又开始了下一步棋。

赵高自知胡亥的才能不及扶苏，自己也不过一个掌管车马符玺的宦官而已，这次政变成功与否，关键在于是否能够拉来李斯结成同盟。但怎样才能说服李斯呢？他颇费了一番心计。赵高见到李斯说："丞相，始皇驾崩前赐长子扶苏诏书，命他到咸阳服丧。诏书未送，始皇去世无人知道。现在遗诏和符玺都在胡亥手里，究竟即位的太子为何人，全凭你我一句话，你看怎么办？"

李斯闻言大惊，不禁怒斥赵高：

"你怎么敢说出这种亡国的话，这根本不是我们做人臣所应当议论的事！"赵高看了看李斯，仍旧慢条斯理地往下说："君侯不必惊慌。你仔细想一下，你的才能比得上蒙恬吗？你的功劳比得上蒙恬吗？你的谋略比得上蒙恬吗？你的威望比得上蒙恬吗？你与扶苏的关系比得上蒙恬吗？"

李斯顿了一下说："不错，你说的这些方面我的确都不如蒙恬。"赵高暗暗得意："扶苏即位之后，无疑要用蒙恬任丞相，到那时，你会落得什么下场呢？怕是连怀揣通侯之印退职还乡的机会都没有了。"李斯此时心乱如麻。他知道胡亥、赵高早已窜通一气，自己如若不从，必然大祸临头；如若从了，又觉得对不起死去的皇上。思忖再三，最后还是私欲占了上风。他禁不住仰天长叹，垂泪自语："我生不逢时，偏遭乱世，既不能身随先帝于地下，又不能完成先帝托付的大事。皇上不负臣，臣却要负皇上了。"

李斯终于与赵高沆瀣一气，共同毁掉了始皇封赐扶苏的诏书。他们先伪造始皇的遗诏，立胡亥为太子，接着又伪造了一封始皇给扶苏的信。

赵高是"沙丘之变"的始作俑者，可是，他的阴谋能否得逞，还取决于另一个人的态度，那就是公子扶苏。当时扶苏和蒙恬正率领30万大军驻扎在咸阳以北300公里的上郡。扶苏身为长子，手握重兵，只要应对合理，完全能击碎这场阴谋。可是，扶苏生性仁弱，就在他热切期盼回到朝堂一展宏图之时，胡亥派出的使者到了上郡，把伪诏交给了扶苏和蒙恬。扶苏是个孝子，向来不敢违抗秦始皇的命令。如今看了"诏书"，他不由得痛哭一阵便要自杀。

蒙恬劝止扶苏说："陛下在外巡视，没有确立太子，派我率领30万大军驻守边疆，叫公子任监军，这是天下的重任。如今只有一个使臣到来就要自杀，您怎么知道这不是诡计呢？请您再请示一下，再请示之后自杀也不迟！"扶苏为人老实，听了蒙恬的话摇了摇头，流着眼泪说："父要子死，子不得不死，用不着再申诉了。"说完，便拔剑自杀了。蒙恬不肯自杀，使者就把他交给狱官，囚禁在阳周。

赵高等做贼心虚，不敢直接回咸阳，就向北绕了一个大圈，以便拖延时间等待扶苏的消息。时值盛夏，气候炎热。秦始皇的尸体早已腐烂，辒凉车中散发出阵阵臭气。赵高为掩人耳目，矫诏命人买来大量咸鱼，令百官车上各载一石。大家虽然不明白是何用意，但谁也不敢多问。整个车队到处都是咸鱼的腥臭味，也就把尸体的臭味掩盖过去了。

当车驾由九原沿直道快抵达咸阳时，终于传回了扶苏自杀的消息。赵高一伙欣喜若狂。回到咸阳，给始皇发了丧后，宣布太子胡亥即位为二世皇帝。那一年，胡亥21岁。赵高因此当上了郎中令，掌握宫廷戍卫大权。

赵高阴谋得逞后，又开始实行他的新计谋。他向秦二世谗言，陷害蒙氏兄弟，诛杀诸公子；布下陷阱，把李斯逐步逼上死路。李斯发觉赵高的阴谋后，就上书告发赵高，秦二世不但偏袒赵高，并且将李斯投狱治罪，最后将李斯腰斩于咸阳。赵高升任丞相，由于他是宦者，可以出入宫禁，特称“中丞相”。这时的赵高已有心全面专权，但还担心群臣中有不顺从他的，于是就做了“指鹿为马”的测试。

一天上朝时，赵高令人牵来一头鹿，说是一匹宝马。胡亥笑道：“丞相弄错了吧？竟然谓鹿为马。”于是问左右朝臣，大臣们有的沉默不语，有的顺着赵高说是马。也有不愿受赵高愚弄的大臣坚持说是鹿，后来都被赵高暗中谋害了。

此后朝臣没有不畏惧赵高的，而二世胡亥的死期也临近了。二世元年（前209）八月，陈胜、吴广领导的900名戍卒在大泽乡（今安徽宿县南）揭竿而起，点燃了中国历史上第一次大规模农民起义的烈火。陈胜起义后，天下响应，反秦的烈火顿成燎原之势。巨鹿一战，项羽消灭了秦军主力。接着，刘邦、项羽挥师西向，进军关中。

这些都被赵高隐瞒了，不久，赵高便派他的女婿咸阳令阎乐率士兵千余人，乔装谎称为盗，闯入秦二世所在的望夷宫，秦二世惊骇不已，阎乐历数胡亥的罪状后，逼他自杀。赵高大喜，急忙赶到宫中，抢得传国玉玺，悬挂在身上。他又下令召集文武百官，只等众人劝进之后，就登基称帝。无奈众人皆低头不语，赵高大为扫兴，只好临时改变主意，对大家说：“二世荒淫无道，天下离叛，已畏罪自杀身亡。公子子婴仁厚得众，天下属望，应该嗣立。”于是，胡亥哥哥的儿子子婴被立为秦王。子婴随即用计刺杀了赵高。子婴也只当了46天的秦王，投降了最早入关的刘邦起义军，后为项羽所杀。

秦始皇之死实质上是一场宫廷政变，这场政变的导演者就是赵高，李斯、胡亥、蒙恬、蒙毅都是政变的牺牲品。郭沫若曾写过一篇历史小说《秦始皇之死》，其中描述秦始皇在平原津渡黄河时，癫痫病发作，后脑壳撞在青铜冰鉴上，加重了脑膜炎的病情，人也处于昏迷状态。赶到沙丘后，宿了一夜。第二天，李斯、赵高发现秦始皇已死，右耳流着黑血，右耳孔内有一根寸长的铁钉。

如果秦始皇是病死的，赵高就是杀害秦始皇的间接凶手，因为是他一直毒害着秦始皇的思想；如果秦始皇是被害死的，那么赵高就是第一主谋。所以，不管秦始皇是病死还是被害，

赵高都是凶手。

6. 神武天皇：徐福另辟世外桃源

中国人历来有祈求长寿的心态，古代的帝王尤其如此。传说秦始皇曾派人去寻长生不老之药。两千多年前的一个秋天，一个普通的方士携带着始皇帝给他的无数金银财宝，驶向了茫茫大海。一去便永无踪迹。人们不禁寻思：徐福到底去了哪里了呢？

秦始皇完成了统一中国的旷世伟业，可以说应有尽有：广袤的国土、顺服的臣民、巍峨的宫殿、如云的佳丽、无尽的财宝……但这些并未满足他贪婪的心。他想“长生不老”，永远占有所拥有的一切。于是，他以征服六国般的意志，开始了访仙山、寻仙人、找仙药的历程。

秦始皇在第三次巡游时，曾满怀希望与焦虑地奔波于大海之滨、大山之巅，用贪婪和企盼的目光搜寻着、探索着，却一无所获。但是他并不死心，又先后派徐福、卢生等人到处寻找长生之药。

徐福是齐国的一个小有名气的方士。他毛遂自荐，上书秦始皇说大海中有蓬莱、方丈、瀛洲三座仙山，自己愿代秦始皇入海寻仙，以求得不死之药。秦始皇信以为真，赐给他许多金银财宝，让他去寻找长生不老药。然而他在琅琊足足等了三个月也没有徐福的一点音讯，失望之余，他只好悻悻回到咸阳。

9 年之后，秦始皇再次东巡，复至齐地琅琊，又一次召见了徐福。徐福花费巨万，仍无所得，但他面对秦始皇不慌不忙说了一番谎话，说得秦始皇心花怒放，继续派其寻找。

司马迁在《史记·淮南衡山列传》中详细地记叙了徐福的弥天大谎，“臣见海中大神，言曰：‘汝西皇之使邪？’臣答曰：‘然。汝何求？’曰：‘原请延年益寿药。’神曰：‘汝秦王之礼薄，得观而不得取。’即从臣东南至蓬莱山，见芝成宫阙，有使者铜色而龙形，光上照天。於是臣再拜问曰：‘宜何资以献？’海神曰：‘以令名男子若振女与百工之事，即得之矣。’”

如此神话般的谎言秦始皇听了却非常高兴，他派遣了童男童女 3000 人，再加上五谷种子以及各行各业的手艺人就出发了。

徐福的最后一次出海是在公元前 210 年一个秋天的早晨，地点是山东琅琊海州湾边。一支宠大的船队迎着朝阳出发了。他这一去就再无音讯，在汹涌澎湃的波涛之中，他堂而皇之地消失了。从此，在浩瀚的大海深处，留下了许多难解之谜。

那么徐福到底到达了什么地方呢？

有人说他找到了一个有平原有湖

泊的好地方停下来，自己称王，过起了世外桃源的生活。

有人说他求不到仙药，怕因欺君之罪而杀身，就留在了澶洲。

还有人说他东渡到了日本，在那里安家落户，教人耕种，传授了先进的科学知识。这是从司马迁的另一段记载中看出来的。《史记·淮南衡山列传》中记录了淮南中郎伍被对淮南王刘安的一段谏词："昔绝圣人之道，……又使徐福入海求神异物……遣振男女三千人，资之五谷种种百工而行。徐福得平原广泽，止王不来。"伍被，生于公元前189年，系西汉初年楚地人，离徐福东渡不过二十年时间。徐福这时应在国外，况且他出海时要征发大量船只和童男童女、百工匠人、操舟水手等，规模浩大，伍被一定听人说过，他的谏词较为可信。其中说到"徐福得平原广泽"，这里讲的地形态势相符合的只有台湾、菲律宾和日本。可是，前两处均在古渤海之外，剩下的就只有日本了。日本列岛平原占24%，也有一些沼泽湖泊，颇具"平原广泽"的特点，而且人口众多，有着"止王不来"的可能，其下属臣民又常来浙江一带从事贸易。由此分析，徐福一行可能去了日本。

一位名叫中弘顺的日本僧人在公元927年来到洛阳，他说："日本国亦名倭国，在东海中，秦时徐福将五百童男、五百童女，止此国。"从此之后，徐福东渡日本之说便盛行起来。宋代大诗人欧阳修作《日本刀歌》就断定徐福去了日本，明代的开国皇帝朱元璋和日本和尚绝海的诗歌唱和中，也多次提到日本人的"徐福祠"。

时至近代，日本民间有关徐福的传说越来越多，而且纪念徐福东渡的庙宇、宫殿也越来越多，甚至还成立了"徐福会"。

其实徐福东渡日本一说，有很多破绽：

（1）是否真有徐福其人

司马迁的《史记》是史籍中最早提到徐福的，可是，有关他的事迹却没有太多描绘，其他古籍中也只是稍带几笔，并无过多的叙述，而对徐福生平事迹也无详细记载。所以，有人提出了怀疑，认为徐福只是司马迁的耳闻人物，或是笔下的艺术形象。因为汉武帝迷信神仙、方士，又不听臣下的劝谏，司马迁气愤不过，只好借秦始皇来讽喻当朝皇帝。如果没有徐福，后面的东渡当然也是子虚乌有了。

（2）日本传说徐福向日本人传授造纸技术和种植烟草的方法

我们都知道，造纸术是东汉蔡伦发明的，而蔡伦却晚徐福300年左右。当时秦始皇尚且一天要看100多斤竹简，徐福哪里又有什么造纸术可传呢？而烟草则是哥伦布15世纪从美洲带回欧洲，进而传播到世界各地的，徐福肯定不知烟草为何物，又哪来的种植方法呢？

(3) 汉字说法

汉字是公元3世纪传入日本的，如果徐福真的到了日本，为什么当时没有汉字，直至400年后才使用汉字呢？

依据以上几种原因，有人说，如果真有徐福其人的话，他一定是个大胆的骗子，居然敢骗取了秦始皇的大批财宝之后逃之夭夭。至于到了哪里，就无人可知了。

但是，还是有人坚信徐福到了日本。更为大胆的推测是，徐福不但到了日本，而且他就是日本的开国国君神武天皇，并列举出了几大证据来证实。但这一只是一家之言，没有确凿证据。

(1) 从地理上看

《史记》载，“徐福得平原广泽，止，王，不来。”神武天皇开国处也有平原、广泽，即琵琶湖与远淡海两大泽，二大泽附近有九处平原。

(2) 从时间上看

公元前210年徐福渡海东去，按神武本纪，第八年即位，即位之年为公元前203年。据推算，神武天皇即位之年也为公元前203年。徐福是秦代人，神武天皇的遗物中也有秦代的铜镜。

(3) 从“东征”上看

徐福拥有庞大的船队与人员物资。有数千童男童女，有五谷种子、各种工匠和器具。神武天皇东征时，也用了船队，并有男军女军。途中还屯军数年、制造兵器、贮备粮食。按科学考查，日本此时尚处于石器时代，不可能建造船队，也不可能制造兵器。

(4) 从政治上看。

徐福当时遵循的制度是分封制，神武天皇建国后推行的也是分割封制。

(5) 从出土文物上看

日本古代文化分为两个明显不同的系统，一为岛上固有的文化系统，称为“绳纹式文化”；二为外部侵入文化系统，称为“弥生式文化”，后一文化并非前一文化的继承发展，而是飞跃式地比前一文化高出许多，可见“弥生式文化”是中国大陆传入日本的。是谁将这些文物，如铜铁器、粮食、种子大量带入日本的呢？这也许就是徐福东渡日本的物证吧。

(6) 从祖辈上看

日本人类学家谷部言人博士关于日本人种起源的研究结果表明：现代日本人的头骨指数大多数与中国江浙一带指数相同，和中国其他省份又略有差异。这一结果说明了日本人的祖先曾在中国的江浙一带居住。徐州罗教授在1982年考察江苏时，发现有个原来叫“徐福”村的地方。证实徐福确有其人，其故址在江苏赣榆县徐阜村一带。

那么徐福到底是什么人呢？有人说他是一个聪明的叛逆者、大胆的行骗者；他有着非凡的组织和魄力和敏睿的头脑，设计了一个周密而完整的计划；他憎恶秦朝的苛政与酷刑，带

着一切必需品，踏过茫茫烟水，在另一块土地上建立了一块避秦的“世外桃源”，过起了无忧无虑的生活。

7. 感天动地：孟姜女哭倒长城

在山海关东边的凤凰山顶上，有一座孟姜女庙。在庙的周围，还有“望夫石”“望夫山”“振衣亭”“姜女坟”等古迹。传说她因丧夫大恸痛哭10天，城墙坍塌，投河自尽。后人将其演绎成了孟姜女哭倒长城的故事。那么，孟姜女是不是确有其人？哭倒长城是不是实有其事呢？

孟姜女哭长城的故事，是我国古代著名的民间故事。千百年来，这个故事依托着戏剧、歌谣、诗文、说唱等形式，在民间广泛流传，几乎家喻户晓。

据说远在秦始皇时期，有一对新婚夫妇，男的叫万喜良，女的叫孟姜。两人相亲相爱，难舍难分。可是新婚第二天，万喜良就被强征去山海关修长城。从此，两个相爱的人相隔万水千山，无法见面，更无音讯可通。孟姜女思夫心切，为丈夫一针一线赶制了寒衣，只身上路，决心要万里寻夫。踏过了千山万水，克服了重重困难，她终于来到了北方崇山峻岭间的长城脚下。可是，在那些饥寒交迫、蓬头垢面的千万民夫中，她无法找出自己的丈夫。后来，听人说丈夫经受不了繁重的劳动，已经冻饿劳累而死，尸骨就埋在长城脚下。这时的孟姜女悲痛欲绝，放声大哭，三日三夜痛哭不止。悲怨之情惊天地泣鬼神，突然“轰隆”一声，长城一下子倒塌了800里，万喜良的尸骨见了天日，孟姜女痛不欲生，在绝望之中投海而死。

孟姜女哭长城传说的确动人，但是否确有其事呢？

有人认为：这个故事是虚构的，因为万喜良所修筑的长城不可能是山海关长城。山海关长城修建于秦朝以后，秦始皇时代修筑的长城与此段长城根本无关。

另外一种说法是哭长城的事情确实存在，万喜良和孟姜女两人都有故事原型。万喜良的原型是春秋时齐国的大夫杞梁，孟姜女的原型是杞梁之妻。据《左传·襄公二十三年》记载：公元前550年，齐庄公率领军队攻打卫国和晋国，回师的时候又偷袭了莒国。莒国人拼死抵抗，齐庄公终因劳累过度，身受刀伤。

双方约定第二天再战，战场定在寿舒。

当天夜里，齐庄公派杞梁、华周两位将领带领一支奇兵，从小道潜入莒国，埋伏在莒国都城旁边。但是第二天早晨，他们发现这支伏兵已陷入莒国人的重重包围之中。

莒国君派人给他们送来一份厚礼，

意思是说：“我不希望你们战死。只要你们同意带回莒国愿意同齐国结盟修好的信息，我就让你们安全撤离。”

华周和杞梁回答说：“贪图财货而放弃职守，想必你也是很厌恶的。夜晚接受任务，未到日中就放弃它，怎么能够侍奉国君呢？——没什么可说的，我们将血战到底！”

莒国国君亲自击鼓进军，杞梁、华周拼死抵抗，但由于寡不敌众，全军覆没。

齐庄公带着残部回到齐国，正碰上在城郊迎接杞梁亡灵的妻子。齐庄公派一位使臣向杞梁妻表示吊唁。

杞梁妻义正词严地说：“如果杞梁有罪，国君用不着勉强来吊唁他；如果杞梁幸而无罪，那么我家还有先辈留下的几间破屋，我不能接受你这种郊野的吊唁。”

于是，齐庄公掉转车头，亲自到杞梁家里进行吊唁，礼仪完后才离开。

故事到这里好象应该结束了。那么杞梁妻到底哭了没有？她的哭与长城有什么关系？西汉的刘向在《列女传·杞梁妻》中有进一步地交代。刘向说杞梁妻没有儿子，没有五服内的亲戚，当杞梁的尸体运回时候，她迎至临淄城外，抚尸恸哭，那种刻骨铭心的悲痛使过往的行人见了，也不禁流下了同情的眼泪。

她在城下整整哭了10天。突然一声巨响，城墙倒塌了半截。人们都说这临淄城墙是杞梁妻哭倒的。

掩埋了丈夫的尸体后，她也投淄水自尽了。

不过这时还没有孟姜这个名字，人们根据她丈夫的姓，称之为“杞梁妻”；她哭倒的也不是秦长城，而是齐国的临淄城。孟姜女的姓名从不见于史籍，她的形象是在诗歌中诞生的。

最早出现孟姜女姓名的作品是唐·五代《敦煌曲子集》中的一支曲子，曲名为《捣练子》。全曲是：

“孟姜女，杞梁妻，一去烟（燕）山更不归，造得寒衣无人送，不免自家送征衣。

长城路，实难行，乳酪山下雪纷纷，吃酒则为隔饭病，愿身强健早还归。”

这首曲子大约产生于晚唐时期，作者姓名已无从考证，从用语朴实无华上看，大略是流传于民间的作品。因此，孟姜女的姓名可能是《左传》未录的实际姓名，也可能是民间的创造。在这支曲子里，孟姜女的主要故事情节均已具备，如：她丈夫的去处是燕山山脉乳酪山下的长城；她万里寻夫，主要的是为他送寒衣，但是没有哭倒长城的情节。哭倒长城的事最先见于五代前蜀诗僧贯休（852～913）诗中。僧贯休诗云：

秦王无道兮四海枯，筑长城兮遮北胡，筑人筑土一万里，杞梁贞妇啼呜呜。上无父母兮中无夫，下无子兮孤复孤，一号城崩塞色苦，再号杞梁骨出土。疲魂饥魄相逐归，陌上少年

无复非。

诗中所称的“杞梁贞妇”就是孟姜女。她哭的结果是：长城倒塌，杞梁尸骨出土，于是夫妇的魂魄相随回乡，具有浓烈的浪漫主义色彩。到了秦朝，由于民间对统治者怨声载道，所以就将这个悲惨的故事移植到秦朝，而杞梁妻也成了孟姜女，这个故事遂成了控诉秦朝残暴的经典场景。为什么孟姜女的故事能流传千年而不衰呢？为什么会受到各民族的普遍喜爱呢？应该说是有其深刻的政治原因和社会原因的。

(1) 故事本身的可塑性

故事本身具有较强的可塑性。随着历代时势的变迁和风俗习惯的变化，人们也在不断地给故事加以丰富的想象和流传发展。如春秋时期，齐都盛行哭调，杞梁战死而妻迎柩成为这一悲剧的极好材料。进入汉代以后，阴阳五行和天人感应之说悄然兴起，杞梁妻的哭声又恰好可作城崩地摧的感应。尽管事实上不可能实现，但人们宁愿信其有，不愿信其无。到了六朝、隋唐时期，乐府中有了专门的送衣曲，孟姜女寻夫正好适合此内容。南宋以后，社会普遍苛求女子的贞节，对于古代的孟姜女当然也不例外，于是，这个传说很容易得到百姓的一致称道。可见孟姜女的故事正是顺应了文化演变，随着社会的变化而修改，并随着人们的情感和想象而发展。

(2) 对封建社会各种徭役的讽刺和反抗

不可否认，长城在抵御外侮、防止侵略方面，起了不可替代的巨大作用，但同时也给广大劳动人民带来了不少负担和苦难，有些地区甚至出现了“边城多健少，内舍多寡妇”（三国魏·陈琳《饮马长城窟行》）的凄惨景象。可以说从春秋到明清，各个朝代都有孟姜女这类悲剧发生。这个故事既是对暴政和徭役的控诉，也是对社会底层受奴役者的赞扬和歌颂，很容易唤起广大劳动人民心底的共鸣，形成了代代相传的典型素材，因而历久弥新、生命力极强。

(3) 孟姜女的艺术形象很有典型意义

从这位普通的古代女子身上，我们看到了贞节观念与反徭役意识、烈女形象与贤妻形象。故事本身既可产生震撼人心的悲剧效果，又给人们以反抗的力量和勇气。正是由于这种巧妙而又和谐的结合，使这位古代女子的形象产生了永久的魅力，她没有因为社会的变迁而消失，也没有因为朝代的更替而遭禁，反而成为很受欢迎的一位古代女子形象。

如今，孟姜女哭长城的故事已遍布每一个角落，有关她的诗文、戏曲、歌谣、说唱层出不穷。为了纪念她，人们在长城东端山海关以东八里的凤凰山顶，建了一座“孟姜女庙”，供后人观览拜谒、求福去灾，至今香火不断。在庙的周围，又附会了许多孟

姜女遗迹，如“望夫山”、“望夫石”，相传那就是当年孟姜女登高望夫的地方；“振衣亭”相传是孟姜妇女望夫前梳妆打扮、整理衣衫的地方；而海边的两块礁石，就是孟姜女寻夫不着、哭倒长城后跳海葬身的地方，俗称“姜女坟”。

“贞烈女神”这一美名早已别戴在了孟姜女的头上，受到了历代上自帝王、下至民众的景仰，南宋名臣文天祥在孟姜女塑像两侧书了副楹联：秦皇安在哉，万里长城筑怨 姜女未亡也，千秋片石铭贞。恰当地表达了人们对她和秦始皇的道德评价。

孟姜女的故事虽然只是一个传说，但人们并不认为其荒诞与虚妄。不管孟姜女有没有哭倒长城，总之以孟姜女夫妇为代表的老百姓遭遇的痛苦是真实的。修筑长城是历代封建王朝各种劳役中最为残酷、最具代表性的一项，从春秋至明代，近两千年漫长的岁月中，长城屡修屡补，强征了无数民夫，何时何地都可能产生如孟姜女一样的悲剧。

8. 零落乱世：传国玉玺身归何处

在历代皇家的玺印中，秦代以“和氏璧”制成的御玺最为名贵，其代代相传，被奉为天命的象征，称之为“传国玺”。然而，它在流传1000多年后，却神秘地失踪了。几千年来，有关它的传说也无不充满着神秘的色彩。那么，如此贵重的国宝到底去了哪里了呢？

有一个关于和氏璧的传说：在春秋时期，楚人卞和在荆山见有凤凰栖落在青石上，于是他便把那青石献给了楚厉王。但经玉工鉴定，那块青石只是一块普通石头，没有任何价值。于是卞和被判为欺君之罪，刖去左足。到了楚武王即位时，卞和再去献宝，又以相同原因被刖去右足。楚文王即位后，经过荆山看见卞和抱着青石在荆山下痛哭，便问其原由。卞和回答道：“我不是因为没有了双脚而伤心，而是因为宝玉被说成石头，忠诚被说成欺骗而痛心呀！”于是文王命人把青石破开，果然得到了一块美玉，后经技艺高超的玉工雕琢成璧，成为传说中的“和氏璧”。

公元前333年，楚威王将和氏璧赏给了相国昭阳，却被他不慎遗失了。公元前283年，赵国宦官缪贤在一次偶然的机会以500金买下和氏璧，从此这块宝贝就被赵惠王所占有了，之后就有了“完璧归赵”的故事。直到秦灭赵，和氏璧便落入了秦王嬴政的手中。秦始皇命李斯选用和氏璧制作皇帝御玺，并刻玺文“受命于天，既寿永昌”八字。秦始皇想让这块玉玺也代代相传，因此称其为“传国玺”。

秦末天下大乱，汉高祖刘邦领兵

率先攻入关中，只当了46天皇帝的子婴把“传国玺”献给了刘邦。刘邦经过大小百余次的奋战，用了4年的时间打败了西楚霸王项羽，建立起汉王朝。刘邦即皇位时，就佩戴着“传国玺”。此后，“传国玺”一直存放在长乐宫内，成为皇权的象征。

西汉末年，外戚王莽篡权，时孺子婴年幼，玺藏于长乐宫太后处。王莽遣其弟王舜来索，太后怒而詈之，并掷玺于地，破其一角。王莽见玉玺上碎了一角，不得已派人用金修补，但终于留下缺痕。王莽兵败被杀，禁卫军校尉公宾得传国玺，并把它带到了宛城献给了更始帝刘玄。更始帝刘玄三年（25），赤眉军杀刘玄，立刘盆子。后刘盆子兵败宜阳，将传国玺拱手奉于汉光武帝刘秀。至东汉末年，宦官专权。灵帝熹平六年（177），袁绍入宫诛杀宦官，段珪携帝出逃，玉玺再一次失踪。

到了献帝时，董卓作乱。孙坚率军攻入洛阳。某日辰时，兵士见城南甄宫中一口井中有五彩云气，急忙派使人入井察看，在井下发现一宫女，此宫女颈上系一小匣，匣内所藏正是传国玉玺。孙坚如获至宝，将其秘藏于其妻吴氏处。后袁术拘吴氏，夺玺。袁术死了以后，荆州刺史徐璆携玺至许昌献给了汉献帝，至此传国玺得重归汉室。

延康元年（220），汉献帝被迫“禅让”，曹丕建魏，改元黄初。他派人在传国玺肩部刻隶字“大魏受汉传国玺”，以证明是用正当途径得来的，实乃欲盖弥彰。魏元帝曹奂咸熙二年（265），司马炎依样而行，称晋武帝，改元泰始，传国玺归晋。晋永嘉五年（311），前赵刘聪俘晋怀帝司马炽，玺归前赵。

公元329年，后赵石勒灭前赵，得玺。他更别出心裁，于右侧加刻“天命石氏”。20年年后（349），传国玺又传给了冉魏政权，后冉魏求乞东晋军救援，传国玺为晋将领骗走，并以300精骑连夜送至首都建康（今南京），由此传国玺重归于晋朝司马氏囊中。

到了南朝时，传国玺历经宋、齐、梁、陈四代更迭。隋朝统一后，将传国玺收入宫内。大业十四年（618）三月，隋炀帝杨广于江都（今扬州）被杀，隋朝随之灭亡。萧后携太子元德携传国玺遁入漠北突厥。

唐初，太宗李世民因无传国玉玺，乃刻数方“受命宝”“定命宝”等玉玺，聊以自慰。

贞观四年（630），李靖率军讨伐突厥，同年，萧后与元德太子背突厥而返回中原，传国玺归于李唐，太宗龙颜甚是高兴。

到了唐末，天下大乱，各地起义军纷纷而起。唐天祐四年（907），朱全忠废唐哀帝，夺传国玺，建后梁。后梁龙德三年（923），李存勖灭后梁，建后唐，传国玺转归后唐。公元

936年，石敬塘引契丹军至洛阳，后唐末帝李从珂怀抱传国玺登玄武楼自焚，传国玺从此在中国历史上消失了。

到了后周太祖郭威时，遍索传国玺不得，无奈镌“皇帝神宝”等印玺两方，一直传至北宋。北宋哲宗时，有农夫名段义者在耕田时发现了传国玺，并送至朝廷。经13位大学士依据前朝记载多方考证，认定乃始皇帝所制传国玺。而朝野有识之士多疑其伪。至北宋末年，徽宗好风雅，增刻印玺10方，时人有画蛇添足之讥，其实徽宗似有淡化传国玺地位之深意在其中也。

宋靖康元年（1126），金兵破汴梁，徽钦二帝被掠，“传国玺”被大金国掠走，其后便销声匿迹。

元朝至元三十一年（1294），世祖忽必烈去世。“传国玉玺”忽现于大都，叫卖于市，为权相伯颜命人购得。伯颜曾将蒙元收缴各国历代印玺统统磨平，分发给王公大臣刻制私人印章。传国玉玺亦恐在其中而遭不测。

1368年，朱元璋在建康称帝，国号大明，改元洪武。继而北伐，元廷弃中原而走漠北，继续驰骋于万里北疆。明初，太祖遣徐达入漠北，穷追猛打残元势力，其主要目的便是索取传国玉玺，最终仍无功而返。

到了明清两代，时有“传国玉玺”现身之鼓噪，然皆附会、仿造之赝品。如明孝宗时，曾有人进献所谓“传国玉玺”，孝宗认定其为赝品而未采用。至清初时，紫禁城藏御玺三十有九，其中一方即被称作“传国玉玺”。而后来被颇好考据的乾隆皇帝钦定其为赝品。但权且以假当真，聊以充数，亦无深究者。

民国十三年（1924）11月，末代皇帝溥仪被冯玉祥驱逐出宫，此“传国玉玺”不见踪影。当时冯部将领鹿钟麟等人曾追索此镶金玉玺，至今仍无下文。

由此，历经2000余年风风雨雨、扑朔迷离的“传国玉玺”数隐数现，最终被湮没于历史的漫漫长河之中。“得宝即得国，失宝即失国。”“传国玺”既然被历代统治者视为守国之宝，也就注定了它被争夺的命运，在这颗小小的玉玺上上演了一出出朝代更迭、祸福交织的历史话剧。

第二章 汉朝历史谜案

1. 铁证如山：韩信之死并不冤

韩信是秦汉之际的军事家，在秦亡汉兴的过程中，为刘邦夺取天下立下汗马功劳，被称为汉初“三杰”之一。但韩信在功成名就之后，却未能寿终正寝。他为何被杀？他真的有背叛汉朝之心吗？他是否是冤死呢？这些历史问题一直是一个悬案。

“狡兔死，良狗烹；

高鸟尽，良弓藏；

敌国破，谋臣亡。”

这是公元 201 年，韩信被汉高祖刘邦逮捕时，绑在囚车上运回长安时所说的一番话。这番话说尽了封建社会王朝许许多多开国功臣凄惨的结局。

韩信年轻的时候十分落魄，长期抑郁不得志。父母早丧，家贫如洗。虽有满腹韬略，但处处碰壁，既不会经商，又不会务农，生活非常拮据，只得终日挂剑闲游，靠乞食度日，所以人们都瞧不起他。

有一位亭长很看得起韩信，对他十分照顾，于是，韩信便常在亭长家里吃闲饭。时间一久，亭长的妻子便不耐烦了，想办法将他赶了出去。有一天，亭长的妻子早早起来烧火做饭，吃饭时也没有招呼韩信。等韩信像往常一样来吃饭时，什么吃的也没有，韩信便明白了主人的意思，离开了亭长家。韩信漫无目的地来到淮阴城下，靠捕鱼为生，整天饥一顿饱一顿。一位常在河边漂洗棉絮的老妪见韩信少年落魄，饿得可怜，便把自己带的食物分给他，一连数日，天天如此，韩信大为感动地对老妪说：“将来我若有出头之日，一定会重重地报答您的恩情。”老妪听了十分生气地说：“大丈夫不自食其力，天天靠别人施舍过日子，怎么能有出息？我只是可怜你才给你吃的，岂是希望你能报答？”说完便走了。韩信望着老妪远去的背影，心里十分惭愧。于是，他暗下决心，一定要出人头地，混出个模样来。后来，韩信功成名就之时，真的报答了曾帮助过他的老太太。

韩信尚武，虽然落魄却整日挎着一把宝剑。一天，他在街上闲逛，一个无赖迎面挡住其去路，故意侮辱他说：“韩信，你这个懦夫！如果你是条汉子，就拿剑来刺我。如果你没有勇气，贪生怕死，就从我的裤裆下钻过去。”说着便叉开两腿。韩信望了他好久，俯下身，匍匐着从他的胯下钻过。

不久，反抗暴秦统治的农民起义爆发了。韩信先是投奔项羽，因没有得到重用而投靠在刘邦帐下，做了一个治粟都尉。军行到南郑时，很多将领都在半路逃跑了，韩信也在其中。

时任丞相的萧何很赏识韩信，听说他逃跑后来不及禀报刘邦，马上连夜去追。

刘邦以为萧何也逃跑了，很是气愤。两天以后，萧何来见刘邦。刘邦问他为什么要逃跑，何曰“臣不敢亡也，臣追亡者。”刘邦曰：“若所追者谁何?”曰：“韩信也。”刘邦复骂曰：“诸将亡者以十数，公无所追；追信，诈也。”

萧何答道：“诸将易得耳。至如信者，国士无双。王必欲长王汉中，无所事信；必欲争天下，非信无所与计事者。顾王策安所决耳。”王曰：“吾亦欲东耳，安能郁郁久居此乎?”何曰：“王计必欲东，能用信，信即留；不能用，信终亡耳。”

刘邦对萧何非常信任，因此答应了他的请求，封韩信为大将军。但是萧何还嫌不够：“大王素来不拘小节，拜大将像唤小孩子似的，这就是韩信要走的根本原因。大王如果真想拜他为大将军，就应该选一个好日子，斋戒沐浴，设置坛场，举行仪式才行。”刘邦也答应了。

韩信以刘邦帐下执戟卫士的低微身份，几年内登坛拜将，屡建奇勋，为刘邦争得天下立下赫赫战功，可他的军事才能也令刘邦极度不安。刘邦在夺取天下后，先是夺其兵权徙为楚王，继又废黜为淮阴侯，软禁于洛阳。据说有一天刘邦问韩信：“你看我能带多少兵?”韩信答：“陛下不过能带十万之军。”刘邦又问：“你呢?”韩信便狂傲地大笑说：“我是多多益善啊!”韩信的绝世军功和才华终于为他招来了杀身之祸。汉高祖十一年(前196)一月，吕后、萧何设计诛杀了韩信。这样一位天下无双的大功臣，为何会被诛杀呢?

不少学者认为，杀害功臣是几千年来封建王朝中屡见不鲜的故技。鸟尽弓藏，兔死狗烹，正是许多开国功臣的遭遇，历史上这样的例子举不胜举，以谋反叛国之罪杀死韩信，的确是千古奇冤。其理由是：

其一，韩信从无叛汉之意。在楚汉相争的紧要关头，韩信拥有举足轻重的兵力，项羽常以“三分天下”为约，但他没有反；被封齐王后，齐人蒯通曾劝韩信割据一方，借为他看相之名，以“贵不可言”相诱，以“时乎时，不再来”相激，他也没有反，反而说：汉王对我仁厚，“解衣衣我，推食食我”，始终不肯叛汉，怎么可能在天下平定、褫夺兵权之后，仅凭着一伙家丁和囚奴而造反呢?

其实这种观点脱离了一个基本前提。什么前提呢? 韩信自己也说过，汉“解衣衣我，推食食我”。当时汉王对韩信十分信任，十分仁厚，这就是韩信不反汉的前提。后来刘邦开始有意识削弱韩信的权力，疏离了与韩信的关系，韩信内心对刘邦的怨恨开始日积月累，并最终萌发了反汉的动机。

其二，汉王刘邦早就有杀韩信之心。

早在刘邦称王的第二年，韩信占领了魏国和代国以后，刘邦突然接管了他的精兵；次年，韩信破赵，刘邦自称汉使，清晨驰入军营，夺取他的印符，更换他的将领，又一次突然地按管了他的部队；破项羽后，刘邦再一次突然袭击，解除了他的兵权，并且易地安置，把他从齐王迁为楚王。一系列的事实说明，韩信始终是刘邦的一块心病。不除掉韩信，刘邦一天不得安宁。

其三，告韩信谋反，纯属子虚乌有。

陈豨是汉王刘邦的宠臣，韩信同他素无交往，怎么可能在他出镇之前，突然约他谋反呢？举报韩信的是其舍人之弟，更不可信。据说那个舍人曾得罪过韩信，韩信将他囚禁起来欲以诛杀，所以舍人的弟弟才去吕后那里告韩信谋反。试想韩信谋反这样的重大机密，怎能泄露给一个罪徒的亲属？如果真有所谓谋反，就应该昭示群臣，公开审理，为什么诱捕之后又将他立斩于长安宫之钟室，匆匆忙忙地采取这种类似暗杀的手段，灭掉这一个可辩的活口呢？

其四，翦灭异己，是刘邦预定的国策。

汉朝初年因汗马功劳所封的七名异性王，没有一人有好结局的。梁王彭越、赵王张敖，同楚王韩信一样毫无反叛之心，却以“谋反”的名义被杀。韩王信、淮南王黥布、燕王卢绾，都受到刘邦的猜忌和逼迫，不得不走上反叛道路，最终被灭。只有势力最小的长沙王吴芮，由于封国偏远、谨小慎微而得以残存。看来杀掉一切能征善战、功高震主之辈，以安定刘家天下，是高祖预定的国策。“联百万师，战必胜，攻必取”的韩信被杀，也是必然的。

但以史学家司马迁为代表的传统看法是，韩信确有谋反形迹，是罪有应得。佐证如下：

其一，韩信趁楚汉相争的紧要时刻，要挟称王，早已暴露野心。高祖四年（前203），韩信平定了齐地后，派人对汉高祖刘邦说：“齐人伪诈多变，南临楚地，是一个易于反复的国度，不设一王位来镇守，大局难以稳定，希望你委派我当个假王。”此时刘邦正被项羽围困在荥阳，日夜盼望韩信前来增援，但见了韩信使者带来的信，不禁震怒异常，骂道：“我困在这里，早晚盼他来辅佐我，他竟然想自立为王！”身旁的张良和陈平见势不妙，悄悄地对刘邦说：“现在我们处境不利，如何阻止韩信称王？不如趁势做个人情，让他为我们守一方之地。不然，就会发生内乱。”刘邦一听，顿然醒悟，连忙改口，装腔作势大骂道：“大丈夫平定了诸侯，要做就做个真王，为什么还要当假王？岂有此理！真是岂有此理！”一副愤

愤不平的样子。接着，他派张良赴齐，立韩信为齐王。之后，派韩信等率兵和项羽会战于垓下，大破项羽。刘邦封韩信为王，实属不得已，因而楚汉之争一结束，他就夺了韩信的兵权，并徙封其为楚王，从而埋下了对韩信的戒心。

其二，项羽死后，韩信招降纳叛，经营楚地，出入陈列兵仗，大有割据一方之势。

项羽死后，楚将钟离昧投奔了韩信。因二人是故交，钟离昧得以偷生。刘邦知道此事后，命韩信交出钟离昧。可是韩信很重义气，不想出卖朋友，不肯交人。刘邦毫无办法。此时，韩信初到楚地，出入都有重兵保护，仪仗威严，这更加引起了刘邦的疑心。恰在此时，有人又状告韩信谋反，刘邦就下决心一定要除掉韩信。于是，他采用了陈平的计策，令诸侯们都到楚国之西的陈地相会，以便趁机擒拿韩信。这时，韩信已猜出了刘邦的意图，但思忖再三，想到自己本无谋反之心，何必怕见刘邦？于是，杀了钟离昧，带其首级去见刘邦。不料，刘邦还是逮捕了他，并把他押至洛阳。之后，他把韩信降为淮阴侯，让他寓居于长安。韩信怏怏不乐，常常称病不上朝。

其三，他挑动和支持陈豨叛乱。

据说韩信曾和握有重兵的边将陈豨约定里应外合，准备叛乱。又有人说他曾与家臣谋划，当刘邦率军出征陈豨之时，诈传诏书，放囚徒，再突然袭击宫中的吕后和太子。结果，这个阴谋被他舍人的弟弟告发。后来，吕后与萧何设计将韩信诱入长乐宫斩杀。

综合上面的论断，足以说明韩信是个只计较个人得失、闹分裂、谋叛乱的阴谋家，他是罪该万死的。何况，经过六国、暴秦、楚汉纷争之后，人民需要休养生息，刘邦废除异姓王，实行中央集权，是符合历史发展方向的。

2. 顺势而为：张良智慧为官得善终

张良，西汉著名的政治家、谋略家，汉初“三杰”之一，辅助刘邦夺取天下，以智慧闻名于世。有意思的是，历史老人在张良身上涂抹了太多的神秘色彩，他给后人留下了一个个谜团。两千多年来，张良的归宿吸引着无数人去探究，但时至今日，张良的身上依旧迷雾重重。也许，这就是张良的魅力所在吧！

一部秦末农民战争史，成就了无数绝世英雄。项羽的勇猛无敌、刘邦的奸诈狡滑、韩信的忍辱负重、萧何的慧眼识才、张良运筹帷幄的智谋，这些英雄凭着各异的才能，在史书上留下了夺目的华章。但在流传两千年的巷闻野史之中，又有各种各样的传说真假难辨，以至后人对他们的认识渐渐模糊，满是疑窦。“谋圣”张良就是其中一个比较突出的典型。

张良，字子房，传为城父（今河南）人，出生于官宦之家，其祖父、父均为韩国宰相。后来韩国被秦所灭，张良就立志要为韩国复仇，想像荆轲一样做一名力抗强秦的侠士。为报亡国之恨，张良遣尽家僮，弟死不葬，变卖家产，终于求得一位力贯千钧的大力士，等秦始皇出巡到阳武（今原阳县东南）博浪沙时，埋伏在此地的张良同大力士一起投掷大铁锤偷袭秦始皇的銮驾，可惜误中副车，没有砸中秦始皇的坐车。秦始皇大怒，在全国上下连续十天大肆搜捕刺客。壮志未酬的张良不得不隐姓埋名，开始了浪迹天涯的生活。

据说在张良流浪的这段时间里，遇到了一个改变了他一生命运的人。

有一天，张良经过下邳的一座小桥，看到一位身着粗布衣衫的白发老人，跷着二郎腿，脚尖勾着鞋不停地晃动。老人见张良走近，突然一抬脚，把鞋甩到了桥下面。老人蛮横地对张良说：“你把我的鞋子弄掉了，快帮我捡起来。”张良听后很不高兴，可想到老人年事已高，很是可怜，就把鞋捡了回来，送到老人前面。谁知老人又把脚往前一伸，让张良给他穿上，张良强忍住性子，蹲下身子替老人穿上了鞋。老人很高兴，站起身来，大摇大摆地走了，连声“谢谢”都没说。张良望着老人的背影，觉得很奇怪。他刚转身要走，老人又走回来对他说：“你这个小家伙不错，我愿意教你学点儿本事。五天以后的早晨，你在这儿等我。”张良连忙答谢。

五天后的一早，张良依约来到桥上，谁知老人早已到了。老人生气地说：“你怎么让我老头子等你呀？五天之后你再来吧。”说罢转身就走，张良心里很内疚。

这样又过了五天，张良鸡鸣之时就前去赴约，但还是迟到了，他只好认错。老人瞪了他一眼说：“你要真想学，过五天再来。”说罢，拂袖而去。这次张良有了教训，到第四天的晚上，他半夜就到桥上等着。见张良如此真诚，老人高兴地说：“这样做才对！”然后拿出一本书说：“你把这本书读透了，就可以为帝王之师！”张良接过书，正想道谢，却见老人早已走远了。天亮后，张良拿着老人送的《太公兵法》（传说此书是西周姜子牙所著）后，手不释卷，潜心研读，果然成为智谋奇才。

陈胜、吴广发动农民起义后，各地的百姓纷纷响应。张良也带了一百多人去投奔起义军。途中碰到率兵赴下邳的刘邦。两人一拍即合，张良无论提出什么建议，刘邦都能言听计从。从此张良一心跟随着刘邦打汉朝天下。

张良成为刘邦不可缺少的谋士。他协助刘邦制定作战方略，并在政治

上、策略上提出许多重要建议。刘邦得天下后，论功行赏，要把齐国的三万户百姓封给张良，被他谢绝。张良谦虚地说：“我跟随陛下才得以施展自己的抱负。陛下能采纳我的计策，并万幸成功，这不过是我的运气，没有陛下就没有我张良。”刘邦非常欣赏他的义气，后来封其为留侯。

刘邦称帝做了皇帝之后，曾经得意洋洋地讲：“我之一生得益于三个人：运筹帷幄之中、决胜千里之外的张良；镇守国家、安抚百姓的萧何；战必胜、攻必取的韩信。这三位都是人杰，我因为有了他们，所以得了天下。”张良、萧何与韩信，在汉初分别被封为留侯、酂侯、淮阴侯，被委以重任。但没过几年，刘邦就不再信任这些昔日的功臣，找机会将这些人罢官夺爵，少有善终的。不过，在“汉初三杰”之中，韩信以谋反罪名被杀，还诛灭其三族；萧何也被治罪下狱，唯有留侯张良一生平安。

有道是“伴君如伴虎”，刘邦的疑心极大，张良陪伴齐左右却能够自保，这确实是一大奇迹！后代人为之庆幸之余，尤其关心张良的最终归宿。不过关于他的归宿历来众说纷纭，主要有以下两种说法：

（1）居官善终

有人认为张良并未离开朝廷，而是居官善终。刘邦要废太子刘盈，重立太子如意，急坏了太子的生母吕后。吕后问计于张良，张良建议请出刘邦素来仰慕的嵩山四老劝谏刘邦，或许能够帮助太子巩固地位。于是，吕氏就派人拿着太子的亲笔信和厚礼，请出四老下山。刘邦见到这四位须发皆白、相貌魁伟的老人，十分惊讶。问他们：“前次我求你们相助，你们一直避而不见，今天为什么与我儿子交往呢?”四人回答说：“陛下轻慢别人，臣等恐怕受辱，因而亡匿。太子仁孝，敬贤爱上，天下人都愿为太子效劳，我们如今献出生命也在所不惜，所以就下山了。”刘邦觉得太子已经深得人心，难以动摇，这才放弃了更立太子的主张。这件事在《汉书·张陈王周传》和《史记·留侯世家》中都有记载。因为这件事，吕后十分感激张良。刘邦死后，吕后为了报答张良，劝其结束学道生活，出来做官，并对他说：“人生一世，如白驹过隙一样短暂，先生何必如此自苦呢。”张良当时年高体弱，不久以后就病死了。朝廷封他为“文成侯”，此中含有以文才安民立政，善始善终之意。

（2）辞官学道

还有人认为张良当时见功臣被戮十分寒心，不顾刘邦挽留，主动辞官到白云山学道。这种说法多被戏曲、小说引用。比如京剧《张良辞朝》就是据此而来，正史中也有这种记载。《史记·留侯世家》中说，刘邦不喜欢太子刘盈，想另立戚夫人之子如意为太子。大臣们苦苦劝谏，仍然不能改变刘邦的主意。张良屡谏不从，便

借口有病向刘邦请辞，他在给刘邦的上表中自述身世："家世相韩，及韩灭，不爱万金之资，为韩报仇强秦，天下震动。"后来追随陛下，得以灭强秦，封万户，位列侯，现在平生愿已了，"愿弃人间事，欲从赤松子游耳"。于是就飘然而去，不知所踪。在我国南方一直有这样一个传说：张良从官场退隐之后，就到深山密林中去修行学道，最后不知老死在何处。执掌大权的吕后听说后，命令手下官员一定要寻找到他的墓冢不可。谁知诏令一下，一夜之间，天下到处都发现有张良墓。吕后派统计，总共有三千多座，也不知道哪个是真，哪个是假，也就只好作罢。

这两种说法一从历史，一从文学。应该说，前者的记载是比较可信的，张良应该是居官而终。但是历代以来，人们更愿意给张良一个入山修道、得道成仙的神秘归宿，这里面既表达了人们对于君主滥杀功臣的不满，也寄托了历代文人们对于张良功成身退、名垂青史的钦佩。在张良曾经活动过的河南、安徽、江苏等地，关于他扶汉救危的故事、与楚霸王的恩恩怨怨，以及最后修道成仙的传说非常多，因此我们既看到大度、多谋、柔弱的张良，也看到了仇恨、执迷、刚勇的张良，有时甚至相互矛盾。司马迁距离张良不过半个世纪，真实就已经被蒙上了一层纱，因此张良的归宿如何，在两千年后的今天，更加难以考证，我们还是暂且把这些没有谜底的传奇，看作是每一个伟大人物周身都必定附有的光环，让我们慢慢地去欣赏、去研究。

3. 毁誉参半：吕后嗜杀有原由

在汉朝历史上，出现了一个之前其他朝代所不曾有的历史现象，那就是皇后专权，汉高祖刘邦的妻子吕后就成了高祖之后第一个女性统治者。她在专权期间，"杀功臣""杀戚姬"，似乎是一位手段狠辣、善妒无情的人。那么，她嗜杀到什么程度？又为什么会嗜杀成性呢？

吕后是我国历史上第一个皇权独揽的女人。她为人刚毅，辅佐刘邦平定天下；她阴狠毒辣，掌权十五年，诛功臣、杀皇子，满手血腥，以至"吕后"成为后世"狠毒"的代名词。历史上的吕后真的是嗜杀成性的人吗？如果是，她又嗜杀到什么程度呢？我们首先从吕雉如何成为皇后说起。

刘邦的妻子姓吕名雉，是当时距沛县不远单文县一个望族——吕公的女儿。他们的结合纯属偶然。在一次宴会上，吕公对口出狂言的刘邦很感兴趣，只见面前这农民模样的壮年男子，高鼻梁长脖子，长相异于常人。吕公由此判断，刘邦日后必定飞黄腾

达，富贵万分。于是，欣然邀其赴宴。

然而，更离奇的事还在后面。宴会过后，吕公就下定决心，不顾妻子的强烈反对，向刘邦表示愿意把自己的女儿吕雉许配给他为妻。此时的刘邦已经四十三岁，仍然是光棍一条，听吕公说要把女儿嫁给自己，如坠云中，飘飘然起来，这是做梦都想不到的美事啊！当下，刘邦迎娶吕雉回家。这吕雉正是日后驰骋汉朝宫廷的吕后。后来，吕雉生下刘盈与鲁元公主，在家种田。常去芒、砀探视逃隐的刘邦。楚汉战争之初，刘邦父母及吕雉被项羽俘获，当了两年多的人质。后来刘邦称帝，她被立为皇后，刘盈为皇太子，后来成为汉惠帝。

高祖死后，吕后独立掌政十五年，做了一些为人称道的政绩，先是辅助高祖谋划定策，争夺天下，后来又减轻百姓负担，废除许多繁苛的法令，尤以废除“三族罪”和“妖言令”为百姓所称道。《史记》和《汉书》都称赞她：“高后女主，制政不出闺阁，而天下晏然，刑法罕用，罪人是希，民务稼穑，衣食滋殖。”

就是这样一位皇后，为什么会留下嗜杀的骂名呢？

高祖十二年（前 195）五月十七日，刘邦的葬礼刚刚完毕，吕后就迫不及待地利用皇太后的权力，首先把矛头对准如意母子。

她先是命人将如意的母亲戚夫人投入永巷，剃光她的头发，让她穿上囚犯的衣服，罚她一天到晚舂米。舂不到一定数量的米，就不给饭吃。

有一天，戚夫人一边舂米一边哀伤地唱道：“子为王，母为虏。终日舂至暮，常与死为伍！相隔三千里，当谁使告汝？”

歌声传到了吕后的耳朵里，大怒骂道：“你还仗恃你的儿子不成？看我怎么整治你的儿子。”吕后说得出，做得到，先后三次派遣使者前往赵国，诏令赵王如意入长安。

惠帝刘盈仁慈厚道，听说赵王如意正赶往长安，心头一惊，料想母后一定不会放过他，于是亲自带人到灞上迎接，领他一起入宫觐见太后，然后就把他带回了自己的寝宫。自此以后，刘盈和如意同吃同住，一起饮食起居，吕后虽然想加害，可一时却找不到下手的机会。

惠帝元年（前 194）十二月的一天，惠帝本想带如意一起出城打猎，但早晨起床后见弟弟睡得正香，就没忍心把他叫醒。想不到吕后早在刘盈身边安排了暗眼，很快就把如意一人独居的消息通报上去。等惠帝打猎回来，如意已经七窍出血，死在床上。惠帝刘盈追悔莫及，抱着弟弟的尸体痛哭一场，命令按王礼厚葬，谥号“赵隐王”，寓含如意的强勇和才华被隐没了，没有发挥出来就过早地遭人暗算。

刘盈对此事非常气恼，他刚刚即位不久，皇宫里就接二连三地发生不

祥之事，使他情绪低落、茶饭不香。尽管他知道谋害如意的元凶就是自己的母亲，但还是坚持暗中派人查明杀人凶手。

吕后毒死了刘如意，又想方设法残害戚夫人。她让人把戚夫人的手脚剁掉，挖去眼珠，熏聋双耳，毒哑喉咙，然后扔进厕所，名曰：“人彘”。过了数日，吕后派人召谕刘盈到永巷去观看“人彘”，以壮其胆气。惠帝从未听说过“人彘”，觉得很新鲜，便跟着太监去看。趋入一间厕所中，太监指示惠帝说：“厕内就是‘人彘’。”惠帝向厕内一望，看见是一个人身既无双手，又无双足，眼内无眼珠，只剩下两个血肉模糊的窟窿，身体还在活动，嘴张得很大，却发不出声音。惠帝看了一眼，又惊又怕，不由缩转身躯，忙问身边的太监此人是谁，太监不敢说明，刘盈赦他无罪，他才小心翼翼地说出三个字：“戚夫人!”惠帝一听，吓得几乎晕倒。太监附耳对他说是吕后命人砍掉其手足，挖去其双眼，熏聋她的耳朵，再强灌下暗药，使之不能言语，然后半死不活地抛入厕所，想把她折磨至死。当时卧在地上的戚夫人，已成了一段血肉模糊的东西。惠帝大哭起来，回去后大病一场，卧床岁余不能起。他派人对太后说：“把人害成这个样子，简直不是人的行为。我作为您的儿子，实在不配治理天下!”从此，惠帝日夜饮酒作乐，不再管理国家大事，七年后死去。

到底是什么原因造成吕后如此嗜杀成性、凶狠残暴的呢？据史学家深入分析，主要有以下几个原因：

(1) 争宠心理

戚夫人长得漂亮，能歌善舞，深得高祖宠爱，而吕后人老珠黄不得宠，致使她产生嫉妒心理。吕后在刘邦还没定天下之前，吃了不少苦，同其他妇女一样，既要照顾好孩子又要操持家庭，甚至当楚汉相争之际，还曾经被项羽掠走，受尽折磨。但“吕后年长，常留守，希见，上益疏。如意立为赵王，后几代太子者数矣”。吕后多年含垢忍辱，对以戚懿为首的刘邦宠妃们早已恨之入骨，她恨这些抢走了自己丈夫的女人。所以，当她成功地当上了皇太后时，便开始发泄积蓄已久的怨毒了。

(2) 太子之争

刘邦在戚夫人的枕边细语之下，不止一次想废掉当时的太子孝惠，而改立赵王如意为太子。若从吕后的角度来看，她如何能够不恨？若戚夫人只是和吕后争宠，她可能不会如此痛恨。但戚夫人却想尽办法要让儿子如意当太子。《留侯世家》中记载，当刘邦一而再、再而三的想立赵王如意做太子时，吕后的反应是：“恐，不知所为。”而这种恐惧，是日日夜夜不停的身心折磨。哪个作母亲的不想让自己的儿子有所成就，不想让儿子幸福？

历史上对吕雉的评价毁誉参半。虽然吕后嗜杀成性，但在她执政期间，西汉王朝政事清明，人民安居乐业。无论如何，我们应该看到她在当时为子民所作出的成绩。所以仅在这一方面，对她的评价应该是正面的。

4. 偏听则昏：汉武帝误杀太子

汉武帝既是一位雄才大略的专制君主，又是一位诞信鬼神、方士的凡夫俗子。他的双重性格造就了他的丰功伟绩，也导致了他的荒唐不稽。由于迷信加专制而造成的巫蛊之祸，是这位帝王一生洗不清的污点。汉武帝“巫蛊”之祸到底是怎么回事呢？

在中国古代史上，人们常常把秦皇汉武相提并论，中国封建专制主义的中央集权制国家，由秦始皇建立，汉武帝巩固下来。就是这样一位大有作为的汉武帝，却在他的一生中上演了一幕幕巫蛊闹剧，致使皇后、太子、丞相和无数的大臣都成为巫蛊的牺牲品，史书称为“巫蛊之乱”。那么，汉武帝为什么会如此迷信巫蛊呢？

传说巫是能用祭祀或者咒语驱使鬼神降祸于他人的女法师。而蛊则是一种神秘的有毒的虫子。这种虫子看不见，摸不着，人们感觉不到它的存在。据说蛊一旦进入人体，便百药无效，受蛊之人会十分痛苦地死去。汉武帝平生最敬畏鬼神。他中年得子，晚年多病，贪生怕死，祈神保佑的迷信活动贯穿他的一生。不同的人出于不同的目的，利用他的迷信心理，导演了一幕幕巫蛊闹剧。

公孙贺是汉武帝的丞相。他的夫人是卫子夫皇后的姐姐卫君孺，因为这层关系，他一直官运亨通，高居丞相一职。

公孙贺初登相位时，行事谨慎，唯恐一不小心冒犯了汉武帝。由于他的谨小慎微，受到了汉武帝的青睐和赏识。

公孙贺的胆子也随着仕途的一帆风顺渐渐大胆起来。他有个宝贝儿子叫公孙敬声，从小娇生惯养，因为裙带关系，年纪轻轻就担任了太仆一职，声势显赫。他自恃为皇后的姨甥，所以骄淫无度。

公孙贺觉得自已得到当今皇上的宠爱，已经坐稳相位，因此对儿子的胡作非为也懒得去过问和管束。由于他的纵容，使得公孙敬声在泥潭中越陷越深。为了满足自己淫奢的生活，公孙敬声急需大笔钱财，他就把手伸向了军费，擅自动用了北军的军费一千九百万钱。事情被人告发后，汉武帝下令将其捕系狱中。

公孙贺爱子心切，想尽一切办法营救。正好此时汉政府正在紧急追捕阳陵游侠朱安世，但一直毫无进展。公孙贺就此向汉武帝请求，用抓住朱安世来赎儿子的罪。

汉武帝觉得钱也花了，杀了公孙敬声也无济于事，还不如让公孙贺追捕朱安世，如果真有所获，倒也是一件大好事，于是同意了他的请求。

公孙贺为了救儿子一命，严令手下人四出查捕。他得知朱安世混迹都中，就在长安城中挨家挨户地搜查。朱安世被捉后，为了报复，向汉武帝写了一封揭发公孙贺的信，信中写出其种种罪行，甚至说他要密谋篡位；并在皇上经常出入的甘泉宫路下埋下木偶，巫蛊皇上。很快，这封信便转到武帝手中。

汉武帝对这一套很迷信。一天，武帝神思恍惚，隐隐约约看到几千个木人，手拿着兵器，凶神恶煞般向他袭来。他惊醒后，觉得浑身酸软，毫无力气，锐气精力荡然无存。此后的刘彻，精气散逸，身体一天不及一天。武帝认为此乃巫蛊所致，命江充从速查实。

江充是一个心狠手辣的家伙，他找了不少心腹，到处发掘木头人，并且还用烧红了的铁器钳人、烙人，强迫人们招供。不管是谁，只要被江充扣上“诅咒皇帝”的罪名，就不能活命。没过多长时间，他就诛杀了好几万人。

在这场惨案中，丞相公孙贺一家，还有皇后的女儿阳石公主、诸邑公主，都被汉武帝斩杀。江充见汉武帝居然可以对自己的亲生女儿下毒手，就更加放心大胆、肆无忌惮地干起来。他让巫师对汉武帝说：“皇宫里有人诅咒皇上，蛊气很重，若不把那些木头人挖出来，皇上的病就好不了。”

于是，汉武帝就委派江充带着一大批人到皇宫里来发掘木头人。江充领着捕蛊队伍先从嫔妃中不太受宠的人开始着手搜查。

到搜卫皇后和太子刘据的宫室时，江充搜得特别仔细，每寸泥土都翻了出来。皇后和太子宫中连放床的地方都没有。而这两个地方的木头人却特别多。太子宫中的木头人身上还缠有帛书，上面写的都是悖逆犯上的语句。

江充得意洋洋地把这些证据在众人眼前一晃，便快步离开，边走边扬言要把这些事奏报圣上。

太子刘据根本就没有埋藏过什么木头人，见江充故意陷害自己，心里既吃惊又恐惧。

刘据立即亲自到甘泉宫去奏明皇上，希望能得到皇上的赦免。而江充害怕刘据向汉武帝揭穿了自己的阴谋，赶紧派人拦住刘据的车马，说什么也不放他走。刘据被逼得走投无路，急忙返身找他的老师石德商量，问他该怎么办才好。

石德是万石君石奋的孙子，一直

以谨小慎微而著称。听了太子的话，他这个老实人也气愤不已。他一生谨慎，没有半点过失，不想也被卷入这被诬陷的人流中。

石德心想不如先发制人，因此向太子献计假传圣旨，征调武士，前去抓拿江充一伙人。江充没想到太子竟敢以武力相逼，而且来得这么快，一点防备也没有，就被捆了起来。刘据以谋反罪名将其处死，当天夜里又派心腹假称天子使者，进入皇后居住的未央宫，告知皇后大祸临头，情况危急万分。刘据调用皇后御厩车马、射士，私自派人打开长乐宫中贮备武器的仓库，紧急调用长乐宫卫士，大肆搜捕江充党羽。京师长安乌烟瘴气，宫中血雨腥风，一时天下大乱。而这时，宦官苏文等人逃了出去，报告汉武帝说是太子刘据起兵造反。汉武帝信以为真，马上下了一道诏书，下令捉拿太子。

事到临头，刘据只好打开武库，把京城里的囚犯武装起来，并想调集胡人军团与北军抵抗前来镇压“造反”的军队。但没想到胡人军团已被汉武帝征调，北军也按兵不动。无奈太子只好向城里的文武百官宣布：“皇上在甘泉宫养病，有奸臣起来作乱。”这样一来，弄得城里的官民也不知道究竟是谁在造反，形势愈加混乱。双方在城里混战了四五天，死伤几万人，大街上到处都是尸体和血污。结果，太子刘据最终战败，带着残兵败将逃出京城长安，最后跑到湖县（今河南灵宝西）的一个老百姓家里躲藏起来。

丞相刘屈氂率军占领京师后，把这次叛乱的主谋全部缉拿，众多的太子宾客和石德以及太子家小全部被杀。皇后卫子夫感到脱不了干系，也自杀身亡。不久，新安（今河南渑池东）县令李寿知道了太子的下落，就带领人马来捉拿他。刘据无处逃跑，只好在门上拴了一条绳子，上吊死了。他的两个儿子和那一家的主人也被李寿手下的张富昌等人杀死。

太子刘据全家死亡殆尽，但武帝想不通，依然派人调查此事。一年后，此事才真相大白。原来，卫皇后和太子刘据从来没有埋过木头人，太子真的是无辜，皇后也是冤死，这纯粹是由佞臣江充策划的一场宫廷巫蛊冤案。在这场祸乱中，他死了一个太子和两个孙子，又悲伤又后悔。于是，他就下令灭了江充的宗族，宦官苏文被活活烧死，其他参与此事的大臣也都被处死。

汉武帝也逐渐了解到太子刘据的确是被江充一伙人所逼迫，在不得已的情况下才铤而走险，并没有丝毫的谋反之意。汉武帝懊丧不已。派人在湖县修建了一座宫殿，叫作“思子宫”，又造了一座高台，叫作“归来望思之台”，借以寄托他对太子刘据和两个孙子的思念。

5. 阴差阳错：汉元帝悔嫁王昭君

人们对于王昭君只记住了她的美丽和胆识：远在两千多年前，她毅然策马出塞，联姻匈奴，加强了民族团结，密切了汉匈关系。对于一位柔弱的江南姑娘来说，这是一个不同凡俗、功比苏武的惊人之举。自古以来，有关昭君出塞一事，正史、野史都有记载，各种传说扑朔迷离，留下了不少难解之谜。那么，关于昭君出塞到底都有哪些未解之谜呢？

王昭君是个令人赞美和同情的美丽女性。她与西施、貂婵和杨玉环并称为中国古代四大美女，但是她又不同于貂婵、杨玉环，千百年来总是让人说长道短。

王昭君17岁时，因貌美被选入汉宫。传说王昭君进宫后，因自恃貌美，不肯贿赂画师毛延寿，毛延寿便在她的画像上点上丧夫落泪痣。昭君便被贬入冷宫三年，无缘面君。就在这个时候，匈奴有个首领，叫作规劝呼韩邪单于，由于在匈奴各部争斗中吃了败仗，转而投靠汉朝。汉元帝竟宁元年（33），他来到汉朝都城长安，表示要和汉朝世世代代友好下去，并请求和亲，以结永久之好。

此时元帝正害怕边疆生出是非，希望暂时羁縻匈奴，省得劳民伤财、多动干戈，当下答应了匈奴的要求。等呼韩邪离开后，元帝回到后宫独自一人踌躇起来，他暗想：前代曾有和亲故事，都是私取宗室子女，充作公主，出嫁单于。历朝以来，从没一次败露。现在呼韩邪亲自来长安，随从人等耳目众多，况且呼韩邪已经投降，今非昔比，若仍照从前的办法，必然露出破绽；但若以真的公主遣嫁蛮荒之地，于心不忍。元帝不禁愁眉不展。

当时冯昭仪在旁，她对汉元帝说：“后宫宫人上万，十之八九从未见过陛下一面。陛下平时要幸宫人，都是按图索骥，看见图画上面哪个美貌，就选哪个前来侍寝。这样拣取，就是陛下圣寿万年，也幸不完许多宫人。如今不妨选一个姿色平常的宫女即可。”这时，王昭君久居深宫，面见圣上无望，积怨甚深，听说匈奴前来求亲联姻，便主动要求去匈奴。

第二天，元帝特意在金銮殿上，设席宴请呼韩邪。酒至半酣，便下令公主召出，以便与呼韩邪单于同赴客邸完婚。只见一群宫女拥出一位美人，袅袅婷婷地轻移莲步，正是王昭君。元帝一见不禁好生后悔：这等入宫多年的美貌女子，为何从来没有见过呢？可惜现在要送了他人，本想把昭君留下，却见呼韩邪坐在殿上，一双眼睛紧紧的盯着昭君，不肯转动。元帝又恐失信外夷，且被臣民谤以好色的訾议。只好将手一挥道：“这是朕负美

人，你只好出塞去了！”呼韩邪看见元帝恍惚的神情，还以为舍不得自己的女儿呢，慌忙出座，向元帝跪奏道：“臣蒙陛下圣恩，竟将彩凤随鸦，请陛下放心，臣定会对公主优礼相待，子子孙孙，臣服天朝，决不再有二心。”汉元帝没有想到王昭君如此美丽，很后悔将她嫁到匈奴去。但皇帝金口一开，便如覆水难收了，再说他也不愿失信于呼韩邪单于，还是勉强让昭君远嫁了。同时赏给她锦帛二万八千匹，絮一万六千斤及黄金美玉等贵重物品，并亲自送出长安十余里。王昭君在队队车毡细马的簇拥下，肩负着汉匈和亲之重任，别长安、出潼关、渡黄河、过雁门，历时一年多，于第二年初夏到达漠北，受到匈奴人民的盛大欢迎，并被封为“宁胡阏氏”，意为匈奴有了汉女作“阏氏”（王妻），安宁始得保障。一年后，她生下了一个男孩，名叫伊屠智牙师，被封为右日逐王。

后来，呼韩邪单于病死，按照匈奴的风俗，王昭君又嫁给了呼韩邪单于前妻的儿子复株累若鞮单于，又生了两个女儿，一个叫须卜居次，一个叫当于居次。但关于王昭君的改嫁还有另一种说法。这种说法认为，依匈奴习俗，王昭君要嫁给继子为妻。但昭君不从，上书汉朝要求回汉宫。此时元帝已死，成帝即位，成帝敕令她从胡俗，无奈之下昭君又成了单于阏氏。又传，王昭君觉得屈辱，最后服药而死。

在匈奴，王昭君非常思念祖国和亲人，多次打发使者来到汉朝，向皇帝敬献一些土物特产。昭君年老的时候，立下遗嘱，要求安葬在归化，坟墓要坐北朝南，让她能遥望自己的父母之邦。昭君墓现在座落在呼和浩特市南九公里。在匈奴，由于气候恶劣，只有夏季很短的一段时间里草才会青，而昭君墓上的草却一年中大部分时间是青的，后人把昭君墓叫“青冢”。

自昭君出塞，给人民带来了极大的好处。在她出塞之后，汉朝与匈奴之间60多年未发生过战争。

迢迢长途，莽莽黄河，昭君远嫁塞外是自愿，还是被迫？是应该，还是不该？是幸运，还是不幸？是欢乐，还是愁苦？成了后人关注的话题。千古年来人们有不同的说法。

（1）画像被丑化

传说昭君自恃容貌出众，不屑于买通画工毛延寿，结果画像被丑化。当时，汉元帝是按画工的画像选宫女的，深居后宫的宫女们，为了能被皇上幸召，总想把自己画得美点。所以，她们不惜重金贿赂画工。王昭君到了汉宫，因为不知道有这样的规矩，也就没有备下这笔贿金，即便知道以后，也不想通过贿赂的手段来达到皇上召见的目的。据说画工毛延寿当画到王昭君的眼睛时，暗示她说：“这画人的传神之笔在于点睛，真是一点千金呀！”昭君对毛的暗示虽心领神会，

但并没有买他的账，相反讥讽了他几句便离去了。毛延寿见她如此傲慢，便把那点该点到昭君眼睛上的丹青，点到了她的脸上。就是这么一点，彻底改变了王昭君的命运。王昭君只得携了她的琵琶，跟着呼韩邪凄凉地走向漫天黄沙的塞外去了。

（2）毛延寿的救国之策

有人部分学者认为：王昭君之所以出塞，是画工毛延寿设下的救国计策。因昭君貌美非凡，毛延寿害怕汉元帝沉恋于女色不能自拔而误国，于是在画昭君肖像时，有意把她进行了丑化。结果汉元帝发现昭君时为时已晚，不得不将她远嫁匈奴，以至后人认为毛延寿此举实在高明。汉元帝好色，如果不把王昭君送出去，将来有朝一日得宠，唯恐会变为妲己式的人物，到时误国殃民，后患无穷。

（3）自愿远嫁

另一部分人认为：王昭君是一个平民出身的不同凡俗、胆识过人的宫女，为了摆脱宫廷牢笼的束缚，也为了汉匈两族世代团结友好，自愿应召，作为“和亲使者”远嫁匈奴。为了大众的利益牺牲了自己，一位伟大的女性。

无论哪种看法，都有一定的道理。从当时的时代背景来看，匈奴同汉朝联姻，应属地地道道的政治联姻。有资料记载，西汉一朝共向匈奴、乌孙等部落出嫁了13位公主，呼韩邪的本意也是想效法先悲，娶个汉朝皇帝的女儿作为妻子，也只有这样，才能与实力强大的汉家王朝建立起骨肉关系，从而巩固自己的单于地位，为以后的长久统治打下坚实的基础，而绝非仅仅是为了讨个绝色女子欢娱一阵了事。反过来，对于汉元帝来说，他认为呼韩邪已非昔日匈奴之首领，不会对自己再构成威胁，更何况他此次入汉求亲，已不是当年的身份，没必要也不忍心把自己的宝贝女儿嫁到异常荒凉的塞外，于是决定选一位漂亮的宫女用来顶替。但是在选宫女时，汉元帝也很清楚，选人不可能儿戏似的只按图像处理这种联姻大事。由此看来，昭君自请出塞的说法不大可能，也无《西京杂记》《世说新语·贤媛》等记载斩杀毛延寿之事。因此，说毛延寿索贿不得，故意把王昭君画丑，和防止她成为妲己之类的传说也就不攻自破了。

从整体看来，王昭君不论是自愿前行，还是被指派外嫁，都完全不会是出于她内心的真实想法。作为宫女，谁不想得到皇帝的宠爱？尤其是一名“貌为后宫第一”的宫妃，她多么希望受到皇帝宠幸啊！据《汉书》说，元帝“多才艺，善史书，鼓琴瑟，吹洞箫。”“宽弘尽下”，“号令温雅”，哪个女子耳闻目睹能不动心？但是因为宫中女子太多，元帝不可能一一看遍，所以尽管昭君如此美貌。就算昭君真的主动请行出塞，也是受不了“待诏”冷宫内的寂寞，故而做出了

这种非同寻常的选择。

白居易在《王昭君》诗中说："君王若问妾颜色，莫道不如宫里时。"王安石也写道："家人万里传消息，好在毡城莫相忆。"由此可以看出，昭君远嫁也是一个很明智的选择。

文人墨客们虽然都是后人的代笔语气，却揭示出了王昭君难于外人知道的一种心态：当初能留在汉宫又有什么好呢？另外，或许她也看到了汉宫内伴君如伴虎的悲惨命运，看到了宫妃们明争暗斗的残酷现实，才明智而又大胆地远嫁到了塞外。不论昭君出塞是处于什么原因，都值得后人称赞。正是由于她的出塞，才使人们获得了一时的安宁。

6. 断袖之癖：汉哀帝的"同志"往事

西汉末年的汉哀帝刘欣，是我国历史上少有的几个不贪女色的皇帝之一，这不是说汉哀帝是如何遵礼守道，勤于国治，而实在是另有原因。据说汉哀帝有一个令人难以置信的、更加独特的癖好——专宠男色，也就是我们今天所说的"同性恋"。事情的真相到底如何呢？

汉成帝死后，19岁的刘欣于绥和二年（前7）四月即位称帝，翌年改年号为"建平"，此即历史上的又一著名昏君汉哀帝。然而，他却崇尚俭朴生活。即位初期，面对汉朝中道衰落的局面，哀帝很想有一番作为。他为此曾躬行节俭、省灭诸用、勤于政事，自己仅立一后一妃，缩减后宫用度，带头过朴素平淡的生活。史载哀帝"雅性不好声色"，又启用龚胜、鲍寅、孙宝等有识之士，颁布限田令、限奴婢令等法令，试图抑制日益严重的土地兼并。哀帝为定陶王时，娶立王妃，被立为太子后，王妃改立太子妃；在哀帝登基为帝之时，太子妃即为王后，此时的哀帝没有喜新厌旧，对原配之妻不离不弃，没有嫌弃之意。哀帝虽登上了天子的宝座，但从未纵情声色，仅立了一位董昭仪。董昭仪的住处被命名为椒风，和皇后住处椒房相呼应，不相上下。董昭仪虽极受宠爱，但住处却很简朴，生活上也不讲究铺张排场。哀帝私人生活如此淡泊，虽有他的政治用意，以号召吏民学习仿效，但也有他个人的特殊隐情，那又是什么呢？

哀帝身弱，不能多近女色，他只好减少对女性的兴趣，从男宠身上得到补偿。哀帝的男宠叫董贤，原是他的舍人。当时，董贤年纪还不过十五六岁，史书上记载董贤"为人美丽"，因此他常以美丽自喜。宫中的侍臣都说他年少无知，不让他办什么要紧的事，所以哀帝没见过他。

汉哀帝与董贤的同性恋关系可以说是从"一见钟情"开始的。哀帝即

位后，董贤因为太子舍人之故而官进侍郎。有一次董贤在殿下报时，哀帝对他一见钟情，先后拜为黄门郎、驸门都尉侍中，宠爱异常。董贤以身侍帝，同卧同起。某次午睡，哀帝衣袖被董贤身体压住，他想起床，又怕惊醒董贤，哀帝竟从床头拔出佩刀，将衣袖割断，然后悄悄出去。所以后人把嬖宠男色称作“断袖癖”。汉哀帝对董贤的恩爱程度由此可见一斑。当时宫女都加以效仿而割断一只衣袖。

汉哀帝与董贤的关系确立后，开始了一段时间不长但却极为经典的同性恋历程。董贤不肯回家同自己的妻子团聚，而是假托哀帝多病，自己要在身边煎药伺候。哀帝本来也想和董贤整日厮守在一起。如今见董贤不离自己左右，正中他的下怀。但又想起董贤家中有妻子，为服侍自己不能回家团聚，哀帝便破例让董贤家眷移入宫中居住，这样就可以与他时刻见面。董贤的妹妹被封为昭仪，地位仅次于皇后。哀帝替董贤筑造了豪华的府地，规模可与皇宫相媲美。房屋重叠，内有五座大殿，皆雕梁画栋，云气花草、山灵水怪彩绘其间，木土之功穷极技巧，殿室梁柱都是华美的锦缎捣烂成浆，围涂成彩。楼阁台榭，连亘如云。引御沟水流入董府后园中。兵器库房中的名重兵器、皇宫密室中的珍玩宝贝，都流到董贤家里去了，甚至连皇宫御园中的秘宝珍器、珠衫玉匣，哀帝都统统送给董贤。同时还在自己的陵墓旁，专门为董贤另造一墓冢，使董贤可以死后陪伴黄泉。董贤由此一夜成了暴发户。

哀帝打算对董贤加官进爵，先上傅太后尊号，买动祖母的欢心。再令孔乡侯傅晏带着封董贤的诏书给丞相、御史。丞相王嘉与御史大夫贾延极力阻止，哀帝不得已将此事暂时搁起，又过了数月，实在忍无可忍，于是猝不及防地下诏封董贤为高安侯。丞相王嘉因此事被哀帝嫌恶，不久借故处死。董贤由太子舍人到黄门郎、驸马都慰、侍中、高安侯，在他22岁时，已经登上了大司马的宝座，开始掌握国家大权。

历史上凡是得到宠幸的美女都是一人得道，鸡犬升天。作为美男的董贤也不例外。董贤之父名叫董恭，初为御史。他就是因为父亲是朝廷的官吏才做了太子舍人，后受到汉哀帝的宠幸，即日下诏拜董恭为霸陵侯，迁光禄大夫。后又升为少府，赐爵关内侯。汉哀帝前后赏赐给董贤的父亲、妻子、妹妹的金钱各多达千万以上，仅赏赐给董家的珠衣、玉匣等珍宝，价值累计多达上亿钱。连董贤家里的家僮、仆人全也都受到了汉哀帝的赏赐，且数目无法统计。

一天董贤的母亲生病，哀帝遣使者四处设祭祈祷，使者祭祀后在道中排列的祭品，凡行道过往之人都可随意吃。每次董贤家不论大事小情，哀帝都会命百官各备礼物前往祝贺。

汉哀帝简直不知如何宠爱董贤是好。一天他在麒麟殿与群臣饮酒，竟然当众对董贤说："朕欲效仿尧禅舜，把帝位传给你。"一时间大殿内鸦雀无声，谁也不敢相信自己的耳朵。董贤当然是高兴的不得了，但事出突然，一时不知如何答说，正自暗暗沉吟。忽然有一人进言："天下是高皇帝的天下，非陛下所私有。陛下上承宗庙，应该传授子孙，世世相继，天子岂可出戏言！"哀帝一看是中常侍王闳，当下十分恼怒，竟将他赶了出去。王太后听说此事，代王闳向哀帝道歉，哀帝才慢慢平息了怒气。转思自己也未免失言，因此再不置可否，将禅位的话模糊过去。

元寿二年（前1），哀帝因纵欲过度，也有一种说发是哀帝服用大量春药而死。汉哀帝死后，在太皇太后王政君的支持下，奸臣王莽东山再起，重新掌握了西汉的朝政大权。王莽掌权后的第一件事，就是迫不及待地授意心腹官吏上书弹劾董贤，指责董贤担任大司马以来，天灾人祸连年不断，实为大汉帝国的灾星，请求立即予以罢免。汉哀帝死后，董贤知道自己的末日到了，便与妻子一起自杀。

家人见到如此惨状，认为这一定要大祸临头了，悄悄将董贤夫妇棺殓，不敢报丧，趁夜埋葬。王莽听说董贤死了，怀疑是诈死，于是下令开棺验尸。因为董贤用的是沙金画棺材，涂上了代表四季的四种颜色，左苍龙，右白虎，上面还镶上了金银打制的日月之像，穿的是玉片做的衣服，四周是珍珠满缀的棺壁。王莽指责他僭越王制，把其尸体拖出棺外，剥去衣服饰物，用草席裹起来，埋在了狱中。家属俱受牵连，家产抄封，约值钱四十三万缗。董贤一生受宠，没想到死后却是这般下场。

翻开历史的篇章，在汉朝，几乎每个皇帝都有男宠作为性爱对象，如高祖的籍孺，惠帝的闳孺，文帝的邓通、赵谈、北宫伯子，景帝的周仁，昭帝的金赏，武帝的韩嫣、韩说、李延年，宣帝的张彭祖，元帝的弘慕、石显，成帝的张放、淳于长，以及哀帝的董贤。《史记·佞幸列传》专记其事。古人用"分桃""断袖"来形容同性恋，"分桃"出自卫灵公与弥之瑕，而"断袖"的典故则出自汉哀帝与董贤。古语云："积石如玉，列松如翠。郎艳独绝，世无其二。"说的是男色的芳姿。南宋时代的男妓还组织过行会，到了明代有莲子胡同这样供应男妓的地方，清代叫"相公"。

历代皇帝的男宠大多没有好下场，既被后宫怨妇所不容，又被朝廷士人所不齿，表面看上去可能无限风光，其实内心活得比正常人难受得多。在宫廷这个特殊环境中，男宠与女宠一样都有色衰爱弛的一天，他们的悲惨命运就此开始。

7. 乱臣贼子：王莽“禅让”帝位的真相

中国古代历史上有个处境很尴尬的朝代——新朝。它夹在西汉与东汉之间，仅经历一帝——王莽，共15年，因此往往被后人忽略。公元8年，王莽接受西汉末帝孺子婴禅让称帝，改国号为新，改长安为常安，开了中国历史上通过篡位作皇帝的先河。但事实果真如此吗？王莽称帝到底是“禅让”还是“篡位”？我们不妨从历史故籍中寻找蛛丝马迹。

王莽，新朝的创建者，字巨君，生于汉元帝初元四年（前45），是皇后王政君的侄子。王莽沽名钓誉，大奸似忠，是中国古代历史上最著名的野心家、阴谋家。他从小谦逊有礼、节俭勤奋，拜名士为师，虚心学习，苦读经书。在家孝顺母亲和寡居的嫂子，教育亡兄的孩子。他广交朋友，对掌握朝政大权的叔叔伯伯们更是恭敬有加。

成帝阳朔三年（前22），王莽的伯父、独掌朝政的王凤生病休养在家，他日夜守护，亲尝汤药，几个月衣不解带，弄得蓬头垢面。王凤深为感动，临死前向王太后和汉成帝推荐王莽。不久，王莽被任命为黄门郎（皇帝的侍从官），接着被提拔为射声校尉（护卫京师的高级军官），开始了他的政治生涯。

随后几年，王莽仕途颇顺，品行才学也为世人所称道，后又被封为新都侯，食邑一千五百户，晋升为骑都尉光禄大夫侍中。骑都尉是武官，加上光禄大夫便可以参与朝政大事。显贵之后的王莽，官职越高，行为越恭谨，仕宦所得都用来赠送宾客，以致家无余财。绥和元年（前8），经他的叔叔、大司马王根向成帝推荐，王莽被升为大司马。那一年，王莽才38岁。后来，王莽是怎样登上皇帝宝座的呢？到底是“禅让”还是“篡位”？

汉成帝去世后，由他的侄儿定陶王刘欣即位，即汉哀帝。新的外戚傅氏、丁氏掌权，王家受到沉重打击。这一年七月，王莽称病去职，两年后有被迫离开长安回到封地新都（今河南新野东），在那里闭门闲居了三年。儿子王获杀了一个奴婢，被王莽逼令自杀。此事传扬开来，不少人赞扬他大义灭亲、克己守法。由此，王莽在士人中的声誉与日俱增，官员为王莽鸣冤上书的人不计其数。

汉哀帝死后，由王太后作主，把汉哀帝的堂兄弟中山王刘衎立为皇帝，是为汉平帝。平帝只有九岁，由太皇太后王政君临朝听政。王莽位居首辅，一切政令都出自其手。从这时起，王莽就开始一步步地篡夺汉朝的天下。他开始着手清除权倾一时的丁、傅外戚的势力，将皇太后赵氏贬为孝成皇

后，令皇后傅氏徙居桂宫。后又追贬傅太后为定陶共王母，贬丁太后为丁姬，接着再废傅太后、赵皇后为庶人，二人后皆自杀。丁、傅两家亲属都被免去官职，流放蛮荒之地。

在排除异己的同时，王莽又为已死的东平王刘云伸冤昭雪，让中山王刘宇的孙子继立为中山王，封宣帝孙三十六人为列侯。此外，汉宗室、汉初以来的功臣子孙都立了嗣。皇族中有因罪被废的，都恢复属籍；年老退休的官吏，仍享受旧俸的三分之一，以赡养终身，甚至庶民鳏寡，无不周恤。

元始二年（2）四月，华北灾荒严重。先是大旱，继之蝗灾，老百姓纷纷流亡，死了不少人。王莽向王太后建议：宫中要节约布帛，减少开支，以示节俭。他自己带头不吃荤，并出钱一百万，献田三十顷，以赈灾黎。满朝公卿见王莽如此，也都纷纷捐田献宅。连王太后也省下自己的“汤沐邑”十个县交给大司农管理。王莽还派了很多使者，到各处去督促老百姓捕捉蝗虫。百姓把捕得的蝗虫交给官府，官府就按数量发放赏钱。同时，他又下令废汉皇室的呼池苑，改设安民县，募贫民迁居，沿路饮食及所需田宅、器具、犁牛、谷种、食粮都由官府供给。在长安城中造五个里，有住宅二百区，让贫民居住。这样一来，王莽在普通百姓中的声望更高了。

对于社会治安问题，王莽奏言上古时市无二价，官无狱讼，邑无盗贼，野无饥民，道不拾遗，男女异路，应将古制颁示天下让臣民遵守。犯罪者按周礼处以“象刑”（以犯法者的画像示众，不必真的用刑）。

为了笼络人心，王莽欲自比周公，买通塞外蛮夷，让蛮夷假称越裳氏，献入白雉。据说，一千多年前周公辅佐周成王的时候，越裳氏也曾经向周朝贡献过一只白雉。这会儿越裳氏又送来白雉，岂不是说王莽就是汉朝的周公吗？王太后在群臣蛊惑下，再三加封王莽，王莽十分做作地再三推辞，甚至托病不朝。最后才接受了安汉公的赐号，但却坚决不肯接受给他增加的封邑，说等到老百姓生活富足的时候再接受。他又建议增加官吏俸禄，大封刘姓宗室和前代功臣之后，对普通老百姓也施以小恩小惠。把俸禄转成二万八千人的封赏。又有黄支国献入犀牛，廷臣都说黄支国在南海，离京师三万里，以前从来没有朝贡，现在来献犀牛，是安汉公的威德所致。其实这些都是王莽一手安排。

王莽威权日盛，声望日高，但他仍嫌不够，又欲立其女为皇后，以巩固自己的权势。平帝 12 岁时，王莽为其择婚。他下令选择世家良女造册呈人。所选的女子，多一半是王氏亲属，王莽的女儿也在内。王莽想让女儿当皇后的企图再明显不过，然而他又欲擒故纵地对王太后说：“身亡德，子材下，不宜与众女并采。”王太后信以

为真，就下诏将王氏女一概除名。人们见王莽这么谦虚，反而更认准了他的女儿。王莽正骑虎难下的时候，已有许多趋炎附势的朝臣陆续上书，请立王莽女为皇后。他总算如愿以偿。

王莽不仅在政治上大肆争夺，他还征集天下通古文今文经学及天文、历算、兵法、文字、方术、本草的士人数千人到京师，建造供这些学子用的学舍数万间。还规定：贤者为师，愚者为徒，都有饮食免费供应。群臣都说周公摄政七年，制度始定，如今安汉公王莽辅政四年，大功毕成，位置应在诸侯王之上。吏民也陆续上书，请求加赏他。上书人数总计四十八万七千余名。元始五年秋，王莽派出的八名观览风俗的使者陆续还京。他们伪造了郡国歌谣三万余首，歌颂王莽功德。可见王莽此时已尽得人心。太皇太后见朝野上下如此这般，只好下诏赐王莽九锡封典。

王莽私下嘱咐大臣，上奏称王太后春秋已高，不宜亲省小事，此后政事尽归王莽裁决即可。之后朝中只知有王莽，不知有汉帝。平帝年已 14 岁，渐渐懂事，恨王莽的专横跋扈，每次见到王莽，都面露愠色，私下也说了许多怨言。宫中的侍役多是王莽安插的耳目。他得知后，便先下了手。元始五年十二月（5）里的一天，君臣在宫中宴饮。王莽向汉平帝献上一杯椒酒。汉平帝不知酒中有毒，接过便饮。第二天，宫中传出话来，说皇上患了重病。王莽假意做愁眉泪眼的样子，并写了一篇祝文，表示情愿以身代帝，群臣都称誉王莽是再世的周公。不久平帝腹痛而死。

汉平帝死后无子，王太后召集群臣会议立储。王莽嫌这些人年纪大，不易控制，借口兄弟之间不能相互继承皇位，否定了群臣的意见。之后，他从汉宣帝玄孙中选择了只有两岁的刘婴作为汉平帝的后嗣，历史上称为孺子婴，自己以摄政名义据天子位，称“假皇帝”。公元 8 年，王莽改国号为“新”。王莽即位做了皇帝后，面临着一片衰败混乱的政治局面。为了缓和日益加剧的社会矛盾，他继续推行附会《周礼》的“托古改制”法。然而，他的改革思想和谋求私利的野心常常结合在一起，使改革的内容十分混乱，为了挽回败局，王莽实行了一系列的改革措施。

（1）改革了官制

王莽将传说的上古官制同汉朝官制结合，形成新朝的官制。中央设置了四辅、四将、三公、九卿和六监。地方上则将全国分为九州，125 郡。州设州牧，郡的长官按照爵位的不同分为卒正、连率和大尹。县则设县宰。

（2）土地改革

王莽参照了夏商周的井田制，颁布“王田令”，即将天下土地改称为“王田”，同时禁止土地的买卖。如果一家人中男丁不满 8 人，但土地超过 900 亩，就要将多余土地交给国家，

再分给本族人耕种。以前没有土地的家庭则依照一夫一妻100亩的标准分配。违背法令的人将被流放。流放在封建社会是仅次于死刑的一种刑罚，流放后还要服劳役，以后也不准再返回家乡。

(3) 奴隶制改革

为了防止奴婢的增多，影响国家劳动力的减少，还颁布了“私属令”，将奴婢改称为“私属”，禁止买卖，违令者也会被流放。

(4) 加强中央集权，改革币制

国家将盐、铁、酒收回专卖，以及垄断铸钱、管理山林水泽，并收山泽税，等等。他还先后改革币制，有四次之多，可是每改一次都使人民更加贫困不堪。

种种改革，并没有给王莽带来好的结果。相反更加激化了社会矛盾，终于导致了绿林、赤眉农民大起义。同时，王莽的新政并没有稳固他的政权，由于他看不起边疆藩属，削王为侯，反而导致了北方匈奴的不满，致使挑起对 和东北、西南各族的战争。当对外的战争正节节败退的时候，朝中的大臣又发生了叛乱。因为这次事件的刺激，他对很多的亲信也不再相信。每当外出的时候，他都要事先派兵在京城搜查，还取名叫做“横搜”。

有一次外出，王莽惶恐，竟命令在京师搜查了五天之久。为了防范其他的人谋反，他还对大臣入宫的随从人数做了限制，这又导致了新的矛盾。太傅平晏有一次进宫时带的随从超过了规定的人数，结果被把守宫门的仆射拦住，双方发生了纠纷，平晏的随从盛怒之下将仆射捆了起来。王莽听说后，气得七窍生烟，马上命人围攻太傅府，把闹事的卫士处死，这才算完。就连自己的儿子，王莽也总是怀疑，他担心自己的儿子想夺皇位，因此把亲生儿子也给杀死了。

就这样，王莽虽然用杀戮的手段将内部的祸患消除了，但外部的起义军的势力已经壮大起来。地皇四年(23)绿林军攻入长安，混乱中他为商人杜吴所杀，新朝灭亡。他还被割去了舌头。

赠君一法决狐疑，
不用钻龟与祝蓍。
试玉要烧三百满，
辩材须待七年期。
周分恐惧流言后。
王莽谦恭下士时。
向使当年身便死，
一生真伪复谁知。

白居易的这首诗，寥寥数语便把王莽欺世盗名的面貌揭露无遗，真可谓春秋之笔。

王莽的改革最终失败，班固在《汉书》里把王莽说成是野心家，把他描写成一个复古倒退、僭越篡位的乱臣贼子。理由是：王莽的升迁既不是靠军功，也不是靠察举，更不是靠政绩，而是凭着外戚裙带关系的势力击败众多的政敌，才得以进入上层统

治集团。即便他在篡位前，特别是摄政时期做了一些好事，也是虚伪做作，是为了收买人心，并不能掩盖其作为一个篡位的野心家的真正面目。

有人反对这一说法，认为王莽的当政在某种程度上是一定的政治历史条件的产物。不全是一种偶然的现象，更不能完全从传统的伦理道德角度来看待这件事。

王莽可以称得上是中国第一位改革家。中国历史上第一次政府推行的改革行为，是由他推行的。西汉末年社会的危急形势，使他忧心忡忡。但是他并没有改革的经验，又有阶级性的限制。他的本意是针对大地主阶层进行改革，可是最终的结果是给人民带来的浩劫。王莽只是西汉腐朽统治的替罪羊罢了，而他本身在某种意义上，却是一个非常重要的人物。改革失败可以说是一场悲剧，但是在危机关头敢于改革的精神，却不能不令人佩服。

8. 昏庸无度：汉灵帝卖官遗臭名

诸葛亮在《出师表》中说："亲贤臣，远小人，此先汉所以兴隆也。亲小人，远贤臣，此后汉所以倾颓也。先帝在时，每与臣论此事，未尝不叹息痛恨于桓、灵也。"宋代的司马光在《资治通鉴》中说："天下之主，宜得贤明。每念灵帝，令人愤毒！"汉灵帝为何这样臭名远扬？这应该起因于他的卖官。那么汉灵帝为何要卖官呢？这背后是否藏着不可告人的秘密呢？

东汉后期是中国历史上最为黑暗的朝代，出了诸多令人匪夷所思的人和事。其中，汉灵帝卖官便是一桩。汉灵帝为什么要卖官呢？

东汉汉灵帝刘宏，在中国历史上是个有名的昏君。他12岁即位，在一批奸佞小人的影响下，无心理政，一意谋财。他竟然将出卖官爵作为主要的谋财之道。

汉灵帝虽生活在豪华的宫殿里，但他却时时觉得自己像流落天涯的人，孤独寂寞，情怀难遣。面对宦官的恣意妄行、士人的激烈抗争，他感到自己实在无能为力，因此变得荒淫，举止怪僻荒唐。他虽然很年轻，但身上却看不到年少天子的蓬勃朝气，看到的只是汉末社会的乱影昏光。

汉灵帝的一些所作所为，在今天看来让人简直是啼笑皆非。

东汉光和四年（181），汉灵帝下令，在东汉都城洛阳后宫里，用宫中的珠宝、绸缎以及各种实物充实起来很多商店，用来买卖商品，和城市里的市场一样，店铺林立、游客如织、热闹非凡，宛然一片商业街的景象。只不过这里的人都是宫中的宫女，汉灵帝自己也打扮成商人的样子，大摇大摆地到酒店里去饮酒，与那些所谓的客人们杂然并坐，划拳饮酒，嬉笑

乱语。酒足饭饱之后，汉灵帝就佯装大醉的样子，摇摇晃晃到各家商店去假装要买东西，与店员们讨价还价，争得面红耳赤。有时赶上心情不好，他就将店员赶出去，自己取而代之。这时，汉灵帝马上精神饱满，满脸笑容地在店铺里叫卖。在这样的“商店”里，面对这样的老板，宫女们明拿暗偷店铺里的东西，汉灵帝却熟视无睹，还以此为乐。这时，鲜卑族正侵犯幽、并二州，边疆烽火四起之际，宫中却乌烟瘴气，一片狼藉。

然而，此时的一国之君——汉灵帝却没有认识到问题的严重性，反而认为目前的玩法还不够开心，又在西园游乐场与一班无赖子弟玩狗，并给狗带上了只有文官才能佩带的所进贤冠和绶带。这种玩法还没有让汉灵帝满意，他又用驴驾车，亲自操辔执鞭，驱驰于苑中。京城的百姓们知道了这件事，都争相仿效，一时本来低廉的驴价骤然上涨到同马的一样价格。当时，帝王君子耻于使用驴，只是寻常百姓用来运输重物的，汉灵帝这一违反常规的做法，惊世骇俗，被当时的人们视为不祥的征兆。

除了贪玩，汉灵帝对钱更是情有独钟。与富有天下的皇帝相比，汉灵帝出身于亭侯之家，也曾经历了一段“穷苦”生活，所以怕穷之余，就对金钱产生了一种特殊的嗜好。他觉得钱放在国库里不牢靠，只有在自己的手心里才安全。他的母亲董太后也是出名的财迷，自从儿子做了皇帝后，从不放过任何发财的机会。她让汉灵帝派出大批宦官到各地去搜括金银财宝，直接用车给她运回宫中。后来看油水榨得差不多了，又给灵帝出了一个主意：公开标价卖官。那么，汉灵帝是如何卖官的呢？

光和元年（178），汉灵帝在西园开办了官员交易所，明码标价，公开卖官。地方官一般比朝官价格高一倍，二千石官二千万，四百石官四百万，县令长按县土丰瘠各有定价。可以现金交易，也可以赊欠，到任后再加倍偿还。求官的人可以估价投标，同现在的招标活动差不多，出价最高的人就可中标上任。除固定的价格外，还根据求官人的身份和拥有的财产随时加减。俗话说的好，羊毛出在羊身上。这些官员到任后便疯狂地搜刮，使老百姓“寒不敢衣，饥不敢食”，导致了严重的社会危机。

卖官的“国策”后来发展到官员调动、秀才授职，都得到西邸讲价交钱后，才能走马上任。有些正直清廉的官员请求不再当官，却被强迫派遣。新任巨鹿郡太守司马直，因清廉而闻名，特别减价三百万。接到诏书后，司马直愤然说：“当官是为民作主，现在反而要盘剥百姓以满足上司的私欲，于心何忍？”他请病假没有得到批准，上任途中写了一篇批评时政的奏章，然后服毒自杀了。

在皇帝的昏庸和官吏的腐败下，

人民终于无法忍受，聚众起义。巨鹿（今河北涿州）人张角兄弟三人以“苍天已死、黄天当立、岁在甲子、天下大吉”为名举行起义，史称“黄巾之乱”，这次起义给病入膏肓的东汉王朝以沉重打击。虽然最后被镇压了，但是，从此东汉政府名存实亡。

东汉中平六年（189），昏庸的汉灵帝在人民的一片怨声下结束了他荒淫腐朽的一生，终年34岁。可以说，汉灵帝统治时期是东汉最黑暗的时期。

9. 历史误会：错把黄铜当黄金

黄金是秦汉时流通的主要货币，动辄赏赐、馈赠以千万计论。秦汉黄金之多令后世惊奇，但到了东汉年间，黄金却突然消失，退出了流通领域，人们开始在商品交换中以物物交换，即使黄金赏赐也极少见了。为什么巨量黄金突然不见了呢？后世学者对此作了种种猜测和考证。

黄金是一种金属元素，色泽呈黄色而得名。又因其稀有，不易提炼，故而珍贵，在中国古代被赋予了货币流通功能。流通中常以金条、金锭等形式出现。人们以其打制的饰品象征着尊贵、富有，这种习惯一直延续至今。

在西汉时期，黄金不论是用来商品交换还是赏赐，都起到了很大的作用。刘邦平定天下后，叔孙通定朝仪，得赐黄金500斤；吕后死后，遗诏赐诸侯王黄金各千斤；梁孝王死后，库存黄金40万斤；卫青出击匈奴有功，受赐黄金20万斤；王莽末年，府藏黄金以万斤为一匮，尚有60匮，他处还有数十匮……这些都足以见证秦汉时期黄金之巨。

然而到了东汉年间，黄金却突然退出了流通领域，商品交换又回到原始的物物交换，以黄金作为赏赐也愈来愈少。西汉那些数量甚巨的黄金到底去了哪儿呢？历史上有以下几种说法：

（1）大量输出国外

这种观点认为：东汉时期黄金数量的减少“是由于黄金的外流”，即通过对外贸易的扩大，大量输出到境外，但是这种说法并不科学。其一，虽然西汉时期黄金是重要的对外交易货币，但更多的是物物交换，再加上当时的对外贸易兴起时间不久，规模有限，因此外流的黄金数量并不多，只有少量流到西域、南海各国，用于购买壁玉、珠宝等。其二，当时跟汉朝有贸易往来的国家经济相对比较落后，他们还认识不到黄金的价值，对黄金的需求量也不大。其三，西汉时期随着丝绸之路的开通，中国的瓷器、丝绸和茶叶向西方国家的大量输出，大量的黄金输入到了国内。如当时的罗马帝国为了获得中国的丝绸产品，

用大量的黄金作为交换。

(2) 大量用在佛事上

此观点认为：黄金大量用于佛事是其消失的原因。自佛教传入中国后，到处广建寺庙、塑像，大到通都，小到穷乡僻壤，所有佛寺无不用金涂刷。加之风俗侈靡，用泥金写经，贴金作榜，积少成多，日消月耗，就把西汉时期大量的黄金消失殆尽。但这种说法明显缺乏说服力，第一违背历史，第二有悖情理。据史书记载：东汉永平八年（65），汉明帝刘庄遣使至西域求佛法，此后佛教开始在中国内地传播，可见佛教传入中国是在东汉建朝40多年后的事情。西汉时期的佛教在中国还未站稳脚跟，无法与中国传统的道教和神仙思想相提并论，更没有广泛的群众基础，也就根本不可能大张旗鼓地修寺庙、塑神像，所以也很少用黄金塑像，即使有一些使用了黄金，其数量也很小，不至于使大量黄金突然消失。因此西汉大量黄金的消失并不是用于佛事的结果。

(3) 埋藏在地下

该观点认为：大量黄金被埋葬在地下，以至于东汉后突然消失了。唐任伍在《西汉巨量黄金消失之谜考》一文中指出：西汉巨量黄金到东汉后突然退出流通领域而消失，唯一的答案是一部分黄金作为各种金器、金物随葬或遗落于地下，另一部分则以金币形式随富商大贾和各级官吏而埋葬。战国至西汉时期，大批商人们以贱买贵卖手段集中了大量的黄金，而封建统治者则运用国家机器攫取占有了国家大部分黄金，人们纷纷贮存黄金，大批的黄金被这批人呆滞窖藏，如梁孝王死时，“藏府余黄金尚四十余万斤”。东汉时窖藏黄金者也大有人在，如董卓“筑坞于眉”，坞中珍藏有“金二三万斤，银八九万斤。”而且从后来出土的钱币看，中国历史上窖藏金银珍宝数量之大确实惊人。那么，为什么大量黄金被储存而没有被用掉呢？一是掌握大量黄金的商人贮藏黄金来备用；二是西汉末年爆发了农民大起义，窖藏了大量黄金的富豪官吏或死或逃，从而使其窖藏的黄金如纳粹德国隐藏的巨量黄金一样，无从可考。但两种观点是否有一定的依据呢？对于第一种观点的依据，是科学家们对地球黄金开采的预测。他们认为：迄今为止，人类在地球上共开采了9万吨以上的黄金，而现在留在世上的只有6万吨，其余3万多吨都藏在地下。而且考古工作者也不断发现地下埋藏的西汉黄金。以此为证说明西汉大量黄金突然消失，只能是一些人藏于地下，后因战乱或人祸，藏主或亡或逃，从而使藏金失传。到这个时候，西汉黄金消失之谜似乎可以解开了。但是仔细分析就会发现，这种说法并不能站稳脚跟，因为无论是私人还是国家，贮存大量黄金的金库总是有一定痕迹的，所有的黄金拥有者决不会因一场战争或一场天灾人祸后，都死

去或忘记自己的财宝所在。后一种观点的依据是，汉代盛行的厚葬之风，导致大量的黄金被随葬在墓里。西汉时期朝廷规定天下贡赋的三分之一供宗庙，三分之一用以赏赐、馈赠那些忠于汉王朝的文臣武将和敬待外国来宾，剩下的三分之一则用以营造陵墓，构建“第二世界”。而黄金作为当时财富的象征，其三分之一用于随葬是完全可能的，而且这个推理和今日科学家的预测也不谋而合。说因厚葬而随葬了大量黄金，但事实上许多厚葬的墓自埋葬日起就已成了盗墓者的目标，总会被掘墓贼发掘出来的。另外还须注意的是，埋葬于地下的并不只是黄金，还有有银、铜等其他珍宝，为何单单黄金奇迹般地没有了呢？况且黄金本身是不会风化或氧化的。

那么西汉的巨量黄金到底去哪儿了呢？另一种最接近事实的说法是，西汉时期所说的黄金其实并非真金，而是黄铜。认为西汉时期人们习惯用“金”来称呼钱财，因此极有可能把当时流通的黄铜称作“黄金”。理由如下：

（1）汉时黄金的开采和提炼能力远未达到大量产出的要求。黄金之所以珍贵，就是因为其稀少和开采成本太高，以西汉当时的情况，不可突然冒出那么多的黄金.

（2）我国生产黄铜的开采冶炼始于西汉，由于受技术的局限，数量甚少，因此极有可能被等价成金。后来，随着冶炼技术的进步，铜的价格越来越低，铜也不再等价成金。西汉时期数量巨大的“黄金”自然而然的消失了.

（3）西汉大量黄金的突兀出现，也显示所谓的“黄金”就是“黄铜”。西汉之前，甚少有大量黄金的记载，西汉之后亦然。为什么偏偏西汉突然出现了这么多的黄金呢？合理的解释只能是“以铜为金”；

（4）据史书记载，刘邦登基之初，居然连四匹毛色相同的辕马也找不到，但同时又有刘邦赏赐百金的纪录。仔细想想不合情理，刘邦都穷到这份上了，他出手能如此阔绰吗？唯一的解释就是其赏赐的是铜而非金。

（5）西汉把黄金称为“赤金”，而把黄铜称为“黄金”。汉武帝在“金屋藏娇”中的金屋就是赤金箔贴成的。这里说明了两个问题，一是当时把黄金叫“赤金”，二是皇家也把金箔贴的房屋视为高档奢侈品，又怎么可能拿千金、万金、上十万金地赏人呢？

因此我们有充分理由认定，西汉大量黄金突然消失的原因不是因为输出境外，也不是佛事消耗，更不是埋在地下，而是那些所谓的“黄金”根本就不是真“金”，而是黄铜。因为从历史上看，从秦汉黄金开采量上看，从对外贸易看，西汉不可能冒出那么多黄金。人们惯以“金”称呼钱财，有可能把当时流通的铜称作“黄金”。

第三章

魏、晋、南北朝历史谜案

1. 众说纷纭：貂蝉身世那些事儿

貂蝉是我国古代“四大美女”之一，貂蝉的美素有“闭月”之称，她通过自己的姿色周旋在各派政治人物之间，倾倒了众多英雄豪杰，参与了许多重大的政治斗争，是一个举足轻重的厉害角色。但是，这个美丽的女子到底是什么来历呢？

中国古代的四大美女合称“沉鱼落雁，闭月羞花”，其中享有“闭月”美誉的就是貂蝉。貂蝉被世人铭记不仅是她的美貌，还有她的义举：为了推翻权臣董卓的荒淫统治，为了挽救天下黎民，受王允所托，她不惜以青春和一生的幸福为代价，成功地离间了董卓和吕布，最终挑动吕布杀死董卓，结束了董卓专权的黑暗时期。然而，令人遗憾的是貂蝉以侍婢出现，以死者家属退身，罗贯中在《三国演义》中只叙述了吕布白门楼殒命，以一句“妻女运回许都”作结，也因此使貂蝉的身世成了千古之谜。

关于貂蝉的身世，史学界主要有以下几种说法，下面我们就一一为您揭开谜团。

一说貂蝉是王允家中的歌妓，此根据来自《三国演义》的描述。东汉末年，群雄割据，奸臣当道。汉少帝刘辨懦弱无能，被董卓废掉，立陈留王即汉献帝即位。董卓自任相国，独揽大权，飞扬跋扈。在朝廷上，他视9岁的汉献帝为傀儡，常常带剑上殿，不可一世。

司徒王允欲铲除董卓，想了许多办法都失败了。派曹操行刺，也不成功。因此，王允整天闷闷不乐。

一天，董卓无端杀了司空张温，兔死狐悲，王允独立在后园荼蘼架旁仰天垂泪，忽然间听到牡丹亭畔传来歌伎貂蝉的歌声。

貂蝉原来就长得花容月貌，王允以前忙于国事并没注意，现在一望之下，眼睛刷地一下亮了，心里不由生出一计，纳头便拜。只听王允悲伤地说道：“现在唯有你才能救天下苍生出火海了……”。

貂蝉慌忙拜伏在地答道：“大人如有用我之处，小女子万死不辞。”

原来，王允灵机一动，想出了一条一箭双雕的“美人计”：董卓和他的义子吕布二人，狼狈为奸，形影不离。董卓权势覆天，在朝中说一不二；吕布骁勇异常，无人能敌，因此除掉二人实在是很不容易。然而这两个人都有一个致命的弱点——好色，如利用貂蝉从中离间董卓和吕布的关系，利用吕布杀掉董卓，自然能重整河山，

再立社稷。

王允先将貂蝉收为义女，再择机将其许配给吕布，吕布被貂蝉的美貌迷住，马上约期迎娶。但未等到那天，王充又把貂蝉献给董卓。貂蝉也是绝顶聪明的人，全力配合王允表演，一会儿在吕布面前扮成早已以心相许，却被董卓霸占的痴情人，在凤仪亭里，她愿意为吕布跳荷花池；一会儿又在董卓面前装作受吕布调戏的无辜者，在太师府上，她愿意拔出太师的剑自刭。一来二往，她就把董卓、吕布忽悠得晕头转向，反目成仇，最后吕布在王充的怂恿下怒杀董卓，夷其三族。罗贯中对王充的计谋深为叹服，作诗道："司徒妙算托红裙，不用干戈不用兵。三战虎牢徒费力，凯歌却奏凤仪亭。"

二说貂蝉是董卓的婢女。貂蝉之名，不见于正史；貂蝉之事，在《后汉书》和《三国志》的《吕布传》中微露端倪。《后汉书·吕布传》说：董卓任吕布为骑都尉，非常信任他，于是收他为义子。有一次，吕布因小事得罪了董卓，董卓大怒之下持戟向吕布掷去，幸亏吕布及时避开，从此吕布对董卓暗怀怨愤。为了报复董卓，吕布趁机与董卓的侍婢私通，由此生出许多矛盾。

根据这段记述，与吕布私通的其实只是董卓的侍婢，而非其小妾。同时可以断定，吕布掷戟相怨之事确有实事，这也是后来编排凤仪亭故事的基础。

三说貂蝉是吕布的妻妾。

据《三国志·吕布传》注引《英雄记》中写道："布见刘备，甚敬之……请刘备于帐中坐妇床上，令妇向拜，酌酒饮食。"《英雄记》还写道："建安元年六月，夜半时，布将河内郝萌反，将兵入布所治下邸府，诣厅事阁外，同声大呼，攻阁，阁坚不得人。布不知反者为谁，直牵妇，科头袒衣，相将从溷上排壁出，诣都督高顺营。"

《三国志·吕布传》注引《魏氏春秋》，当陈宫建议吕布分兵拒曹操时，布妻曰："昔曹待公台（即陈宫）如赤子，犹舍而来，今将军厚公台，不过于曹公，而欲委全城，捐妻子，孤军远出，若一旦有变，妾岂得为将军妻哉!"吕布方作罢。

可见，无论当时形势如何混乱，吕布的妻子一直都在他的身边。

在魏晋时期的人看来，吕布不仅在群雄割据、军阀混战中携带并珍爱着妻子，并且在关键时对妻子言听计从，这个妻子不会是别人，只可能是经过生死搏斗所得来的貂蝉。

四说貂蝉是吕布部将秦宜禄之妻。吕布有个部将叫秦宜禄。在《三国志·关羽传》中讲到，曹操与刘备围吕布于下邳时，关羽曾向曹操提了一个与他一贯风格不太相符的要求，就是

城破之后，请曹操把秦宜禄之妻赐予他，其后又数次向曹操提及此事。曹操自然好奇心起，想看看那个秦宜禄之妻到底是怎样一个美人儿，竟然让关羽如此念念不忘。城破之日，曹操便派人将秦妻送到自己营帐，一看果然是绝色美人，哪里还记得关羽的要求。关羽心里自是非常不爽，从此跟曹操结下了怨隙。

元杂剧根据这个传说，戏说出来一个《关云长月下斩貂蝉》的故事来，说曹操欲用美色诱降关公，就派貂蝉再施美人计。但可惜这次貂蝉的美人计并不管用，使尽千种柔情、百般挑逗，关公仍不为所动。最后关公忍无可忍，一刀把她杀了。

此外，徽剧、川剧、绍剧、京剧等地方戏曲中都有《斩貂》剧目，大意是吕布在白门楼被杀后，其爱妾貂蝉被张飞带走送给了关羽。这种倾城倾国的美人谁不爱？关羽也不例外，对其怜爱有加，但想到多少古今英雄豪杰因为迷恋女色而身败名裂，便硬下心肠杀了貂蝉。

貂蝉的来历因受文人的渲染和演绎，在历史的尘埃中越来越扑朔迷离。貂蝉的名声在民间流传甚广，而且古代“四大美女”也深入人心，但史籍上却没有貂蝉的姓名，所以她的身世始终是个谜。很多人甚至认为，貂蝉只是个虚构的人物，一个艺术形象。

其实貂蝉姓名之所以不见于经传，最大的可能是封建时代的史学家对妇女的漠视所致。根据众多的史料和传说分析，在吕布刺杀董卓这一历史事件中，貂蝉作为一个真实的历史人物扮演过很重要的角色。

从考古方面来查证，我们能不能找到貂蝉在历史上存在过的痕迹呢？

有学者称，他经过考证找到了貂蝉的原籍。貂蝉原籍在忻州市东南三公里的木芝村，村中曾有过街牌楼、前殿、后殿、王允街、貂蝉戏台和貂蝉墓。村中传说，貂蝉出生的前三年，村里的桃杏就不开花了，至今桃杏树依然难以成活，传说把这一现象的原因归于貂蝉有羞花之貌。传说虽然不可信，但至少可以从一个侧面佐证这里可能就是貂蝉的出生地。

传说吕布被杀后，有人把貂蝉送回故乡，老死在木芝村；也有人说貂蝉被曹操擒获后以剑自刎，由关羽将其遗体送回故乡安葬，所以后殿有关羽像，殿前有表示貂蝉演戏的戏台，都是报答关羽拒杀和护送之恩。因为吕布是定襄人，所以民谚有“忻州没好女，定襄没好男”的说法，意思是自从出了貂蝉和吕布，忻州再也没有貌美的女人，定襄也再没堪称英雄的男人了。

有关貂蝉下落最近的证据是1971年某老人曾于成都北郊拾得一块古碑，上有“貂蝉，王允歌姬也，是因董卓猖獗，为国捐躯……随炎帝入蜀，葬

于华阳县外北上涧横村黄土坡……”字样。这里的“炎帝”疑为“关帝”的讹记，清顺治九年（1652），清顺治帝加封关羽为“忠义神武关圣大帝”，此后民间才会出现“关帝”的简称。因此，成都发现的古碑最多只是清代好事者的伪作。即使这块古碑是真的，但凭一块碑文也无法证明什么，跟貂蝉的身世一样，她的下落依旧是个不可索解的悬谜。

无论她的身后有多少未解之谜，笔者认为：貂蝉作为一个历史人物，确实曾生活在汉末这一特定的历史环境中，只是她的姓名和事迹在历史的长河中被埋没了，只剩下一鳞半爪。《三国演义》根据这一鳞半爪，把她还原成一个聪明美丽、深明大义、勇于自我牺牲，而且焕发青春的奇彩和刚烈之气的巾帼英雄。

2. 政治投机：诸葛亮娶丑妻的真实原由

诸葛亮的名字家喻户晓，成为智慧忠贤的化身，他辅佐刘备共图大业，最终使蜀汉政权成了三国鼎立的一极。他的一生，奇闻轶事很多，“孔明择妇”便是其中之一。据史书上记载，诸葛亮“身高八尺，形细而粗，犹如松柏”，更兼有“逸群之才，英霸之器”，可谓称绝一时，因此向他求婚者甚多。可是，这位颇有名气的美男子偏偏选中了当地沔南名士黄承彦的女儿阿丑，据说阿丑“瘦黑矮小，一头黄发”，在当时就落下了“莫学孔明择妇，只得阿承丑女”的笑柄。诸葛亮的做法让世人无法理解，他为何会娶丑女为妻呢？

诸葛亮从小家境清寒，门第不显，自幼丧父，跟着在江西任豫章太守的叔父诸葛玄生活，少年时代流离转徙，深受强宗豪族的压制。14 岁时，叔父携其投奔荆州牧刘表。17 岁那年诸葛玄病故，诸葛亮从此就在襄阳卧龙岗隐居，一边开荒一边发奋读书。

卧龙岗下有位黄承彦，很欣赏诸葛亮的才华，而诸葛亮也很尊敬黄承彦的学问，两人成了忘年交，经常在一起谈论学问和时政。黄承彦有心让诸葛亮做自己的女婿，因此请媒人出面撮合。诸葛亮没有答应，但他也没有马上拒绝。为什么呢？原来诸葛亮听说黄小姐相貌丑陋，因此，他甚为犹豫。

虽然这件事诸葛亮没放在心上，但黄承彦家人却很在意。有一天，诸葛亮上黄承彦家，黄承彦家人说了声“诸葛相公请进吧”，就兀自走了。诸葛亮很意外，因为以往这些家人总是毕恭毕敬的领他入内。

诸葛亮满头雾水地走到第二道紧闭的门前，轻敲两下，门竟然自动开了，进去后门又自动关了。诸葛亮非常惊奇，觉得设计这种门的人太有才了。正想着，前面猛地扑来两只狗，诸葛亮吓得左躲右闪。幸好跑过来一个丫环，拍拍狗的脑门又拧拧狗耳朵，狗就乖乖跑开了。诸葛亮这才知道原来那是两只套了狗皮的木狗。

诸葛亮继续往里走，刚走进第三道门，眼前猛地蹦出两只老虎，牙齿锋利，张着血盆大口十分恐怖。这次诸葛亮照着丫环的样子往老虎头上拍，谁知不拍还好，一拍之下老虎尾巴马上竖了起来，睁着一对铜铃似的眼睛就要扑上来。幸亏刚才那个丫环又来了，拍拍老虎的屁股，老虎就乖乖地趴下了。丫环说："你真是自作聪明，狗和老虎能一样吗？"说罢走到一个磨盘处，诸葛亮这才发现那磨盘原来是被一头木驴拉着转，心里不禁大奇："黄先生府上能人真不少啊！"

这时，里面走出一位姑娘，对诸葛亮说；"跟我进来吧！"这姑娘行为举止利索大方，引着诸葛亮往里走，很快就见到了黄承彦，一问方知设下那些机关的竟然就是黄承彦的女儿。诸葛亮深为自己以貌取人的态度感到羞愧，马上向黄承彦表达了欲娶其女儿的诚意。

关于诸葛亮娶丑女这件事，传统的观点认为诸葛亮是重才不重貌。黄承彦的女儿虽然长得丑陋，却才识过人、出身名门，和诸葛亮颇为投缘。两人结合后，妻子曾积极为夫出谋划策，这对诸葛亮来说是极有启发和帮助的。诸葛亮愿娶这样的贤女为妻，也就不会考虑其长相如何了。

那么诸葛亮到底是不是看中了黄小姐的才华呢？这其中有没有其他因素呢？

有人认为：风俗习惯可以帮助探索和理解诸葛亮的婚姻态度和动机。古人历来有"贤妻美妾"的择偶观念，正妻需要帮助丈夫治家立业，所以才德是首要考虑的条件，容貌是次要的。当才与美不可兼得时，自然以才德为主。而妾才是男人真正喜欢的类型，容貌常常是她们取胜的"武器"。事实上，诸葛亮后来也娶了一妾，是不是可以证明他也有这样的观点呢？对此，有的学者认为：从这一点来看，诸葛亮并非像人们描绘的那样圣明，他娶丑女一事也不值得作为一种美德来颂扬。

也有人认为：诸葛亮与黄氏结婚，纯粹是上了老师黄承彦的当。黄承彦在襄阳属于社会名流，经常出入于上层社会，与诸葛亮是亦师亦友。诸葛亮要才有才，要模样有模样，黄承彦知道，只要假以时日，定会出人头地。加之他父母双亡，又没有家庭负担，在襄阳除了姐弟之外也没有什么亲戚，这种打着灯笼都难找的好事，老谋深算的黄承彦岂能放过？于是，善用心计的黄承彦一步步采取行动，让诸葛

亮一步步就范。

其实诸葛亮娶阿丑主要是出于政治上的考虑，希望借助女方的门户家世为自己的前途打下基础。当时诸葛亮虽身居偏壤，却并非胸无大志的寻常少年，而是怀着出将入相的壮志，抱着安邦定国的雄心，因此他始终关注着汉朝的盛衰。为了达到这一政治目的，没有任何背景的诸葛亮必须积极展开了一系列的准备活动。

(1) 劳作之外博览群书

诸葛亮除了在襄阳“躬耕陇亩”借以维持生活外，还博览群书，广交朋友。当时中原战乱，江东纷争，而荆州（当时襄阳隶属荆州）上通巴蜀，下达江东，政治地位、战略地位十分重要，历来为兵家必争之地，且境内晏然，不失为栖身之地。所以中原许多人南渡到此，年轻的诸葛亮得以广交朋友，远博清名。其次，诸葛亮系统地学习了经史子集，加上从小报效皇恩的正统观念很强，逐渐形成了一整套忠君报国的政治主张。并尽全力来发展同荆州地主集团的关系，视“曹操是国贼，孙权为窃命”，不愿出山事之，一直等待时机。由于诸葛亮态度恭敬，才识过人，便很得荆州地主集团头面人物庞德公、黄承彦等人的赏识。

(2) 发挥人际关系

他把姐姐嫁给了庞德公的儿子庞山民。庞德公在荆州地主集团中是襄阳地区颇有名望的首领人物，对诸葛亮赏识备至，称他为“卧龙”，诸葛亮就这样在荆州站稳了脚跟。然后，诸葛亮为弟弟诸葛均娶了一门名媛，就是南阳名流林氏之女。

从这一系列活动看，诸葛亮迎娶黄承彦的女儿就不足为奇了。要知道，黄氏之父黄承彦是沔南名士，又是荆州地主集团中另一位有影响的人物。这位丑妻起码可以给诸葛亮带来三点好处：

(1) 黄承彦的教诲和大力支援

黄承彦是当地名士，有着较高的政治地位，与黄氏结婚后自然能得到黄承彦更多的教诲和鼎力支持，对日后的事业发展有百利而无一害。

(2) 坚强的人际关系做后盾

黄氏是刘表后妻蔡氏、南郡竟陵太守蔡瑁的外甥女。刘表当时雄居荆州，可以说是一方霸主。诸葛亮与黄氏结婚，就等于跻身了社会上层，把自己与统治阶层拉到一块，这样对自己以后出山从政打下了坚实的基础。

(3) 得力的贤内助

黄氏虽然外貌不美，可是有才华，迎娶她对事业大有帮助。

有如此的“三长一短”，何乐而不为？再说在封建社会，三妻四妾对男人来说是很正常的事情，妻子不美就再找个美貌的妾，诸葛亮后来不也纳妾了吗？如果黄氏不是和刘表、蔡氏有这样的亲戚关系，不是名士黄承

彦的女儿，而是有美貌的凡夫之女，诸葛亮也不见得会迎娶。

可见，诸葛亮娶黄氏依然还是阶级的婚姻，是由诸葛亮和黄氏的阶级地位来决定的，所以它是计较利害的婚姻。

3. 生性多疑：曹操巧布“七十二疑冢”

鲁迅先生对曹操是这样评价的：“曹操是一个很有本事的人，至少是一个英雄。”曹操的聪明不仅用在了生前处理国家大事上，就连自己的墓地也搞得让人摸不着头脑。据说，曹操临死前嘱咐下人为安葬他设“七十二疑冢”之事。所以，曹操究竟葬尸何处，却很少有人知其谜底。那么，曹操是否真的设了“七十二疑冢”呢？如果是真的，这七十二冢又在哪儿呢？

曹操是三国时期杰出的政治家和军事家，也是我国历史上一个颇有争议的人物。他在丧葬上有别于历代帝王，对自己的身后事提出了“薄葬”，是中国历史上第一位提出“薄葬”的帝王。

东汉建安二十三年（218），他颁布了一道《终令》，明确提出死后不要厚葬，要将自己埋葬在瘠薄的土地上，依照地面原有的高度作为圹基，陵上不堆土、不植树。一年后，他为自己准备了送终的四季衣服，并留下遗嘱说：“我如果死了，请按当时季节所穿衣服入殓，金玉珠宝铜器等物一概不要随葬。”

当时曹操虽未称帝，但权力与地位不比帝王低，为什么他不但提倡“薄葬”，而且身体力行呢？

（1）他一生主张节俭

据说曹操对家人和官吏要求极严。他儿子曹植的妻子因为身穿绫罗，被他按家规下诏“自裁”。宫廷中的帷帐屏风破旧之后缝补一下再用，不可换新的。有一次，天下闹灾荒，资财匮乏，曹操带头不穿皮革制的衣服。冬天，朝廷的官员们都不敢戴皮帽子。曹操主张丧葬从简，没想到这“简办”了的丧事给历史平添了不少繁杂。

（2）为了防止盗墓

据说，曹操早年曾干过盗墓的勾当。他亲眼目睹了许多坟墓被盗后尸骨纵横、什物狼藉的场面，他不愿重蹈覆辙，所以一再要求“薄葬”。

为了防止盗墓，在力主和实践“薄葬”的同时，他还采取了“疑冢”的措施。布置疑冢也和他生性多疑有关。生前，曹操因多疑错杀了许多人；死后，他的多疑也不例外。据史料记载，建安二十五年（220）正月，曹操病逝于洛阳。相传，曹操在洛阳临

死之前，把儿子和心腹大臣叫到身边交代说："现在天下还未安定，不要照搬旧丧制葬我。我有头痛病，很早就戴上了头巾。我死后，照样衣着和戴上头巾即可。"传说中，曹操确实曾有"七十二疑冢"。《七修类稿·曹操疑冢》篇曾载："曹操疑冢在漳河上，宋人俞符有诗曰：'生前欺天绝汉统，死后欺人设疑冢。人生用智死即休，何用余机到丘垄。人言疑冢我不疑，我有一法君未知。（直须）掘尽疑冢七十二，必有一冢葬君尸。'予则以为孺子之见耳，使孟德闻之，必见笑于地下，夫孟德之棺，岂真在疑冢哉，多设以疑人耳。"

很多人对曹操立下遗嘱、曹丕为其父设立疑冢是深信不疑的，并有鼻子有眼地考证出：曹操安葬这一天，邺城所有的城门全部打开，曹操的爱女在前面开路，群臣推着灵车奉迎。送葬的队伍中共有七十二具棺材，分成四批抬向东、西、南、北四个方向，同时从各个城门中抬出去。这72具棺材被分别埋进了72座坟墓。那么，这72冢在哪儿？哪座是真的呢？对于曹操陵墓所在何处，大致有以下几种说法：

（1）河北省临漳县三台村

根据《魏书·武帝纪》记载："初平二十三年六月，令曰：'古之葬者，必居瘠薄之地。其规西门豹祠西原上为寿陵，因高为基，不封不树。……凡诸侯居左右以前，卿大夫居后，汉制亦谓之陪陵。'"由此可见，曹操生前就已开始筹建陵墓，其位置当在西门豹祠以西，周围还有诸侯公卿的陪葬墓。但传说归传说，三台村并没有曹操的疑冢。

昔日的邺城在今河北省邯郸市临漳县一带。在临漳县当地关于邺城的民间传说中，曹操墓有四种说法：在邺城以西（今河北磁县境内）设七十二疑冢；在漳河河底；在许昌城外；在邺城的铜雀台等三台之下。

邯郸市历史学会会长刘心长在对历史文献进行研究和实地考察的基础上，认为曹操墓可能在磁县时村营乡中南部和讲武城乡西部约5平方公里的范围内。他认为：曹操生前对自己墓葬位置有明确安排，说在"葬于邺之西冈上，与西门豹祠相近"，这里方位与记载基本相同；还说要其后人"时时登铜雀台，望吾西陵墓田"。经实地考察，这一带处在从铜雀台一带登高西望所能见到的最好位置；这里地势较高，漳河不能灌溉，土质较差，至今这里不少土地仍难以耕作，符合曹操所说"古之葬者，必居瘠薄之地"的要求；《三国志》《晋书》等正史中都有曹操葬于这一带的有关记载。他还认为当地的地名如武吉、西曹庄、朝冠、东小屋、西小屋等也与守陵和祭祀有关。

的确，在从磁州至济水之滨的京

广铁路沿线，矗立着一座座像小山似的大土堆。在当地还流传着这么一个有趣的故事：清同治年间的一天，当地有个叫牛伢儿的牧羊少年在讲武城东南的彭村打柴，突然在一人多高的蒿草丛中发现一座大冢，大冢墓砖已显露，墓前倒卧一块石碑。他赶忙到几里外的村子里叫来一位私塾先生，辨认石碑上的字。一读才知道这是魏武帝曹操的陵墓，于是村人立即将这件事情报告到磁州县衙门。县令得知后，马上赶到彭村，可是再拨开草丛一看，大冢竟无影无踪，连石碑也找不到了。县令十分生气，认为私塾先生戏弄父母官，将他一顿毒打，而再去找牛伢儿也下落不明。

邓之诚《骨董琐记》记载了另外一个传闻：“壬戌（1922 年）正月初三，磁县农民崔老荣于彭城镇西十五里乱葬坟挖墓为茔，地圮为黑穴，继得石室，既深且广，中有石门洞开，入石门者皆死，遂报县令陈希贤，命人投以硫磺。久之人内，见室之四壁深垩如新，中置石棺，前有刻石志文，所叙乃魏武帝操也。前五十年发石室十余处，唯皆无棺，至是真冢始现。石志今藏县署，不知文何若，他日当访之。”

这两则虽是近似荒谬的传说，但反映了当地人们心中的看法：曹操墓就在这里。连历史上的许多文人墨客也对此深信不疑。

（2）在其故里谯县的“曹家孤堆”

据《魏书·文帝纪》载：“甲午军治于谯，大飨六军及谯父老百姓于邑东。”《亳州志》载：“文帝幸谯，大飨父老，立坛于故宅前树碑曰大飨之碑。”曹操死于该年正月，初二日入葬，如果是葬于邺城的话，那魏文帝曹丕为何不去邺城而返故里？他此行目的是不是为了纪念其父曹操？《魏书》还说：“丙申，亲祠谯陵。”谯陵就是“曹氏孤堆”，位于城东 20 公里外。这里曾有曹操建的精舍，还是曹丕出生之地。此外，又据记载：亳州有庞大的曹操亲族墓群，其中曹操的祖父、父亲、子女等人的墓就在于此。由此推断，曹操之墓也当在此。

但这种说法也缺乏可信的证据，遭到许多人的质疑。认为曹丕祠谯陵可能是祭祖，不一定是祭曹操的。祖先坟在此，不一定曹操墓也在此。

（3）在漳河河底

铜雀宫观委灰尘，魏之园陵漳水滨。

即令西湟犹堪思，况复当年歌无人。

由此推断，曹操墓是在漳河河底，并有两个传说作为佐证。一个是清人沈松的《金健笔录》中的一个故事：清顺治初年，漳河发生干旱，河水枯竭，露出河床。有一捕鱼人发

现河床的一处露出一块大石板，旁边有条一尺来宽的隙缝。捕鱼人向洞里一看，深不可测，暗忖里面必有大鱼，于是钻进了洞里。约走数十步光景，被一座大石门挡住去路。他返回地面，把这件事对其他几位捕鱼人说了，大家都感到奇怪，一齐下去看个究竟。他们来到大石门前一齐使劲，终于将石门打开。涌到门内一看，纷纷被眼前的情景惊呆了：只见石屋内许多姿色绝伦的美女分列两行，有坐着的，有互相倚靠着的，还有躺卧着的，一个个栩栩如生。但转眼之间美人们都化为灰尘，委顿于地。石屋的当中置一石床，床上躺着一个身穿朝服、头戴官帽的老年男子。石床前面立着一通石碑，识字者走到碑前一看，原来是曹操。出于对奸臣贼子的仇恨，捕鱼人一个个用鱼叉将尸体打个稀巴烂。

对这段近乎传奇的记载，有人一笑了之的，也有愿信其实的。

蒲松龄在《聊斋志异》中也载有河底发现曹操冢之事，只不过《聊斋》写的传闻发生在许昌，而不是临漳。其文云："许昌城外有水汹涌，近崖深黯。盛夏时有人入浴，忽然若被刀斧尸断，浮出后，一人亦如之，专相惊怪。邑宰闻之，遣人闸其上游，竭其水，见崖下有山洞，中置转轮，轮上排利刃如霜。去轮攻之，有碑，字皆汉隶，细视则曹孟德也。破棺范围骨，所殉金宝尽取之。"这也属虚构，难以令人相信。况且，地点也不符。

曹操的陵墓为什么会失踪呢？有学者认为：曹操陵墓的"失踪"与魏晋时期的丧葬风俗有关。中国古代历来讲究厚葬，帝王陵墓则是这一风俗的集中体现。因此，皇陵向来是贪财之徒的聚焦目标，虽有严刑峻法，但仍挡不住他们铤而走险。及至改朝换代的战乱时期，前朝皇陵更是。西汉末年，赤眉军曾在咸阳北原大挖西汉诸帝的陵墓；东汉末年，董卓迁都长安之际，同样率部下盗掘了东汉诸帝陵墓。两汉帝陵的结局令后世帝王触目惊心。在魏晋时期帝王公侯的陵墓多以简朴风格为主，甚至不树不封，可能是接受了前人的教训吧。而曾经直接参与了大挖东汉帝王陵墓和豪门祖坟的曹操，对前代帝王陵墓种种惨不忍睹的结局不可能不有所惊悸。他临终时所发出的"恐为人所发掘故也"的感慨，便是这种心情的写照。曹操在临终前对自己的后事也做了从简的规定：天下尚未安定，不必遵照古代葬礼制度，应该简礼而薄葬，不得随葬金玉珍宝。由于实行简葬，加之陵墓不树不封，又临近漳河。而漳河在历史上经过了多次改道，所以曹操的陵墓很可能被大水冲到了别的地方。

4. 洛水女神：曹植情困叔嫂恋

位列“三曹”之一、素以文采见长的曹植，一生作品甚众，其最广为人知的为七步诗，但最能反映其才华文采的则是浪漫主义爱情名篇《洛神赋》。但曹植在《洛神赋》中所写的洛水之神到底是谁呢？是艺术虚构还是有真实的原型呢？

魏晋时代是诗文俱盛的时代，曹植尤以才华卓绝、文笔清丽见称。公元223年，他写下了一篇哀婉悲艳的《洛神赋》。300年后，梁昭明太子萧统编《文选》时，把此作归入“情类”。唐代的李善为《文选》做注，提到曹植的赋是为纪念他的嫂嫂——文帝曹丕的甄妃而做的。赋原名《感甄赋》，后来文帝的儿子明帝见了，才改为《洛神赋》。

历来都说曹植与自己的嫂子有一段孽情，真实的情况到底如何呢？

东汉建安二年（197），曹植在洛河神祠偶遇藏身于此的袁绍儿媳甄氏，曹植被她的貌美所吸引，就赠了白马一匹助她逃返邺城，甄氏亦回赠玉佩以酬解危之谊。后来袁绍由于在官渡之战被曹操大败积愤成疾而亡，其子袁谭、袁尚为争权互相攻击，兄弟阋墙极大地消耗了袁军的残存力量，曹操乘机出兵尽取袁绍所据之地。

曹丕，曹操的次子，当时年方18，随父从军，破冀州后跃马直奔袁氏府舍，径人后堂，只见一个中年妇人坐在那里独自垂泪，膝下有一个少妇跪着嘤嘤哭泣。那中年妇人正是袁绍的妻子刘氏，少妇就是袁绍次子袁熙的妻子甄氏。

据《三国志·魏书·后妃传》记载：甄氏乃中山无极人，上蔡令甄逸之女。相传其母张氏怀孕时梦见一个仙人，手执玉如意，立于其侧。临产时又见那仙人入房，以玉衣盖体，不久生下甄氏。相士刘良看了她的相之后说：“此女之贵，乃不可言。”甄氏自小至大性格和蔼。八岁时，门外来了家马戏团，家中人及诸姊妹都上阁楼观看，甄氏独不行。姊妹都觉得奇怪，问她：“男女老少都急着在看，你怎么不去看呢？”甄氏回答：“这种东西能是女孩适合看的？”甄氏九岁学习读书写字，借长兄的笔砚使用。长兄说：“你应该学习女红，不用读书写字。难道你还想做女博士么？”甄氏回答：“古之贤者，未有不学前世成败，以为已试。不知书，何由见之？”

时值天下纷扰，加上连年饥馑，百姓皆抛卖金银珠玉宝物以换取食物。因为甄氏家巨富，所以趁便宜收买储藏许多。甄氏对母亲说：“今世乱，何多买宝物？此取祸乱之端也。匹夫无罪，怀璧其罪。又兼左右皆饥乏，

不如以谷赈给亲族邻里，广为恩惠也。”举家皆称其贤。

后来，甄氏嫁给了袁绍之子袁熙。此时，袁熙已带着他的残兵败将匆匆逃往辽西。

甄氏满脸泪水，脂粉模糊，却似梨花带雨，惹人怜惜。曹丕不由得动了心，他揽袖近前，替她拂拭泪痕，真是桃腮杏脸，美艳绝伦。刘氏一听是曹操的世子，忙令甄氏下拜捡衽。甄氏含羞施礼，偷觑曹丕面容，一位翩翩少年，英姿潇洒、仪表风流，不由芳心暗动，含情脉脉地注视着曹丕。

曹丕请求曹操答应他娶甄氏为妻。曹操看曹丕对甄氏一往情深，也不好拒绝，便使人做媒，让曹丕娶了袁熙妻甄氏为妇，刘氏不敢不从，与甄氏商量，甄氏也无异言。当下择取吉日成婚。

因为时值乱世，曹丕不能留在家里陪伴妻子，而是与曹操为消灭群雄转战各地。当时曹植因为年纪尚小，最主要是他对战争与生俱来的厌恶，因此留在家中，有机会与甄氏朝夕相处。曹植天赋异禀，博闻强记，十岁能撰写诗赋，他陪着这位多情而又美艳的大嫂，消磨了许多风晨雨夕与花前月下的时光。两人耳鬓厮磨，了无嫌猜。曹植与甄妃的浓情蜜意，很快从单纯的小叔与大嫂的关系，升温到难舍难分的地步。由于当时甄氏年长于曹植，每当曹植在她面前表现出天真无邪的一面时，总能让甄妃陶醉在一种虚无缥缈的快意之中，使其毫无顾忌地流露出母性的光辉与姐姐般的爱意。渐渐地甄妃沉醉于曹植的才华之中，而曹植也给予了她无限的柔情蜜意。

曹操去世后，曹丕篡夺汉献帝的皇位，命曹植出封临淄。监国灌均阴承曹丕的意思，弹劾曹植使酒悖慢，于是曹丕征曹植入朝，打算借故处死他，幸亏卞太后从中保护，曹植才得不死。但曹丕限令曹植七步成诗，诗必须以兄弟为题，且不准直说。曹植随口咏道：“煮豆燃豆萁，豆在釜中泣，本是同根生，相煎何太急?”曹丕听了此诗，心里也感到惭愧，但余恨终未消，贬曹植为安乡侯。

甄妃去世后，有一次曹植来洛阳朝见，曹丕将甄妃用过的一个盘金镶玉枕头赐给他。曹植睹物思人，不免触怀伤情。回来经过洛水时，夜宿舟中，恍惚之间遥见甄妃凌波御风而来，并说出“我本有心相托”等语，曹植一惊而醒，方知是南柯一梦，遂就着蓬窗微弱的灯光写下一篇《感甄赋》，借洛河中的水神宓妃作为甄妃的化身，抒发蕴积已久的爱慕之意。赋中写他经过洛水，遇见美丽的洛水之神宓妃，相互发生爱慕，终因神人道殊，不能结合，最后不得不怅怅而别。文中这样描述甄妃的美貌：“翩若惊鸿，婉若游龙，容耀秋菊，华茂春松，若轻云之蔽月，似流颈秀项，皓质呈露，芳泽无加，铅华弗御。云望峨峨，修眉联娟，丹唇外朗，皓齿内鲜，明眸善睐，面辅承权，环姿艳逸，仪静体闲，柔情绰态，媚于语言。”后来文帝的儿子明帝见了，才改为《洛神赋》。这篇赋中的洛神是不是甄妃呢？

有人认为洛神就是甄后。《太平广记》卷三百三十一《萧旷》篇和《类书》卷三十二《传奇》篇都记述着萧旷与洛神女艳遇一节。洛神女说：“妾，即甄后也……妾为慕陈思王之才调，文帝怒而幽死。后精魂遇于洛水之上，叙其冤抑。因感而赋之。”李商隐在他的诗作之中，曾经多次引用到曹植感甄的情节，甚至说：“君王不得为天下，半为当时赋洛神。”蒲松龄的《聊斋志异·甄后》篇中，甄后大骂曹操、曹丕说“丕不过贼父子庸子耳”，连父带子一块骂。后面还有一段评语是这样的：“陈思时一见，《感甄赋》不虚作矣。”

持赞同观点的，大多是先被《洛神赋》中哀感顽艳、缠绵悱恻的仰慕所打动，他们并没有提出多少确凿的考证来，只是抱着极大的热情去同情和赞叹曹植和甄妃的爱情悲剧。而史学家们的观点是完全不同的。他们的理由是：

（1）不合伦理

有些学者认为：曹植爱上自己的嫂子，既不合兄弟之伦，也不符君臣之义，不义不忠，大逆不道，这是“禽兽之恶行”，曹植贵为帝子，当然不会置舆论身份于不顾。

（2）后人误引

李善的注本并没有批注曹植写赋的缘由，而是后人刊刻《文选》时的误引。即便李善作了这样的批注，也没有说明他批注的理由，自然也是难以为信。

（3）曹植没有那么大的胆子

曹植爱上他的嫂嫂极不可能，就是爱上，也没有那么大的胆子敢写《感甄赋》。曹丕对曹植本来就素有猜忌，有了这种紧张的关系，曹植再写《感甄赋》岂非火上浇油、自掘坟墓？

（4）不合情理

李善注中提到，文帝曹丕曾把甄后之枕给曹植看，并把此枕赐给曹植，这种行为“里老所不为”，何况帝王乎？所以说是不合情理的行为。

（5）“甄”与“鄄”的误认。

《感甄赋》确有其文，但“甄”并不是甄后之“甄”，而是鄄城之“鄄”：“鄄”与“甄”通，遂为“感甄”。曹植在写此赋前一年，曾任鄄城王。

（6）年纪相差悬殊

《洛神赋》一文是“托辞宓妃以寄心文帝”，对洛神的仰慕其实“纯是爱君恋阙之词”，是想表达自己愿意为朝廷所用，建立功业的心愿。后来否定“感甄说”的人，大多观点也在此范围内。要说有所增加，只是说14岁的曹植不大可能向曹操求娶24

岁的已婚女子为妻，在当时那个年代是绝对不可能的。

多少年来，争论的双方都没有充分的证据来直接说明是否是感甄，大抵都各据零星的材料，只能做伦理道德或者情感上的推论罢了。

5. 性乱情迷：贾南风纳宠杀亲子

自古道红颜祸水，美女误国。可是综观这些能征服皇帝的女人的身家背景，不管其出身高贵或是卑贱，无不有着闭月羞花之容，沉鱼落雁之貌。所以“不爱江山爱美人”，“得美人而失天下”的君王时有人在。可是西晋王朝中第二代皇帝司马衷的皇后贾南风却不是这样，书中记载的贾南风“个头矮胖，皮肤黝黑，大眼眉端有一块疤”，而这样一个难看的妇人，却能在错综复杂的西晋王朝长达30年的皇宫岁月中，运用政治铁腕与变化多端的权谋，一步步将国家的最高权柄揽在自己的股掌之间，她是如何导演这一幕幕惊心动魄的历史话剧的呢?

历史上有多少历代王朝都逃不过美女这一关。从妺喜之误夏，妲己之误商，褒姒之误西周，三代以降，代有所误。在历史发展的关键时刻，总是可以看到美女的身影。当然，在军阀混战的春秋战国时期，关于美女误国的大竞赛更是层出不穷。晋有骊姬，齐有文姜，楚有李园妹，卫有南子，吴有西施，郑有夏姬……

然而，当历史车轮驶入晋朝时，却出现了一桩丑女误国的特例，此人便是贾南风。她个子矮小、面黑如漆，耳垂六两，简直就没一点可取处。脸上眉间偏又长出一颗瘤痣，便使得整个人物除了丑陋，又平添三分狰狞。就是这样一个丑女人，是怎样成为皇后，登上政治舞台的呢?

贾南风出身于功臣名门，她的父亲贾充，字公闾，平阳襄陵（今山西临汾东南）人，在晋朝初期历任司空、司中、尚书令、太尉等职，是西晋第一代皇帝司马炎的心腹大臣。贾充靠谄媚的伎俩，深得晋武帝宠幸。太子司马衷是个白痴，当时司马衷已到了择偶的年龄，晋武帝欲娶卫瓘的女儿为太子妃。贾充的妻子郭槐听说后，要他劝说晋武帝娶自己的女儿为太子妃。暗地里贿赂宫人，托她们向杨皇后处说合。于是杨后劝武帝纳贾女为太子妃。武帝摇手说：“我意聘卫女，不愿聘贾女。卫家风好，卫女秀美聪慧，贾充妻善妒成性，其女丑劣，身短面黑，优劣不同，有美貌的不娶怎么会娶个丑女呢?”

杨后说：“我却听说贾女颇有才德，陛下不应固执成见，以致坐失佳妇。”武帝半信半疑，后来在一次与诸臣宴会时论及太子婚事，武帝的亲信大臣侍中荀勖极力吹捧贾女如何贤淑，太尉荀顗、越骑校尉冯统两人也连声称赞贾女。说得那么天花乱坠，武帝也不觉移情，却不知这几个人都是贾充门下的走狗。贾南风比晋惠帝大两岁，性格冷酷，善于玩弄权术。她还是太子妃的时候，就曾经因为吃醋杀过几个太子的侍妾。如果哪个宫女怀了孕，她就以长矛戳其腹部，使这宫女和胎儿立即死亡。武帝听说了十分愤慨，要废去贾氏。可是有些大臣说嫉妒是妇女的常情，贾妃年轻，年岁大了慢慢会改好的。杨后也说："贾充屡有大功于社稷，岂可以其女妒而忘之？"于是武帝才放弃了废贾氏的念头。

太熙元年（290），晋武帝驾崩，太子司马衷即位，这就是晋惠帝，也是中国历史上著名的白痴皇帝。贾南风也因此成为皇后，从此丑女母仪天下，内心甚是得意。但由于惠帝蠢笨无能，因此宫内宫外大事都由杨太后的父亲太傅杨骏说了算。这样一来，贾南风心里自然一万个不甘，毕竟她是皇帝的妻子，皇帝虽笨，但她不笨。于是这个狠毒的女魔头盘算出了一石二鸟之计：先借汝南王司马亮和楚王司马玮除去与自己争权的太尉卫瓘，再设计诛除汝南王和楚王。这样，就能清除自己的挡路石，进而独揽大权。

贾南风马上密令征召楚王司马玮，率领禁军围杀太尉杨骏，废掉杨太后，并任惠帝的叔祖司马亮为太傅，执掌兵权。但司马亮并不如贾后想的那样，可以任其为所欲为，这样贾南风对司马亮又起了杀机，并如法炮制，又诬以谋反罪将司马亮杀掉。但司马亮是宗室，非杨骏这样的外戚可比。因此司马氏宗室内部群情激愤，形势异常危急。贾南风这才深感大事不妙，又用了移花接木的手段，将罪名推给司马玮，宣称司马玮矫诏，擅自屠戮宗室大臣，斩杀了司马玮。司马玮死后，贾南风如愿以偿，完全控制了局势，朝廷上下便全都成了后党人物。从此贾后大权独揽，形成了悍妇控制白痴皇帝、扰乱政事的局面。

贾后不仅主宰着军国重权，即使床第之间也俨然是个主宰者，却决不因自己丑陋而稍抑欲望。晋惠帝大约无能，于是便经常被贾南风喝去别室自睡，自己则再找些貌美男子来充床第之虚。一是太医令程据，个子高高的，孔武有力，且面孔白皙，于是贾南风就经常"患病"，需要太医令整夜"留床观察"。再就是命令宫中仆妇，到大街上掳掠一些年轻小伙子，进宫玩耍，等玩厌了就杀死了事，人不知鬼不觉。

慢慢宫里的男子已经满足不了她，她便派人到大街上寻找。据说一个贫寒的小伙子就因为在大街上遇到了她的心腹，一夜之间成了暴发户。由于当时此地常常发生盗窃事件，小吏的暴富引起了人们的怀疑，贾家亲属也有被盗的，就命令尉部审问，小吏据

实讲了自己的奇遇，旁听席上的贾家亲戚心下豁然，便说既不是偷盗，自不须再问，便撤诉了事。主审官也明白，便嘱托小吏不许到处乱说，当庭就放人结案。于是洛阳城内都知道了此事。

惠帝只有一个儿子，即太子司马遹，是后宫宫女谢玫后生。随着年龄的增长，司马遹对贾后一伙的擅权渐露不满之意，引起了贾南风的警惕。贾氏亲党贾谧等人害怕太子得政之后，也像贾后杀杨骏、逼死杨太后一样来对付自己，所以竭力劝贾后废掉太子。于是贾南风故技重施，诬陷太子有杀害惠帝的企图，将太子废为庶人，不久又找个理由把太子杀了。

诸王和一部分拥护太子的朝臣们看到太子无罪被害，表示了强烈的不满。就在太子被杀后一个月，即西晋永康元年（300）四月，在京师洛阳任车骑将军的赵王司马伦借为太子报仇，利用自己掌握的宿卫禁兵入宫囚禁了贾南风。

逞凶一时的贾南风在司马伦等人发动的宫廷政变中被废。她凭栏对着司马衷大喊："我这个皇后被人除掉了，你的皇位还能保得住吗？"几天后，贾南风这个阴险毒辣的女人被毒死。

纵观历史，哪个征服皇帝的女子不是有着闭月羞花之容，沉鱼落雁之貌，可是贾南风并不漂亮，也不美丽，而且她有着所有女人都有的嫉妒通病。但历史却把她推倒了一个十分耀眼的位置上，这确实值得人们去研究。

6. 英雄气短：北魏孝文帝的不幸婚姻

说起帝王的爱情悲剧，人们津津乐道的往往是西汉成帝与赵飞燕、唐玄宗与杨贵妃、宋徽宗与李师师的故事，很少有人知道北魏孝文帝拓拔宏与冯氏的恋情。那么，他们之间有哪些爱情故事呢？

对于孝文帝，人们熟知的是他推行的改革，改鲜卑姓为汉姓，改革服饰，迁都洛阳，制作礼乐，分明姓族，以前所未有的魄力对鲜卑族落后的社会习俗大张挞伐。其实，孝文帝在爱情生活上颇为坎坷，与事业的辉煌根本无法相比。

早年，孝文帝与一位姓林的姑娘产生了爱情。她容色美丽，温柔可人，深受孝文帝喜爱，后生皇子恂，被立为太子。按照旧制，林氏得被赐死，但孝文帝不想沿袭前制，却遭到冯太后的反对，他只能眼睁睁地看着自己心爱的女人死去。因为当时是由冯太后临朝称制，拓跋宏秉性孝谨，政事无论大小，都先禀明太后。拓跋宏本后宫李夫人所生，由冯太后抚养成人。冯太后坚守子贵母死之制，除赐死储君拓跋宏的亲母李氏以外，甚至诛戮了李氏全族。拓跋宏终生都不知自己为谁所生，但他自幼在冯太后身边长大，视祖母如生母一般。

冯太后为了让自己家族累世贵宠，特地选冯熙的两个女儿服侍文帝。后来，立冯熙的次女冯姗为皇后，长女冯妙莲为昭仪。原因是冯妙莲非冯熙的正妻所生，所以地位自然比妹妹低一等。皇后冯姗颇有德操，昭仪冯妙莲却独工姿媚，拓跋宏开始很尊重皇后，但论玉貌花容，冯姗却比不上冯妙莲，所以冯妙莲独得宠幸。拓跋宏除视朝听政外，几乎每时每刻都在冯妙莲那里。轻佻活泼的姐姐在争宠中战胜了性格厚重的妹妹。皇后冯姗不免自叹红颜命薄。冯妙莲宠极专房，视妹妹冯姗如眼中钉，见了皇后也因轻视而不行妾礼。冯姗虽性情平和，但内心也十分妒恨。冯妙莲每当与拓跋宏在枕席私谈，说尽了皇后的种种不是，谮构百端，拓跋宏怒上加怒，就把皇后废了，贬入冷宫。后来冯姗乞请居瑶光寺为尼，青灯孤影度过了余生。

从此，冯氏长女与孝文帝两个人花前月下，卿卿我我，非常投缘。不料，冯氏得了慢性病，冯太后怕影响孝文帝的健康，就把她送回家作尼姑。小夫妻分离时非常痛苦，但孝文帝不敢违抗冯太后的旨意。送走冯氏后，他常常派人去造访。冯太后去世后，孝文帝坚持守了3年丧礼。后来，他听说冯氏恢复了健康，就派遣宦官将她迎回洛阳。从此，孝文帝对冯氏恩爱逾初，立她为皇后。

“白日光天无不曜，江左一隅独未照”，拓跋宏并非整日沉迷于温柔乡的昏庸君主，他志向远大，时刻不忘一统天下。在冯氏被立为皇后的几年里，孝文帝是在紧张的战争中度过的，多次率兵南征，在宫中的时间不多，冷落了后宫中的冯妙莲。冯妙莲寂寞难耐，勾搭上了中官高菩萨。冯氏爱他的雄健有力，高菩萨爱冯氏的妩媚，不久二人便勾搭在一起。高菩萨很有笼络人的本领，手下有一批人甘心为他充当爪牙。冯氏也培植了一批私党，互相勾结，表里为奸。尽管宗室中有人知道了他们的丑事，但也无人敢管。

可是，没有不透风的墙，冯氏的丑闻最终还是被孝文帝知道了。那么，孝文帝是怎么知道这件事情的呢？

孝文帝的妹妹彭城公主嫁给宋王刘昶的儿子后不久，丈夫就去世了。彭城公主在北魏宫中最为美丽动人，年纪轻轻就当了寡妇，难免会引起富家子弟的觊觎。冯氏的同母弟北平公冯夙垂涎公主的美貌，一心想得到彭城公主，就三番两次地求姐姐冯氏帮忙。冯氏转而求孝文帝，孝文帝爽快地答应了。谁知公主与死去的丈夫情深意笃，不愿马上嫁人，即使嫁人也不愿意嫁给冯夙这样的平庸之辈。冯夙就准备强娶。彭城公主心有不甘，

于太和二十三年（499）二月冒雨出奔，向前线的孝文帝告状。孝文帝看着伤痛万分的彭城公主，答应解除她与冯夙的婚姻关系，彭城公主又把冯妙莲与高菩萨之间的事情一一道来，孝文帝大吃一惊，将信将疑。他叮嘱公主不要泄露此事，等回宫后慢慢查来。

冯妙莲知道了彭城公主到前线告状的事情，大惊失色，她知道孝文帝是不会原谅她的，赶紧向母亲常氏求救，两人一起跑到一个著名的女巫那里："只要你能把皇帝咒死，让我当上皇太后，以后对你有求必应"，女巫被她们收买了，大行巫术，诅咒孝文帝早日归天。此时，孝文帝已经到了邺城（今河北临漳），冯妙莲急得团团转，她收买知情官员，大肆贿赂，请求他们不要将自己的隐私外泄。

拓跋宏回到洛阳，拘捕高菩萨当面审问。高菩萨受刑不过，才据实招供，并说出冯妙莲厌禳等事。然后，又派人把冯氏叫来。进门时，他命令宦官搜查冯氏的身上，如果发现有一寸长的刀子，就立刻下令将其斩首。冯氏涕泣涟涟，一个劲儿地叩头，请求孝文帝宽恕。孝文帝指责冯氏说："你母亲有妖术，你要好好交代。"冯氏没有想到这件事情也被泄露了出去。她请求孝文帝摒退左右，独自招供，孝文帝答应了她的请求。听着冯氏的招供，孝文帝的脸色变得铁青，他的心在剧烈地颤栗着。冯氏招供完后，他命人把彭城、北海二王召入，对他们说："这种女人是想弄死我啊，你们不要顾及我的情面，以为我还对她有什么感情，如果她还有一点尊严，就该自己解决了自己"。彭城王、北海王虽然是孝文帝的亲人，却不便干涉这种私事，两人附和了一会儿，就托辞离开了含温室。二王走后，孝文帝余怒未息，要赐冯妙莲自尽，冯妙莲不住地向他磕头，哭得肝肠寸断，孝文帝的心被哭软了，决定放她一马。平日孝文帝念及文明太后的养育之情，一向对文明太后至为孝顺，即使她已经去世，也不忘眷顾她在世的亲人，孝文帝又一向对冯妙莲情深爱重，如此大罪，竟然没有废掉她的皇后之位，仍然让她留居宫中。冯妙莲虽然失宠了，但在宫中依然飞扬跋扈，当孝文帝命令宦官向她传话时，她大骂道，"我是皇后，有话应该当面说，怎能让你们这些阉人转达。"孝文帝听到之后，气得几乎倒仰，他叫来了冯妙莲的母亲常氏，要她好好管教自己的女儿，常氏在皇帝的威逼之下，用拐杖痛打女儿，一直打了百余下，直打得冯妙莲哭天抢地、鲜血淋漓。

这件事对孝文帝的刺激太大了，他的身体每况愈下，最后终于病死在南伐中。他临终时下旨："后宫久乖阴德，自寻死路，我死后可赐冯皇后自尽，葬用厚礼，庶可掩冯门之大过。"孝文帝不明白自己在婚姻上为什么会如此的不幸，自己钟爱的林氏不得不被赐死，自己喜欢的冯氏竟然对自己不贞。带着这种深深的遗憾，孝文帝匆匆离开了人世。死时年仅33岁。

太和二十三年（499），太子拓跋恪即位，是为宣武帝，年号景明。拓跋恪即位后按照孝文帝的遗嘱派侍臣持鸩酒入宫，皇后冯妙莲才得赐死。冯妙莲见了鸩酒骇走悲号，不肯就范。内侍把她拉住，强迫喝下鸩酒自尽。冯妙莲乃“含椒而死”。拓跋恪遵照孝文帝的遗言，用先帝皇后大礼葬冯妙莲于长陵，谥为幽皇后。

冯妙莲凭借美色取悦皇帝于前，而又用春药迷惑皇帝于后，本想稳坐皇后宝座，统领六宫，母仪天下，结果冥冥之中自有因果善恶报应，最后不得不喝下鸩酒而死。“机关算尽太聪明，反误了卿卿性命”。这正是冯妙莲的一生真实的写照。

7. 秉性难移：北齐文宣帝难掩残暴本性

北齐文宣帝高洋，历任东魏骠骑大将军、尚书令等职，后任丞相，掌军政大权。天保元年代魏建立北齐，他做皇帝之初，政绩卓然，口碑相当好。但是，到了晚年却沉湎酒色，肆行淫暴，荼毒无辜，嗜杀无度。高洋为什么会前后判若两人呢？是什么使他性格大变呢？

北齐文宣帝高洋，是一个有所作为的皇帝。东魏孝静帝的时候，他哥哥大将军高澄把持朝政，气势熏天，对高洋的才华很忌讳。当时，高洋的妻子十分美艳，高澄对弟媳的貌美早已羡慕不已，同时也感到不平：为什么他能娶到那么美丽的妻子呢？高洋为了不被高澄猜忌，做出一副朴诚木讷的样子，时常拖着两条大鼻涕嘿嘿傻笑，因此高澄将他视为痴物，从此不再猜忌。高澄时常调戏高洋的妻子，高洋也假作不知。

东魏武定七年（549），高澄被仇人谋杀后，高洋一反木讷的常态，指挥手下擒拿凶犯时镇定自若，调配有度，之前看不起他的人，见其言辞敏锐、神采飞扬的风度，甚为吃惊。

更让人想象不到的是，他办起事来雷厉风行，干净利落。其自立为宰相，修改了从前朝政的错误政策。等他把东魏孝静帝赶下台，自己做了北齐开国皇帝后，对国事兢兢业业，特别注重使用人才，还善于用制度管人，朝廷内外治理得井然有条。同时，他也很注意军事，每次临阵都冲锋在前。所以，在他做皇帝之初，政绩卓然，口碑相当好。

说到这里，大家都会觉得纳闷，这样一个好皇帝，怎么会变得嗜杀无度呢？

有人说，几代北齐帝王都是凶淫

荒唐的人物，所作所为让人不可思议。高洋是其中最典型的暴君，也许有遗传因素在作怪。

但是，有学者认为是酒改变了他，以至使他的性格发生了扭曲。他嗜酒如命到什么程度呢？杯不离手，每喝必醉。有时喝得高兴了，自己起身敲鼓作歌，随即跳舞，直到跳得精疲力竭为止。有时干脆把衣服脱掉，光着身子乱叫乱闹；有时把头发散开，穿上胡服，结上彩带，挥刀舞剑，一直闹到大街上；有时还随意乱走，一会儿去大臣家，一会儿去勋戚家，搅得人人胆颤心惊；有时为了夸耀本事，他骑马不施鞍勒，常常一跃而上，纵马驰骋，在广阔的绿野中穿行如飞；还有时在盛暑烈日高照下，光着身子躺在地上进行日光浴；在隆冬酷寒难禁之时，脱掉衣服疾走。他不但自己发狂，还要求随从效仿，弄得随从们苦不堪言。

到了最后，高洋达到了人性泯灭、兽性大发的程度。他命令手下制作一些带刺的革马革驴，把都城中作风败坏的女人都征进宫来，强迫她们脱掉衣服骑马骑驴，用来取乐，弄得这些妇女遍身血迹，然后杀死肢解，或用火烧或扔到河里。后来，他甚至迫害到自家妇女，把她们都聚到宫中，让自己的部下当众侮辱她们。

有一次，他手下一个叫崔暹的大臣死了，他喝得迷迷糊糊地前去吊唁。哭着哭着，他问崔暹的妻子：“你想崔暹吗？”崔暹的妻子答道：“想。”他接着说道：“那你为什么不去看他？”说完，拿刀把崔暹的妻子杀了，割下脑袋扔到了墙外。总之，喝醉后杀人已经成为他的一种乐趣。为了满足他的这一乐趣，宰相杨愔专门准备了一批死囚，供高洋酒后杀人取乐。这些死囚如果三个月不被杀死，就释放回家。

更严重的还在后面呢。一次，高洋在三台摆设酒宴，庆祝三台落成，宫中妃嫔全都去陪宴。三台是邺城中有名的建筑，高27丈，台间有飞桥连接，台上有木建筑，脊长二百余尺。工匠在上面施工都提心吊胆，腰间要拴上绳子，防备失足。但是高洋喝醉后，一时心痒难熬。他脱去外衣，跳上屋脊，快步如飞地在上面行走。台上台下的人都惊呆了，一时万头攒动，向空中观看，高呼“万岁”。高洋看到人心激动，越发得意，他走到屋脊中间，索性跳起舞来，前后进退，左右回旋。随着动作节拍，台下的欢呼声时起时落。最后高洋尽了兴，凯旋回座，极为得意。回到宫中，薛妃亲自斟酒前来讨好，高洋也喜气洋洋地来接。突然，他想起薛妃曾被高岳占有的往事来，笑容一下凝住，变成了怒容，未等薛妃反应过来，人头已经滚落在地。第二天，高洋赴东山与群臣欢宴，酒喝得酣畅时他突然从怀中掏出一颗人头扔在案上，满座的人无不吃惊。一会儿，高洋吩咐手下拖上

一具无头女尸，吩咐肢解了，用髀骨做琵琶。大家看到尸体的服饰，才知道被害者是高洋的宠妃薛氏。正在大家惊慌不定时，高洋忽然转怒为悲，把人头抱在怀里大哭道："佳人难再得呀！"泣不成声，吩咐手下备棺收殓，然后披头散发，大哭着步行去送葬。

对于高洋的酒后胡为，他的母亲娄太后曾多次管教。高洋是个孝子，太后的管教他一般都恭顺地听，但喝酒时就全都忘了，有时喝醉了酒连太后都不认识了。

高澄死后，他的妻子元氏由高洋尊为文襄皇后，居静德宫。高洋忽然回忆说："我兄曾经戏弄我妻，我今天应该报答他。"于是入元氏卧室用刀相迫。元氏不敢逆意，只好宽衣解带，唯命是从。其母娄太后听到这件事，召高洋斥责，举杖边打高洋边说道："和你那父亲、哥哥一个样！"

高洋受杖数下，就起身奔出，回头指着太后说："应当把此老母嫁与胡人！"娄太后被气得半死，从此后再也不复言笑。高洋也觉得自己太过分了，屡次向太后前谢罪，娄太后怒气未平，始终不正眼看他。高洋自觉无趣，只好饮酒解闷，喝醉后触起旧感，又来到太后宫中，匍匐在地上说自己很后悔。娄太后仍然不理睬，高洋不由得懊恼起来，把太后的坐榻用手掀起。太后没有预防，突然摔倒在地，经侍女从旁扶起，面上已有伤痕，当时怒上加怒。高洋一惊，酒也醒了。看到自己伤到了母亲，他痛彻心髓，马上吩咐手下在殿前堆柴架火，准备投火自焚。娄太后本来不准备理这个疯子了，看到他要自焚，也吓得不顾伤痛，亲自起来拉他，强作欢笑说："你醉酒做错了事，我不计较。"高洋不能原谅自己，在殿前铺上毡子，自己脱光脊背，让平秦王高归彦执棒行杖刑。他一边数说自己的罪恶，一边威胁高归彦说："你打不出血来，就杀了你！"娄太后不忍看儿子受苦，又上前抱他起来。娄太后苦苦哀求，高洋最后答应用鞭子打脚50下才肯起来。挨完打后，高洋穿戴好衣冠，向太后谢罪，并保证以后不再重犯。他痛哭流涕，感动得太后及左右侍从都哭了。第二天，高洋果然戒了酒，但几天后，又恢复了原样，甚至喝得更厉害了。

高洋酗酒后歌舞狂闹或杀人取乐成了常有的事，他逐渐失去了理智。杀人后或将尸体焚之于火或投之于河。由于酒精作祟，精神恍惚。高洋常自称见到了鬼，或听到怪异的声响。到了30岁，高洋已经不能吃饭了，每天只靠几碗酒度日，最后终于死在昏醉之中。历史上，像高洋这样的淫迷狂皇帝，还是少有的。曾有人说，高洋是因为酒醉才乱性，应该说，他是借酒装疯，酒后暴露了他荒淫、残暴的本性。

8. 罪该万死：齐废帝淫乱无度丧性命

南北朝时事动荡，是个出奇闻轶事的年代。荒淫无度的宋前废帝刘子业以他的“混帐”令世人目瞪口呆。他在公元464年即位，在位短短一年所干的荒唐之事却已罄竹难书。那么，他到底淫乱到什么程度呢？

刘裕建立刘宋王朝以后，中国进入了南北朝时期。元嘉三十年(453)，宋文帝刘裕被他的长子刘劭所杀，不久刘劭又被其三弟刘骏所杀，刘骏即位，为孝武帝。当时民间有歌谣说：“遥望建康城，小江逆流萦，前见子杀父，后见弟杀兄。”

大明八年（464）五月，南朝宋孝武帝刘骏因病去世，太子刘子业登基，改年景和，即为废帝。尚书蔡兴宗亲捧玺绶，交给刘子业。刘子业接过玺绶，脸上没有一点悲伤。他不但没有号啕大哭，反而面目欣然，似有得意之色。蔡兴宗看在眼里，忧心忡忡，私下对人说：“看今日的情景，国家之祸不远了。”

国家的确是要有祸，刘子业之后的种种令人瞠目结舌的行径都显示了这一点。这个刘子业到底淫乱到什么程度呢？

说出来人们可能不大相信。刘子业的姐姐山阴公主，小名楚玉，与刘子业一母所生，已嫁于驸马都尉何戢为妻。她姿容秀美，性格风流，驸马一人满足不了她，就打起了自己皇帝弟弟的主意。刘子业本是好色之徒，早就对姐姐的美色垂涎三尺，现在看到姐姐对自己有意，自是大喜过望，于是把她召进宫来，一起双宿双飞，宛如一对夫妻。

自己的妻子被别人霸占了，驸马都尉何戢恨得咬牙切齿，况且山阴公主与亲弟弟勾搭成奸后，只图纵欲，早忘廉耻，从此便留居深宫，不归府第。何戢便暗地蓄养死士，想乘机杀死刘子业。刘子业得到风声，也怕事情闹大了有损皇帝尊严，便与山阴公主商量，将山阴公主送回了府第。

山阴公主也很会演戏，见了何戢掩面悲啼道：“孽弟荒淫，恃强污辱了妾身，本拟自尽一死，只因未与将军诀别，始含垢忍辱，到了现在，虽死也无遗憾了。”说完伸手抽取何戢的佩剑，做势自刎。

此时的何戢见山阴公主归来，心中的怒火中烧，想一剑结果她的性命，但见公主掩面娇啼，婉转陈词，心肠就软了。待公主拔取他的佩剑意欲自刎，何戢哪知是假，慌忙夺过了剑劝道：“公主休得如此，我也深知公主受了委屈，这都是昏君无德，与公主无关，如今既然回来了，过去的事就不要再提了。”山阴公主见何戢中计，却还撒娇要死，慌得何戢连连安慰，她才破涕为笑。这一夜何戢破镜重圆，好不开怀。谁知三天后，何戢便暴病身亡，公主料理过了丧事，翩然入宫，从此不再回何府。关于何戢的死因，史学界大多认为是被刘子业和山阴公主毒死的。

山阴公主再进宫门之后，又闷闷不乐起来。刘子业见她柳眉不展，杏眼含愁，便问她缘故。山阴公主对刘子业说："咱们是一母所生，只是男女不同，陛下你后宫无数，美女如云，我却只有驸马一个人，如今驸马也不在了，这对我来说太不公平了。"刘子业想想姐姐说得也很有道理，就给她找来了30个"面首"。（"面"取其貌美；"首"取其发美，其实就是男宠）公主得到这些"面首"果然芳心大悦，天天和他们朝欢暮乐，云雨无时，倒把皇帝弟弟忘到一边去了。刘子业便对公主说："姊由弟设法，遂了你的心愿，如今后宫佳丽没一个胜过姊，我欲与姊交欢，每无虚席，你也得替我寻一个代替的，凭我寻乐才好。"山阴公主便提起了宁朔将军何迈的妻子新蔡公主。

新蔡公主是刘子业的姑姑，虽然年近30，却生得杏脸桃腮，千娇百媚，刘子业一见就动了觊觎之心，便想把她召入后廷。一次刘子业留宴后宫，亲自陪饮，对新蔡公主说："你是我的姑姑，今天你一来，足令六宫无色，怎么办?"新蔡公主羞愧地低下头。刘子业此时也顾不得姑侄名分了，顺手牵扯，拥入床帏。新蔡公主大惊，拼命挣扎，还大叫着说自己可是陛下的姑姑，陛下不能做这样逆伦的事情。刘子业却说姐姐尚能侍寝，姑姑又有何妨，后来更是抽出剑来威胁她。新蔡公主无可奈何，只好屈从。

刘子业对新蔡公主十分迷恋，一直留她在宫中，不肯放回去。这时，新蔡公主的小儿子生了急病，驸马何迈爱子心切，连连催促公主回府。刘子业一看搪塞不过去，就索性找了个宫女的尸体封在棺材里给何迈送去，假称新蔡公主已经暴病而亡。

何迈抬了黑沉沉的一口棺材回来，肝肠寸断。还以为是刘子业调戏公主，公主不从其愿才被刘子业所害，因此越发悲伤。待启了棺盖，才发觉不是新蔡公主，方始大悟刘子业的以李代桃之计，心中觉得很委屈，暗中蓄养死士，打算待刘子业出游将其抓住，另立世祖第三子晋安王刘子勋。有人将何迈预谋叛乱之事报知刘子业，他便下令处死了他，后更心安理得地让新蔡公主常住宫中。

刘子业的"混帐"行为让一些皇亲国戚实在看不下去了，但所有敢于劝谏的皇亲都被他杀死了。他叔父刘义恭被他"断绝支体，分裂肠胃，挑取眼睛，以蜜渍之，谓之'鬼目粽'"。南平王、庐陵王、南安王几个兄弟也死得不明不白。不仅如此，他们的妻妾还被废帝带到面前，叫人当面强暴。有女子拼命抗拒，他就命人

把她们鞭打至死。他任意挖掘父亲爱妃的坟墓，对女尸加以凌辱。

刘彧，被封为湘东王，少年时风姿端雅，好读诗书，爱好文艺，诗作传世。刘子业把他视作隐患，屡次试图除去他。

刘子业把刘彧称为“猪王”，将他的衣服脱光扔进坑里，再用木槽盛饭拌以杂菜，让“猪王”去舔食，自己拿着棍子“牧猪”。一天，刘子业让人把刘彧手脚绑了起来，中间穿上木杠，叫人抬向厨房，说：“今天要杀猪了。”幸亏建安王刘休仁赔着笑脸打圆场说：“等皇太子生日时，杀猪取心肝，岂不是更好？”这样刘彧才捡回一条性命。可能是所受的虐待太极端，刘彧日后即位也已性情大变。

刘子业的母亲、皇太后王宪嫄病重，太后知道自己的日子不长了，便遣宫女去召刘子业，刘子业摇头说：“病人房间多鬼，怎么可以去呢？”宫女愤愤而回，返报太后，太后气愤地对宫女说：“你快给我取刀来！”宫女问她取刀做什么？太后说：“待我剖了肚子看看，看看我怎么会生下这样的好儿子！”宫女慌忙劝慰，一个病重的人怎禁得起气愤，不久皇太后就病世了。

刘子业就这样日日过着荒淫的生活。一次，他又在皇宫后花园华林苑的竹林堂里，命令宫女和侍卫们一起裸体宣淫，他自己也混在其中，左拥右抱，不亦乐乎。过了一会，皇帝觉得这样太不刺激，就命人牵来一群动物，挤挤挨挨地占满了一屋子。侍从们还不知道他要干什么，他竟命令宫女们和这些动物当众交媾，谁敢不从，立即杀死。宫女们吓得魂飞魄散，有一宫女誓死不从，他二话不说，当场便杀了她。当晚废帝梦作了一个梦。梦见有一个女子披发大叫：“皇帝这么荒淫无道，马上就该死了！”他醒来之后，很不高兴，就在宫女中搜寻，找到一个看上去和他梦中女子相貌相似的杀掉了。可没想到晚上又作了一个梦，梦见这个被他杀掉的女子骂他：“你枉杀了我，我已经上告了上天，你逃不掉的！”刘子业这回真的感到害怕了，就找了几个巫师前来察看，巫师们看了以后，说：“陛下的后花园里有鬼啊。”

刘子业真的是遇到鬼了么？其实，只是这位荒唐的皇帝杀戮成性又疑神疑鬼，认定被他所残杀女子的鬼魂向他索命，于是摆宴祭奠亡魂。

至此刘子业已到了众叛亲离的地步。泰始元年（465）十一月，将军柳光世、寿寂之等合谋将刘子业杀死，随即拥立刘彧为帝，史称宋明帝。

纵观刘子业短短一生，像他这样昏庸暴虐、丧尽天良的荒唐皇帝，在中国历史上实在找不出第二人来。如此的荒淫残暴真是历代少有。但人性是复杂的，这种现象的产生也可能是由于宫廷之内的亲情关系的淡薄，权力欲望的无休止膨胀，导致皇帝们过早地看惯了世态炎凉，在当时那个险恶的政治环境里，几乎所有最高权力的拥有者的结局都是悲惨的，因此面对巨大的压力，他们只能用残暴来掩饰恐惧，用放纵来宣泄压力，犹如末世魔鬼的狂欢。

9. 掩盖真相：梁武帝“禁欲”的难掩之隐

在南北朝时期的南朝，梁的开国皇帝是个马上皇帝，也是个喜欢做和尚的皇帝。这就是有名的梁武帝萧衍。据说他40年不近女色。那么，萧衍真的是40年不近女色吗？如果是，他“禁欲”的真相到底是什么？

萧衍，字叔达，南兰陵中都里人，就是现在的江苏武进县，生于公元464年。他原来是南朝齐国的官员，后来逼皇帝“禅让”，自己建立了梁。萧衍做皇帝时间长达48年之久，在南朝的皇帝中列第一位。

萧衍小时候就很聪明，而且喜欢读书，是个博学多才的少年，尤其在文学方面很有天赋。当时他和另外七个好友被称为“八友”，其中包括历史上有名的沈约、谢朓、范云等。沈约后来写了《宋书》《齐纪》等书，而谢朓则是这时期有名的诗人。

萧衍的父亲萧顺之就是齐高帝的族弟，曾经做过侍中、卫尉等高官。萧衍因为有先天的家族背景，所以刚做官时就是在卫将军王俭手下。王俭懂一些相面之术，看了萧衍的面相后说，“此萧郎三十内当作侍中，出此则贵不可言。”

果然，萧衍“三十内”的最后一年，即39岁那年（502），齐帝萧宝融禅位于他，都城仍设在建康（今南京市）。实际上，萧宝融根本不是“禅”位，完全是被萧衍强逼退位的。

当时萧衍大权在握，想废帝自己做皇帝，但他并没有急于求成，而是静待时机。萧衍曾与沈约、范云、任昉等人同处宾僚，关系友善。他们知道他的心事，于是委婉地向他提起此事，第一次萧衍装糊涂，推辞了。第二次提起时，萧衍犹豫不决。经过沈约的再三劝说，最后才答应下来。

范云和沈约写信给和帝的中领军夏侯祥，要他逼迫和帝禅让帝位给萧衍。同时，萧衍的弟弟、荆州刺史也让人传播民谣“行中水，为天子”，利用人们的迷信观念为萧衍称帝大造舆论。等和帝的禅让诏书送到后，萧衍又假装谦让。于是，范云带领众臣117人，再次上书称臣，请求萧衍早日登极称帝。萧衍依魏晋时成例，上表谦让不受。群臣固请，并献出天文符谶，以示天意。萧衍这才装着勉强接受众人的请求，在公元502年的农历四月，即位于南郊，祭告天地，登坛受百官朝贺，是为梁武帝。改齐中

兴二年为梁天监元年，废齐帝萧宝融为巴陵王，暂居姑孰（今江苏当涂）。

据《梁史》记载，萧衍“五十外便断房室”。如果从天监十一年(513)“不与女人同屋”算起，到大同五年（549）去世时，萧衍有近40年的时间不近女色。这也算是历代皇帝中的非常另类的一个了。

萧衍禁欲，“不与女人同屋”，后宫那些女人都到哪里去了呢？史载，除贵嫔丁令光留在京城外，其他嫔妃都让萧衍给赶走了，跟各自分封在外的儿子去住。

古代的皇帝“三宫六院七十二妃”，除未能成年而夭折者，多为荒淫男人。所以有很多人认为，萧衍是一个难得的好皇帝。从史料上看，萧衍精通武术，又是文学大家，确实是中国历史上难得的“文武双全”帝王。

在萧衍做上皇帝的前期，其政绩是非常显著的。他吸取了齐灭亡的教训，颁布大赦令，废除萧宝卷统治时期的苛捐杂税、淫刑滥役，收敛战争中的死者，医治受伤的人。自己很勤于政务，而且不分冬夏春秋，总是五更天起床，批改公文奏章，在冬天把手都冻裂了。他为了广泛地纳谏，听取众人意见，最大限度地用好人才，下令在门前设立两个盒子（当时叫函)，一个是谤木函，一个是肺石函。如果功臣和有才之人，没有因功受到赏赐和提拔，或者没有被提拔重用，都可以往肺石函里投书信。如果是一般的百姓，想要给国家提什么批评或建议，可以往谤木函里投信。

萧衍的节俭，在历史上也是出了名的。史书上说他“一冠三年，一被二年”，他对吃穿没什么讲究，吃饭是蔬菜和豆类，而且每天只吃一顿饭，太忙的时候就喝点粥充饥，衣服可以是洗过好几次的。萧衍在生活方面的节俭，是中国古代所有皇帝中出类拔萃的了。

萧衍很重视对官吏的选拔任用，他要求地方的长官一定要清廉，经常亲自召见他们，训导他们遵守为国为民之道，清正廉明。为了推行他的思想，萧衍还下诏书到全国，如果有小的县令政绩突出，可以升迁到大县里做县令。大县令有政绩就提拔到郡做太守。政令执行起来后，梁的官治状况得到显著改善。

然而，对于萧衍的种种描述，实际上是人们把萧衍神化了，和封建社会很多的皇帝一样，萧衍也曾是十分荒唐的皇帝，自登上皇帝后，与东昏侯萧宝卷一样，整日花天酒地，沉溺酒色。

据《南史·齐本纪下第五》（卷五）记载，东昏侯的后宫美女如云，佳丽多多，其中潘贵妃是最受宠的一个。当年，萧宝卷为了讨好潘妃，大修宫殿，并对居所阅武堂内诸殿进行了超豪华装修。潘玉儿所经之路，皆铺上雕凿有莲花文饰的纯金地板，称是“此步步生莲花也”。萧衍当了皇帝后，没有秦始皇嬴政统一六国的魄力，却学起了嬴政悉收六国后宫美女的做法，把住处也搬到了当年萧宝卷作乐的地方，把萧宝卷的后宫美女也“收”了下来。

萧衍如此好色，那为什么后来会去做和尚呢？

萧衍对宫女们可以付出一切，对功臣们却非常吝啬，但是对于自己的皇室亲属却是另外照顾，简直是有些徇私护短。

刚刚登基时，萧衍非常重视儒家思想，还自己亲自写《春秋答问》等书，解答大臣们的疑问，直接倡导了好的学习风气。但上了年纪以后，萧衍看破了红尘，从儒家转向了佛家，还几次入寺庙做了和尚，当住持，讲解经书。信佛之后，他不近女色，不吃荤，他不仅自己这样做，还要求全国人民效仿自己。

那么，是什么原因让萧衍近40年不近女色呢？

史家通常的观点是萧衍50岁以后，“一心事佛”，所以才“禁欲”。大通二年（527），萧衍亲自到了同泰寺，做了三天的住持和尚。国不可一日无君，皇帝出家了，朝廷大事由谁说了算？大臣们急得团团转，因此梁武帝只是做了三天和尚，大臣们想方设法就把他接了回来，继续主持朝政。

回宫后，梁武帝暗想：“普通百姓出家后，要还俗还得拿一笔钱向寺院赎身呢；我是堂堂一国之君，怎么能一分钱不出就还俗了呢！”

梁武帝再次“舍身”到同泰寺出家。这次大臣们又来请他回宫，他说什么也不答应了。有个大臣忽然灵机一动，说道：“皇上既然‘舍身’为僧，我们就要为他‘赎身’，才能请他回宫啊！”

这句话说到了点子上，大臣们觉得这话有道理，就化了一亿万钱，去同泰寺为梁武帝“赎身”。寺院住持收到这么一大笔赎金当然很高兴了，十分爽快地同意这位皇帝和尚还俗。

过了不久，梁武帝第三次“舍身”到同泰寺出家。而且，他为了表示自己虔诚信佛，不但“舍”了自己的身子，还把宫内的人以及全国的土地都“舍”了。

梁武帝“舍”得多，为他“赎身”的钱也要化得更多。大臣们花了一个月才凑足了二万万钱，又把他赎了回来。

一年过去了，梁武帝第四次又到同泰寺出家。大臣们只得又用一万万钱为他“赎身”。梁武帝前后四次出家当和尚，大臣们共花了四万万“赎身”钱，把国库都给折腾光了。梁武帝晚年一心只想当和尚，不管国家大事，朝政混乱，最后连自己的命也没有保住。

从上面的记述来看，梁武帝信佛不假，但如果说他因佛而禁欲，这个理由实在太牵强了，真实的原因绝非

这样简单。一个很重要的证据就是，梁武帝最小的女儿长城公主萧玉婍出生时，他已50多岁了，而在之前，他早已沉迷于佛教。另据《建康实录》（卷17）记载，萧衍到59岁才“断房室”，因此因佛禁欲的说法是站不住脚的。那真实的原因到底是什么呢？说来大家或许不信，原因就是梁武帝生理和健康上的原因，才最终迫使梁武帝不近女色。

梁武帝曾作《净业赋》，里面写道：“不与嫔侍同屋而处，四十馀年矣。於时四体小恶，问上省师刘澄之姚菩提疾候所以……姚菩提含笑摇头云，唯菩提知官房室过多，所以致尔。”从这段文字可以看出，梁武帝曾经得过一场小病。开始他还以为是饮食没有节制引起的，后来请教姚菩提，原来是性生活过多，纵欲过度的原因，即“房室过多，所以致尔”。姚菩提在发现这个秘密后，曾给梁武帝开了一种药丸。据说梁武帝服了这种药丸后，效果并不理想，并不能治愈梁武帝的“四体小恶”。有什么病是姚菩提不能治愈的呢？肯定不是一般的“小恶”。

根据现代医学来推测，梁武帝患有前列腺炎或者阳痿一类的男性疾病。从其年龄来看，他已是天命之年，再加上以先前纵欲酒色，难免患有此种疾病。其实梁武帝早已知道自己的病因，所以才找姚菩提问医，但并无效果，为了图个耳根清静、内心平静，只好选择“出家”。这样不仅使其得以清心寡欲而长寿，还留下了好名声。这才是梁武帝“40年不近女色”的真正原因。

第四章

隋朝历史谜案

1. 爱极则惧：隋文帝“惧内”有隐情

“惧内”是现代人开玩笑时常用的词儿，是指男人对自己老婆畏惧、顺从的意思。在中国封建统治时期，夫权色彩极为浓重，女人在家庭中毫无地位可言。男人就是一家之主，说一不二，所以也极少有“惧内”的男人。隋文帝是历史上最出色的皇帝之一，功绩卓著，虽说隋朝没存在多久，但在历史上的地位却不可磨灭，这是其他一些年代不久的朝代难以相比的。但他在野史上最广为人知的，恐怕是他怕老婆的“壮举”了。那么，他怎么会畏惧一个手无缚鸡之力的妇人呢？

北周大定元年（581），权臣杨坚废周敬帝自立，改国号隋，史称隋文帝。隋文帝即位后，几年间北逐强胡，南灭残陈，统一全国，结束了中国近400年的大分裂局面，建立起了一个强大的、统一的帝国。然而叫人奇怪的是，这位具有雄才大略的皇帝，却是个怕老婆的主儿。他的老婆文献皇后到底是什么样的人，杨坚为何如此惧怕她呢？他们之间究竟发生了什么故事？

文献皇后，复姓独孤，名迦罗（543—602年），隋朝云中（位于今内蒙古）人，是后周大司马独孤信的女儿。当年独孤信观杨坚器宇轩昂、相貌奇伟，知道日后必定有所成就，就将独孤迦罗许配给杨坚，那年她才14岁。隋文帝即位后，迦罗被封为文献皇后。这文献皇后知书达理、柔顺恭孝、谦卑自守，就是特别爱吃醋，自与杨坚结为夫妻后，对杨坚自疼爱有加，首先从思想上“收服”了长她8岁的杨坚，使其对自己宠爱有加，丝毫不愿有逆她的心愿。《隋书·列传第一》中记载：“高祖与后相得，誓无异生之子。”

从此，杨坚彻底变成了独孤皇后怀里的“宠儿”，夫妻自然百般恩爱，如果这种事发生在寻常百姓身上那也算不得一件什么事，但谁也想不到，身为九五之尊的杨坚竟然也受到严格限制。据记载：隋文帝每次上朝，文献皇后总要跟着。当然她的目的不是像后来的武则天与慈禧那样垂帘听政，而是监督皇帝，不给他犯生活作风错误的机会和时间。这一招非常管用，史载“后宫莫敢进御”，因此隋文帝无法像历代帝王那样，三宫六院，纸醉金迷。隋文帝的后宫堪称历代皇宫艰苦朴素的典范，哪怕皇帝生病配药需要二两胡粉，也得皇后亲自批准。

由于老婆管束甚严，隋文帝长期“惧内”，终于无法忍受在女人的阴影里忍受精神折磨，便和他又爱又恨的老婆——文献皇后，在众目睽睽之下，

闹出了一幕“皇帝挥泪离家出走的话剧”。

当时的情况是这样的。有一天傍晚，宰相高颎正与家人聊天，忽然有人将大门擂得山响，仆人忙将大门打开，隋文帝和几个随身太监急匆匆走了进来。一家人慌忙跪下，高呼万岁。隋文帝开口却叫人哭笑不得：“皇后正在宫中大发脾气，我不敢回去，在这里先躲几天。”

开皇二十年（600）秋天，文献皇后因病卧在宫中静养，隋文帝照顾左右。有一天隋文帝酒后小歇时，恰逢尉迟迥的孙女从面前走过，二八芳华的尉迟氏蛮腰摆柳，仪态万千，隋文帝不免心有所动，冲动之下一把抱住了尉迟氏，做了一番云雨之事。

第二天，照常临朝理事。对于任何帝王来说，“幸”一个宫女是小事一桩。但是杨坚不行，他必须每天守着结发妻子，绝不能由着性子四下留情。尤其每天夜里，必须住在皇后那儿，夜不归宿简直是天大的事情。知夫者莫若妻，面对着精神突然焕发的丈夫，独孤氏大感蹊跷，派心腹打听，方知隋文帝与尉迟氏有染，不由怒火万丈。一日趁隋文帝在前殿处理政事，带着一群宫人扑向仁寿宫，将尉迟氏当场处死。

隋文帝很生气，想想自己虽“贵为天子，却不得自由”。一怒之下便选择了离家出走。《资治通鉴》记载：隋文帝“单骑从苑中出，不由径路，入山谷间二十馀里”。这事闹大了，大臣们慌了神，马上派人追赶，众人苦口婆心地劝了半天，才把隋文帝劝了回来。

仁寿二年（602）八月，文献皇后死于永安宫中，时年59岁。

没了正妻的约束，隋文帝获得了渴望已久的“自由”。他开始纵情声色，同姿貌艳丽的宣华夫人陈氏、容华夫人蔡氏打得火热，以致纵欲过度，一病不起。这时他卧于榻上不无感伤地对侍者说：“假若皇后还在，我必不致如此。”

隋文帝死后，在历史上留下了自己尴尬的“惧内”名声。那么，是什么原因让他如此“惧内”呢?

在中国的古代社会，男人的地位永远是高高在上的，女人只有“三从”的份儿：从父、从夫、从子。但是中国人又素有“柔弱胜刚强”的哲学观念，这样说来，“怕老婆”这件事还是有其哲学基础的，历史也应源远流长了。

在常人眼光里，怕老婆的多是那是平庸之辈，至于某些达官贵人也怕老婆，这似乎有些奇怪。仔细一想这也正常，因为这些人都很注意影响，很看重自己的面子，更不屑于跟女流之辈计较，如果做老婆的拿捏住这个软肋，他们只有乖乖听话的份儿。特别是某些达官贵人的地位原本就是靠着老婆的裙带关系得到的，那就更怕老婆了。杨坚就属于这一种。

隋文帝杨坚本是北周的大臣，由于他相貌清奇、气宇轩昂，加之政绩斐然，很快便被鲜卑大贵族、柱国大将军独孤信看上了，独孤信认为在这个动荡年代，杨坚肯定会出人头地，于是便把自己14岁的女儿独孤氏嫁给了杨坚。杨坚一生的转折与机遇在这个时刻出现了。独孤信是朝廷重臣，而且他的大女儿是周明帝的皇后，杨坚与独孤家攀上关系，自然会沾不少光。没几年的光景，杨坚便得了随国公的爵号，后又进封柱国，眼看着政治前程一片光明。

在杨坚越发被皇帝重用、政治才能越发显露时，他的妻子独孤氏也极为活跃。独孤氏性情内敛、饱读诗书，又出身于高官之家，故而颇有政治见解。每天杨坚下朝归来，隋文帝都要与妻子谈一谈当天君臣的具体行为，独孤氏则常有精辟的分析和恰当的建议，杨坚越发佩服妻子的眼光与见识。后来，独孤氏又把女儿嫁给了周武帝的儿子宇文赟为妻。当时，杨坚对此表示反对，他认为自己的女儿比女婿大，而且宇文赟生性玩劣，整日只知拈花惹草，不学无术，这辈子不会有什么出息。而独孤氏却和他的看法不同，她一针见血地说：“宇文赟身上流的是皇室血脉，就凭这一点，他将来的前途是无法估计的。”事实验证了独孤氏的选择是明智的，当周武帝死后，果然是宇文赟承继了皇位，为周宣帝，杨坚的女儿被封为皇后。

“一人得道，鸡犬升天”。沾了女儿的光，杨坚也借此一跃成为上柱国、大司马，后又疾升为大前疑（相当于丞相），在皇帝外出时，朝廷日常政务都由他来主持。

但是，杨坚并没有满足这种一人之下、万人之上的生活。他与独孤氏看到周宣帝整日耽于声色，不理朝政，而皇室宗亲们却拥兵自重，夫妻二人预感到一场时局动荡将要来临，周宣帝恐无力保住江山，也无力保住他们，于是便开始悄然结党，准备积蓄力量，将周取而代之。二人定下此方案后，独孤氏便开始了积极的活动。她深入平常官吏家中，今天到你家唠家常，明天去他家贺婚嫁，没过多久，一些有能力、有才华的大臣们便都汇聚到了杨坚的周围。在杨坚40岁这一年，周宣帝因纵欲无度早早而亡，幼帝年纪尚小，杨坚在担当了一段辅助大臣后，自己称了帝，定国号为隋，以长安为都。

一个成功的男人背后，必定有个支持他的女人，这句话对隋文帝来说再恰当不过了。隋文帝这个帝王称号不是世袭承继来的，也不是冲锋陷阵打下来的，而是在政途中渐次升迁，最后由一班党羽扶佐抢下来的。然而，这所有的一切不能不说是独孤氏所带来的。正是由于这个原因，隋文帝越发感到独孤氏的重要，也越发敬重自己的皇后。隋文帝躺在龙榻上，曾经深情地对独孤氏说过：“大隋朝的建

立虽没用一枪一弹，但这其中却有皇后的无数心血，朕这一生永远敬重你，不会再近其他女人。”

从此，杨坚对她更是敬宠有加，曾向她发誓“决不与其他女子欢好生子”。独孤氏也抓住这一点，对隋文帝严重加看管，不准他亲近宫中其他女人。久而久之，隋文帝就落下了“惧内”的病根。

2. 红颜薄命：宣华夫人同侍父子两帝

宣华夫人陈氏，原是南陈宣帝之女，陈后主之妹。公元588年，晋王杨广率兵南渡长江，攻占南陈，陈氏与众皇族女子一起被送入隋朝后宫。独孤皇后死后，陈氏被隋文帝封为贵人，后又被封为宣华夫人。据说，因宣华夫人不愿以身侍奉父子二人，致使一代佳人郁郁而终。那么，事实真的是这样吗？

宣华夫人陈氏生长于南陈建康皇宫，按理应该享尽人间富贵，只惜生不逢时，其兄南陈后主陈叔宝一心宠爱贵妃张丽华，不理朝政，国力衰落，最终被隋朝灭掉，陈氏也成了俘虏。当时陈氏还没有出嫁，其冰雪聪明、貌美如花、姿容绝世，被直接送进了隋文帝的后宫。据说，隋文帝见了陈氏后顿时“龙颜大悦”，很快就被选为文帝的嫔嫱。

不过由于当时独孤皇后嫉妒心极强，不准后宫嫔妃们侍奉皇上，但唯一例外的就是陈氏，她竟然成功地取得了独孤皇后的信任和欢心，得到了侍候皇上的机会，尽管这样的机会非常少，而且也仅是生活起居的杂事，但不可否认的是，这奠定了陈氏在隋宫中的地位。晋王杨广私下欲取得太子的地位，经常送些金蛇、金骆驼等物以取媚于陈氏，因此皇太子废立的关键时刻，陈氏也出了很大的力。独孤皇后去世后，随文帝甚感宫帏寂寞，于是遍寻后宫，晋封陈氏和蔡氏两人为贵人，后又晋封陈氏为宣华夫人、蔡氏为容华夫人。不过因为宣华夫人“基础”好，甚得文帝的欢心，从此专房擅宠，主断内事，六宫粉黛没有比得上的。

隋文帝此时已年老体虚，朝中一切政事也由太子杨广一人来主持。可是杨广并不安于现状，不仅急于要当皇帝，对父皇的两位新宠更是虎视眈眈。仁寿四年（604）文帝病重，宣华夫人与容华夫人都侍立在侧。文帝见她们一直侍奉自己没有休息，赶紧让她们更衣小憩。宣华夫人离开仁寿宫去更衣时，遇上了太子杨广。杨广慕她美貌，早已垂涎三尺，此时撞见宣华夫人正在解衣宽带，所有的顾虑都置之脑后，便欲非礼。宣华夫人严词训斥，奋力抗争，才得免于受辱。

宣华夫人不敢停留，急忙跑到隋

文帝旁边，隋文帝看她神色有异，问她原因，宣华夫人犹豫了好半天才说出了杨广欲行非礼之事。隋文帝勃然大怒，说："这个畜生怎么能承担国家大事，独孤皇后可把我害苦了!"马上宣诏兵部尚书柳述、黄门侍郎元岩说："召我儿!"柳述等以为是传呼太子杨广，隋文帝说："不是，召杨勇。"柳述、元岩两人出阁替隋文帝起草了诏书，正巧这事给左仆射杨素看到了。

这杨素早已与杨广沆瀣一气，赶紧派人把此事密告给太子杨广，杨广派遣右庶子张衡进入寝殿，说是有要事向皇帝禀报，支开了寝宫中的宣华夫人以及内侍宫女。

张衡进入内殿，将宣华夫人、容华夫人和众宫女尽行赶出。众人还没走多远，就听寝殿里面传来隋文帝喊痛之声，且一阵高似一阵，很快就声息全无。接着张衡慌慌张张跑出来报告太子，说是皇上驾崩了。杨广急忙率众人入内检视，果然发现隋文帝双眼圆睁，表神甚是恐怖，再伸手一探，已是气息全无，一命呜呼，旁边的屏风上还溅有斑斑血迹。杨广派心腹守住殿门，不准宫嫔、内侍等进入。

皇帝驾蹦这个消息令宣华夫人如五雷轰顶，她立刻就下意识地明白，杨坚是因为什么原因才突然死去的。其他的后宫妃嫔虽然不知根底，但看见太子杨广居然不肯马上发丧，也明白大事不好，发生了宫变。个个面无人色，浑身发抖。

正在惶惶不可终日的时候，杨广派遣使者将一个他亲自封好的金盒送给宣华夫人。

宣华夫人既惊且惧，想到自己几个时辰前拒绝杨广并向皇帝控诉的场面，认为这盒中所藏定是赐自己自尽的鸠毒，怎么都没有勇气打开。使者百般催促，她才颤抖着手揭去了封条。经来人再三催促，陈夫人才将盒子打开，只见里面有同心结数枚。众宫女见了都很高兴，说："这下可以免死了!"陈夫人很生气，不肯拜谢，经众人催逼，才叩头谢恩。当夜，杨广就前来污辱了她。

从此，炀帝每日与宣华夫人长夜高唐欢会，宣华亦放开情怀，浅挑微逗，更觉旖旎可人。然而，宣华夫人曾经是杨广他的庶母，因此时间一长，天下流言四起。杨广的妻子萧皇后怎能容忍别人抢走自己的丈夫，因此对宣华夫人表示了强烈的不满，除了吃醋，她还认为宣华夫人影响了丈夫的声誉，丈夫之所以弑君、乱伦，都是因为受了她的迷惑所致。

所以，在杨广登基之后，萧皇后便将宣华夫人逐出皇宫，送到仙都宫去居住，要让她永远离开自己的丈夫。

可是，事情没有她想象的那么简单。杨广好象是真的爱上了宣华夫人。自从宣华夫人出宫以后，杨广寝食难安，看什么都不顺眼，而且还经常无故发怒。

杨广这一切举动被萧皇后看在眼里，她知道杨广一反常态的原因都在于宣华夫人，万般无奈之下只得又将宣华夫人接回宫中。

宣华夫人虽然又回到了自己熟悉的宫宇，但是一切已经物是人非，丈夫杨坚不在了，自己不但丧失了执掌后宫的权力，甚至连一个正常的身份都没有，这对一个女人来说是一件多么悲哀的事啊！

太子妃萧氏，当初面见宣华夫人的时候，都是毕恭毕敬，口口声声尊称其母妃，宣华夫人原以为自己即使没有了丈夫，也能够尊贵无比地以太妃、甚至太后的身份安度后半生；可谁又能想到，如今萧氏成了皇后，自己却被新皇帝强占，一下子由萧氏的长辈变成了她丈夫没有名份的姬妾，沦落到一个如此悲凉的境地。

如今的后宫已经不再是昔日的后宫了，宣华夫人失去了昔日被人众星捧月的地位，也失去了名誉，整日活在萧皇后的冷眼、旁人的流言蜚语中，郁郁寡欢，最后得了重病。于是，宫人便报知炀帝，炀帝大惊，急忙前往探视，揭起帘帏，只见宣华病态恹恹，似睡非睡，急忙询问华夫人感觉如何。

宣华夫人没想到炀帝会亲自过来看望，虽然心里很想起来给皇帝请个安，无奈身体实在坚持不住，只要微微用力，就只觉天晕地转，呼吸也跟着急促起来。炀帝赶紧俯身搀扶，安慰道："千万别动，好好休息。"又用手摸了摸宣华夫人的额头，只觉有些烫手，不禁埋怨她不知爱护自己。

却听宣华夫人幽怨说道："贱妾自知罪孽加身，恐要和圣上永诀了。"说罢，两行清泪顺流而下。炀帝心里更是不忍，柔声说道："不过一点寻常小病，为何如此说话？"

炀帝不说还好，这一说倒似触动了宣华夫人的心思，哭泣更甚："妾……妾身负大罪，此次恐难回转。如果寻常人家，此病原本也可治，但妾病实不可为。"炀帝听她话中有因，忙问究竟。本来宣华夫人并不想说与炀帝知道的，但实不抵不住他的苦苦追问，只好说实话。原来昨晚宣华夫人做一个怪梦，梦见满脸怒容的隋文帝，手持沉香如意，猛击她的头部，一边击打一边说，你这贱人，不杀你难泄我心头之恨。清晨醒来后，仍然感觉头部疼痛无比，再想到自己与文帝炀帝父子两人的错综复杂的关系，深觉冤孽深重，难以救治了。说毕，宣华夫人哽咽不已。

炀帝听后，勉强安慰宣华夫人不能把梦幻之事当真，只要不胡思乱想，安心调养，过两天自然就没事了。话虽如此，乍听宣华夫人说起先皇，炀帝心里不免恐惧异常，接连打了几个寒噤。因此炀帝劝慰了几句，匆匆退出，传旨召医官前来诊治。御医替宣华夫人把把脉，不禁连连摇头，炀帝心里又急又乱，不知如何是好。到了午刻相近，宫人赶来报告说宣华夫人

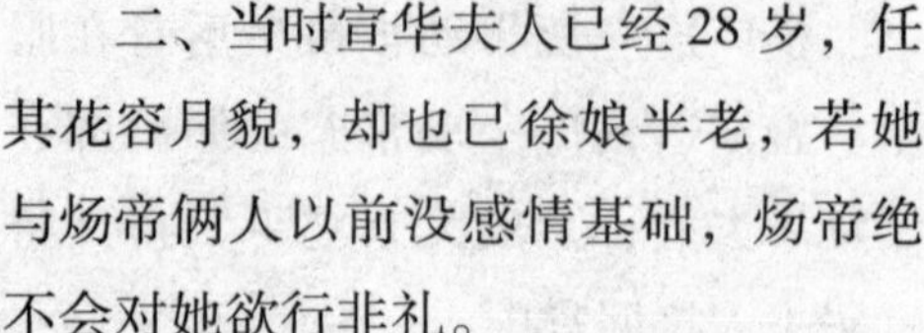

危急。炀帝三脚并作两步赶到宣华夫人寝宫。宣华夫人却已气绝，年方29岁。

别看炀帝荒淫无度，但对宣华夫人似是动了真情。嚎啕大哭之后，炀帝对宣华夫人予以追封、厚葬，还写了一篇情真意切的《伤神赋》以示纪念。

关于宣华夫人同侍文帝与炀帝父子两代皇帝这件事，《隋书·后妃传》作了明确的记载，后人著的《隋唐演义》和《说唐》等小说里，也都据此加以发挥，但情节都是大同小异。至于宣华夫人到底是被隋炀帝逼奸，还是两情相悦，勾搭成奸，历来的观点是炀帝见色心起，趁隋文帝病危之际，逼奸不成害死文帝，既而逼迫宣华夫人就范，江山美人——鱼与熊掌兼而得之。

不过中国政法大学郑显文教授，曾于1992年在《史学集刊》第2期上发表《隋文帝死因质疑》一文，对这种观点表示异议。他认为，史书载的因隋炀帝逼奸宣华夫人说，是根本经不起推敲的。原因有三：

一、文帝病重时，炀帝在宫中侍疾，宣华夫人起身更衣，旁边肯定会有宫女侍候。其时炀帝虽是太子，但毕竟只是未来的皇帝，还没有继续大统，仍处于受威胁的地位，因此一向以谨慎著称的炀帝绝不会在众宫女面前，对宣华夫人欲行非礼而做危及其继承帝位之事，这不是炀帝的性格。

二、当时宣华夫人已经28岁，任其花容月貌，却也已徐娘半老，若她与炀帝俩人以前没感情基础，炀帝绝不会对她欲行非礼。

三、宣华夫人死后，炀帝情难自抑地作《神伤赋》加以怀念，从里面的内容中来看可以得到如下结论：炀帝应该早与宣华夫人有过不正当的关系，而且这种交往使俩人感情发展很深。

从目前掌握的资料来看，“隋炀帝逼奸宣华夫人说”是靠不住的，事情的真相应该是：隋炀帝其实在杨坚在世的时候就已经和宣华夫人有奸情了。

3. 封建陋俗：“三寸金莲”始于何时

小脚，又叫三寸金莲，俗称为裹小脚，是把女子的脚用布条扎裹起来，使其变得又小又尖的一种封建陋俗。这种经过紧密缠裹导致筋骨畸形的小脚竟被古人美化为“三寸金莲”。“三寸金莲”也一度成为中国古代女子审美的一个重要条件。但是，古代妇女缠足始于何时，裹足小脚为什么被称为“金莲”？却始终是一个谜。

缠足，又称裹足，粤语俗称紥脚，是我国封建社会残害妇女的一种恶俗。一般而言，女孩子长到五六岁时要开

始缠足。缠足的工作多由母亲或熟习缠足方式的女性仆人实行。缠足时，除拇指外，其余四指下屈，并用长布包裹，用针线缝住，迫使其不能正常发育，时间一长造成足骨变形。当时的风俗认为被缠的脚越小越美，名之曰："三寸金莲"。姑娘找婆家相亲时，"看脚不看头"，认为脚小才是美人。

中国古代妇女以走路缓行慢移为美。《诗经》写道："月出皎兮，佼人僚兮，舒窈纠兮"。舒，就是迟蹰；窈纠，形容走路好看的样子。张平子《南都赋》也有"罗袜蹑蹀而容兴"的说法。那么缠足究竟始于什么时代呢？说者各持己见。

（1）缠足始于隋

隋炀帝是一个荒淫的皇帝。有一次，他想乘船游运河，但不用船夫，却要选一百名美女在运河两岸为他拉纤。一个名叫吴月娘的女子被选中。她痛恨炀帝暴虐，便让做铁匠的父亲打制了一把长三寸、宽一寸的莲瓣小刀，并用长布把刀裹在脚底下，同时也尽量把脚裹小。然后又在鞋底上刻了一朵莲花，走路时一步印出一朵漂亮的莲花。荒淫无耻的隋炀帝见了，想玩赏她的小脚，就召她近身。吴月娘解开裹脚布，突然抽出刀来刺向隋炀帝，没想到只刺中了手臂。行刺不成，吴月娘便投河自尽了。隋炀帝回宫后下了一道圣旨："女子再美，裹足者不选。"但是，民间女子为纪念月娘，纷纷裹起脚来。此后，裹脚形成了风气。

（2）缠足始于汉

持此看法者是根据《丹铅总录》引《杂事秘辛》汉保林吴姁奏言："乘氏忠侯梁商女足长八寸，胫跗丰妍的平趾敛，约缣迫袜，收来微如禁中"。《孔雀东南飞》中也有"足下蹑丝履，纤纤作细步，精妙世无双"的诗句。认为这些都是对小脚的描写。

（3）缠足始于六朝

据《南史》载，南齐东昏侯（498 年—500 年）命宫女用金箔剪成莲花贴在地上，然后令潘妃在上边走，一步一姿，千娇百媚，走过的路上就像开出了许多金莲，这就是所谓的"步步生莲花"。六朝乐府双行缠说："新罗绣行缠，足趺如春研；他人不言好，独我知可怜！"唐代韩惺的《屐子》中有："六寸肤圆光致致，白罗绣膘红托里；南朝天子欠风流，却重金莲轻绿齿"。所以，持此说法者认为六朝时期是缠足的开始。

（4）缠足始于唐

文献记载杨贵妃生前和死时均穿缠足弓形底鞋。伊世珍《琅环记》记载："安史之乱"时，杨贵妃在马嵬坡被缢死后，有一老妇因拾得贵妃的袜子而致富。其女玉飞还拾得一双雀头履；上面嵌有珍珠，履仅长三寸。玉飞将此视为异宝，从不肯轻易给人看。据《诗话总龟》载，唐玄宗从蜀避难回来，为怀念杨贵妃而作了《罗

袜铭》："罗袜罗袜，香尘生不绝；细细圆圆，地下琼钩；窄窄弓弓，手中弄初月。……"《群谈采余》中有咏杨贵妃罗袜诗一首："仙子凌波去不还，独留尘袜马嵬山；可怜一掬无三寸，踏尽中原万里翻。"清代《卫藏图识》载："西藏灯具，状如弓鞋，俗称为公主履。"公主指的是唐朝文成公主，文成公主曾嫁给吐蕃赞普弃宗弄赞。据此有研究者认为这是唐代缠足的实证。在唐代文人笔下，也有对女人小脚的描写，如白居易《上阳人》中的"小头鞋履窄衣裳，……天宝末年时世妆"。

(5) 缠足始于宋

一些学者经研究指出：中国古代女子缠足兴起于北宋，五代以前中国女子是不缠足的。宋代诗人苏东坡曾专门做《菩萨蛮》一词，咏叹缠足："涂香莫惜莲承步，长愁罗袜凌波去；只见舞回风，都无行处踪。偷立宫样稳，并立双趺困；纤妙说应难，须从掌上看。"这也可称之为中国诗词史上专咏缠足的第一首词。应该看到，缠足诗的写作是以缠足习俗的出现为依存条件的，这说明宋代确已出现缠足习俗。到南宋时，妇女缠足已比较多见，甚至南宋末年时，"小脚"已成为妇女的通称。但在南宋时代，妇女缠足还并不普及，缠足者主要限于上层社会，在社会观念上缠足尚未达到人人接受的地步。同时，缠足的风俗是由北方传到南方的，大约是在宋室南迁之时。

宋代的缠足与后世的三寸金莲有所区别。据史籍记载，宋代的缠足是把脚裹得"纤直"但不弓弯，当时称为"快上马"。所用鞋子被称为"错到底"，其鞋底尖锐，由二色合成。目前这种缠足鞋的实物已在考古中有所发现。从考古发现的实物推测，穿这种鞋所缠裹出来的小脚要比后来的大。

(6) 缠足始于五代

据陶宗仪《南村辍耕录》记载，南唐李后主有一宫嫔叫窈娘，身段纤小，能歌善舞。"后主作金莲，高六尺"，令窈娘以帛缠足，屈上为新月状，穿着白袜在莲花中翩翩起舞，回旋飞转，就像凌云踏雾般。《道山新闻》也说："李后主窈娘以帛缠足，令纤小，屈足新月状。"张邦基《墨庄漫录》也称弓足起于南唐李后主，是为缠足之始，出现后时人效之，以纤小为妙，自此缠足之风泛起。

元代的缠足之风继续发展，女子以不缠足为耻。这样，使得元代的缠足之风继续发展，元代末年甚至出现了以不缠足为耻的观念。元代妇女缠足继续向纤小的方向发展，但这时不缠足者仍很多，特别是南方江浙、岭南地区。

到了明代，妇女缠足之风进入兴盛时期，并在各地迅速发展。对裹足的形状也有了要求，女子的小脚不但要小，要缩至三寸，而且还要弓，要

裹成角黍形状等种种讲究。

据说清朝入主中原后，康熙帝曾下诏禁止女子缠足，但后来并未达到禁止的目的。妇女缠足在清代可谓到了登峰造极的地步，社会各阶层的女子不论贫富贵贱，都纷纷缠足，甚至远在西北、西南的一些少数民族也染上了缠足习俗。与此同时，女子小脚受到了前所未有的崇拜与关注。这一时期，脚的形状、大小成了评判女子美与丑的重要标准，作为一个女人，是否缠足，缠得如何，将会直接影响到她个人的终身大事。在当时，社会各阶层的人娶妻都以女子大脚为耻，小脚为荣。“三寸金莲”之说深入人心，甚至还有裹至不到三寸的。以至出现女子因脚太小行动不便，进进出出均要他人抱的“抱小姐”，而且这样的女子在当时还很受欢迎。直至解放前夕，缠足之风才逐渐消失。

缠足这样一个对女性身体残害的习俗，为什么能在中国延续近千年之久呢？主要是由以下原因造成的：

（1）道德观念

缠足的习俗在当时被认为是一个良家妇女的表现，一个不缠足的女人是很难嫁出去的。缠足作为标识女性特点的重要一环，以缠足来强化男女有别的传统规范。缠足也使得女性因行走的困难而不易自行外出活动，即使外出也多需要乘车或乘轿，强化了当时男外女内的空间区划。

（2）审美思想

在当时，人们不论男性或女性，都认为足小为美，尤其对男性来说，小脚具有性的吸引力。例如“三寸金莲”一词代表审美女性脚美的名词。关于对小脚的审美，最著名的小脚审美著作是清代李渔的《香莲品藻》，把女性的小脚从形状、尺寸、装饰、气味等角度来作分类品评。

（3）民族意识

清人入关以后，对汉族男性及女性的身体都试图加以控制，男性要剃发，女性要禁止缠足，前者在清政府的强力推行下达成成功，但禁缠足却未能奏效。因此在清代，缠足常被认为是对抗满人意识的一种表现。

那么，妇女缠足形成的小脚为什么被称为“金莲”呢？

一种说法认为：金莲得名于南朝齐东昏侯的潘妃步步生莲花的故事。东昏侯用金箔剪成莲花的形状，铺在地上，让潘妃赤脚在上面走过，从而形成“步步生莲花”美妙景象。但这里的“金莲”并不是指潘妃的脚。还有一种说法认为，金莲得名于前述五代娘在莲花台上跳舞的故事。但这里的金莲指的是舞台的形状，也不是她的脚。

当前比较一致的看法是：“金莲”由佛教文化中的“莲花”引发而来。认为以“莲花”作为妇女小脚之名是一种美称。莲花“出淤泥而不染”是佛教中清净、高洁、美好、珍贵、吉祥的象征；另外在佛教艺术中，菩萨

多是赤脚站在莲花上的，这可能也是把莲花与妇女小脚联系起来的一个重要原因。

为什么还要在“莲”前加一个“金”字呢？这主要是由于中国人传统的语言习惯。人们喜欢用“金”字修饰贵重或美好的事物，在以小脚为贵的缠足时代，说“金”莲，当然是一种表示珍贵的美称。后来“小脚迷们”更约定俗成：“金莲”指三寸以内者，“银莲”指四寸以内者，“铁莲”则为大于四寸者。于是，一提“金莲”势必三寸，即所谓“三寸金莲”。后来，金莲成了小脚的代名词。

由一双女人的脚，竟做出了这么多的文章。其中的酸甜苦辣，恐怕不仅是对当时的社会生活和社会心理造成了极为深刻的影响，而且会给后人带来不少的启发和遐想。

第五章

唐朝历史谜案

1. 相煎何急："玄武门政变"的真相

武德九年六月四日（626年7月2日），唐高祖李渊的二儿子秦王李世民在皇宫的玄武门外发动政变，他杀死了他的大哥即太子李建成、四弟李元吉及其家属数百人，史称玄武门之变。关于这场政变的记载，我想粗通历史的人都应该了解，但事实果真像正史中记载的那样吗？如果不是，那么这次政变的真相到底是什么呢？

《旧唐书》卷六四《李建成传》中记载：武德九年六月三日（公元626年7月1日），李世民向唐高祖李渊告发太子李建成和齐王李元吉淫乱后宫，李渊决定第二天询问二人。李建成得知此消息后，决定比李世民先一步进入皇宫，然后逼其父表态支持自己。

第二天，李世民首先策反了太子的亲信，玄武门执行禁卫总领常何，然后亲自率兵埋伏在玄武门内。李建成和李元吉来到皇宫之后，当走到临湖殿的时候发觉不对头，急忙拔马往回跑。这时候，李世民带领伏兵从后面追杀而来，李元吉向李世民连射三箭，无一射中。而李世民则一箭就射死了太子李建成，秦王的亲信尉迟敬德也射死了齐王李元吉。太子的手下得到消息前来报仇，和李世民的部队在玄武门外发生激烈战斗，尉迟敬德将李建成和李元吉的头割下示众，李建成的兵马才不得已散去。随后，李世民进宫拜见李渊，并将事情的经过上奏。

3天之后，李世民被正式册立为皇太子，李渊下诏说："自今军国庶事，无大小悉委太子处决，然后闻奏"。2个月后，李渊宣布退位，李世民登基，这就是唐太宗。但是，自古以来就有人对玄武门事变有着各种说法。首先说太子李建成真的像历史记载的那样无能吗？

正史中记载的太子李建成好色贪功、阴险狡诈，根本就不能与襟怀磊落、英明神武的唐太宗相比，然而透过历史的重重黑幕，我们可以隐约看到，李建成的形象绝不是正史记载的那样。那么，历史的真相到底是什么呢？

据《大唐创业起居注》中记载，李渊密谋反隋之时，李建成已经25岁，长期跟随李渊左右，深受李渊影响的他养成了直率、深沉和宽容的个性。李渊在太原起兵之前，派李建成以照顾家属为名，暗中在河东联合各路英雄豪杰。而李建成也没有辜负父亲的期望，在当地倾其所有赈济百姓、广泛结交、招揽人才。河东人士都争相加入起义军的行列。李建成的出色

表现无疑为起义军积聚了强大的力量。当他赶赴太原参加起兵时，李渊高兴异常，并且让他担负统领全军的重任。从太原起兵到唐朝建立，李建成始终是领兵的主将，任左军统帅。试想一下，一个无能的人怎么能够率领千军万马建立大唐基业呢？

根据以上的种种分析，多数人认为李建成并非庸懦无能之辈，军功与李世民相比一点也不差。即使说李世民更善于用兵，有虎牢一战的经典战例，也不能因此就认为李建成的军事才能不如李世民。因为在历史上，宫廷争斗中失败的人即使能力出众，也不会被详尽地记入史书，正史中关于李建成也只有一句“建成纳计，乃克长安”。

再说李建成的人品真的像历史记载的那样不堪吗？

历史记载，秦王李世民在武德九年密奏高祖“建成、元吉淫乱后宫”，这可是一件十分严重的事情。这等于直接跟皇帝老爹说我哥、我弟给您戴了顶绿油油的帽子。最滑稽的是，这件事居然会记载在正史中。就算李渊脾气再好，也会暴跳如雷。司马光在《资治通鉴》中含糊地写道“宫禁深秘，莫能明也”。可见，这件事情自古以来就是被学者们普遍怀疑的。

历史记载的李建成如此不堪，那么正史中的唐太宗李世民又是什么形象呢？

正史中的唐太宗李世民是忠义孝悌的道德典范，俨然是一个内圣外王的圣人形象，他对于李建成和李元吉的阴谋可谓一忍再忍，直至忍无可忍。那么李世民究竟是否真如历史的记载一样呢？

司马光在《资治通鉴》中记载：“……上之起兵晋阳也，皆秦王世民之谋。上谓世民曰：若事成，则天下皆汝所致，当以汝为太子。世民拜且辞。及为唐王，将佐亦请以世民为世子。上将立之，世民固辞而正。”这一段记载就存在着很大的疑点。

李渊戎马半生，官场捭阖不倒，也不是一个平庸的人，他受杨广的逼迫，其实早有反意。再说，首先提出造反的是刘文静，李世民只是鼓动者之一。而且开始的时候，李世民寸功未立，怎么能说是“皆汝所致”呢？还有就是“请以世民为世子”的“将佐”事迹就更加可疑了。由此推测，“废立”之说大概也如“高祖斩白蛇”“刘备靠大树”一般编造出来的。那么，李建成和李世民的太子之争到底是怎么回事呢？

早在武德四年，李世民攻下洛阳之后，招贤纳士，设天策府、文学馆，闲则共话古今，纵谈天下，俨然君臣气派。封德彝便注意到：“秦王恃有大勋，不服居太子之下。”可见，在太子之争的前期，李世民于情于理都是处在主动出击的位置。而且，李建成当时已经身为太子，得到了齐王李元吉和朝中多数高官的支持，甚至唐

高祖李渊也是站在李建成一边。从这一点来分析，李世民毫无疑问是处于弱势的，太子等人怎么会主动地去对李世民施以阴谋呢？当然，李世民的处处忍让也就无从谈起了。

另一件事就更加令人怀疑了。历史记载，玄武门之变前两三天，李建成、李元吉请李世民喝酒，并在酒中下毒，想要毒死李世民。结果李世民“心中暴痛，吐血数斗”。此事捏造之嫌实在是太明显了。李世民与李建成、李元吉的矛盾已经是水火不容，两大阵营剑拔弩张，频频发生冲突，怎么会有聚宴之理呢？更滑稽的是，喝了毒酒居然还没有死，难道李世民内功深厚到“吐血数斗”还能巍然不动吗？最令人啼笑皆非的是，“吐血数斗”的李世民两三天后在玄武门前生龙活虎，力挽强弓射杀了亲哥哥李建成！

从这些事件中可以清楚看出，李世民绝非善类，他首先收买了许多太子势力下的重要人物，其中的两个人在玄武门政变中帮了大忙。第一个是东宫侍官王睦，他在玄武门之变前一两天，密奏秦“李建成、李元吉正在密谋害秦王”，李世民决定先发制人，召集部下策划政变；第二个人就是玄武门总领常何，正是因为有了他的配合，李世民才能够伏兵玄武门，袭杀李建成、李元吉。就这样，武德九年六月四日，玄武门之变终于发生。那么，正史的记载为什么会与历史的真相有如此大的出入呢？

学者们指出：唐太宗是通过喋血宫门的玄武门之变，逼父杀兄才登上皇帝宝座的。这种行为显然不符合封建伦理道德，在封建统治者看来不能成为后世子孙的榜样。因此，唐太宗非常在意史官对自己行为的评价。在夺得皇位之后，他就着手修改国史，为自己辩护。历史记载李世民上台后曾不顾反对，坚持要看国史，房玄龄与许敬宗就删改国史为《高祖实录》《太宗实录》献上。由此看来，实录曾经被篡改是毫无疑问的。近人章太炎也认为：“太宗既立，惧于身后名，始以宰相监修国史，故《两朝实录》无信辞。”

当然，我们不得不叹服太宗和其手下心思缜密，太宗平生事迹记载详细，处处“高风亮节”，字字“明仁睿智”，只可惜玄武门事端略显欲盖弥彰，这更加显露出他弑兄逼父、夺取皇位的有违封建伦理道德的行为。

2. 商贾之家：一代女皇武则天的出身

传说武则天在小时候就身有异相。有一天，她的父亲请当时名闻天下的

星相家袁天罡为武氏一家人看相算命。当袁天罡看到男孩子打扮的武则天时，大为震惊地说："此君龙睛凤颈，贵人之极也！"又说："若是女，当为天下主也。"后来这个小女孩果然成为中国历史上第一位女皇帝。武则天的身世当真充满着传奇色彩吗？她真实的身世到底是怎样的呢？

武则天是中国历史上唯一一位女皇帝。对她的研究，一直是中外唐史学界的一个热点。其中关于武则天的身世之谜更是史学界探讨的重点，并不断有新的见解推出。翻开武氏家谱，赫然有周文王姬昌、周平王少子的字样，这就让人百思不得其解，难道她是西周国王的后代？

自古以来，开国皇帝都喜欢与前代皇室或豪门大族攀上关系，以显示自己的出身高贵。武则天也不能脱俗，她自认为是西周王室之后。那么，她有什么根据这样认为呢？原来，民间流传着这样一个传说：周平王少子出生时，手上有"武"字的印记，于是他的后代就以此为姓。武则天就是根据这个"武"姓，自认为西周王室的后代。

在武则天登基之后，她追封周文王姬昌为始祖文皇帝，周平王少子为睿祖康皇帝。那么，武则天的真实身世到底是什么呢？

新、旧《唐书》中记载，武则天的父亲武士彟是山西木材商人。其先祖曾经居住在安徽的宿县，后来迁居到文水。从武则天的家世来看，也算是官宦之家。到武士彟这代以经商为主，是富贵人家。武则天登基之后，曾经令李峤撰写《攀龙台碑》，文中对武士彟早年的事迹大加吹嘘，称隋文帝晚年坐镇东方的汉王杨谅曾亲率门客登门造访，请他出山，后不得已才来到京城。满朝文武百官见到他无不敬仰，宰相杨素还因妒忌他的才能想加害于他。这些事迹明显是后人编造的，不足为凭。那么，武士彟到底是怎样的一个人呢？

武士彟早年做木材生意的时候，抓住了隋炀帝大业年间大兴土木的发财机会，成了家财万贯的富商。他善于经营，又懂得投机取巧，结交权贵，同时也想在政治上有所发展，能够光宗耀祖。武士彟真正发迹是在李渊太原起兵之时。隋炀帝大业十三年(616)，李渊还在当太原留守，武士彟跟随他一起征讨反隋的武装力量。

大业十三年（617），眼看着隋王朝的统治江河日下，武士彟暗中劝李渊举兵，李渊太原起兵后，武士彟被任命为中郎将兼司铠参军，主要掌管军帐兵器。李渊向关中进发，一路上武士彟立下汗马功劳，为军需物资的供应作出了贡献。

李渊建唐后，论功行赏，武士彟被列为二等功臣，那么，武士彟在李渊建立唐朝的过程中，真的立下汗马功劳了吗？

有人认为武士彟并没有立下什么

功绩，他只是跟随李渊比较早而已。部分历史学者认为：李渊起兵的时候，武士彟只是大将军府的一名铠曹。负责军队装备等后勤工作，并不直接参与军事指挥。但在唐朝建立后，他加官晋爵，从一个富商变成了朝中重臣。武德元年（618）表彰的16名“太原元谋勋效者”中位居十二，俨然一副开国功臣的模样。这到底是为什么呢？

人们推测这是因为武士彟在一定程度上代表了山西的地方势力，对李渊巩固皇权十分重要。北周隋唐三代政权，都是依靠山西一带大家族的全力支持才能够得以在关中立足，李渊要建立唐朝就必须争取山西地方势力的支持。还有，李渊太原起兵之时，武士彟等一批山西商人都曾经慷慨解囊。因而在唐王朝建立之后，李渊会给予武士彟特别的赏赐。

武士彟为官后，表现令皇帝非常满意。武德初年，武士彟在乡下的两个儿子和妻子先后病死，唐高祖表彰他：“此人忠节有余，去年儿夭，今日妇亡，相去非遥，未尝言及，遗身殉国，举无与比。”并亲自替他做媒，把原隋朝宰相杨达的女儿杨氏嫁给他，这个杨氏就是一代女皇武则天的母亲。

杨氏家族是弘农望族，自东汉年间出了号称“关西孔子”的杨震后就名声大作，成为天下首屈一指的名门。杨家上下不仅世代封侯拜相，而且是隋朝皇室的亲戚，门第显赫，是关中士族中的名门。

虽然母亲家世显赫，武则天的血统里有一半是高等世族的血统，但按照当时的门第按父系论的风俗，武士彟只不过是一个木材商人。虽然后来位列开国功臣，官至三品，但仍改变不了他家世寒微的事实。

唐太宗贞观年间所修的《氏族志》就没有把武氏列入望族。连突厥人都称“武，小姓”，拒绝武则天的侄孙与可汗之女的婚事，认为武姓的王爷不配与可汗攀亲。

当然，也有学者认为武士彟虽然早年是庶族，但唐朝建立之后已经变为显贵，又与杨氏联姻，他已从农商庶族上升为望族，而武则天更是出身于公侯之家的小姐。但是，持这一观点的研究者却没有解释为什么《氏族志》“不叙武氏本望”和突厥人称武为小姓。反驳者认为他们回避了这个问题的实质所在。

近几年，有些学者提出了一个更为大胆的猜测，他们认为武则天的母亲杨氏的出身并不像史书记载的那样显赫。因为武则天当上皇帝后，杨达的儿子并没有得到“舅舅”的待遇。由此大胆推测，杨氏并不是隋朝宗室杨达的女儿，可能是一个出身寒微的女子，甚至可能是杨达家中的侍女、乐妓之类。此说法十分新颖，不过附和者不多。

其实，不论母亲杨氏出身如何，父亲武士彟只是个商人是毫无疑问的事实，不管武则天怎么粉饰家世，她

始终是一个木材商人、政治暴发户的女儿。武氏家世中一些谜案的存在，更使我们对一代女皇武则天这个人物充满着好奇和兴趣。

3. 其事难明："孝敬皇帝"李弘英年早逝

上元二年（675），一件震惊当时的事情发生了——年仅24岁的太子李弘突然辞世。李弘死后，谥孝敬皇帝，庙号义宗。李弘年纪轻轻，怎么会突然离世呢？自唐朝的史书大多认为，是女皇武则天亲手杀死了自己的长子，这是真的吗？如果不是，历史的真相又是如何呢？

"孝敬皇帝"李弘是唐高宗的第五子，武则天所生的长子。显庆元年（656）被立为太子，曾经数次受命监国。然而，年仅24岁的李弘却在上元二年（675）不明不白地死在了洛璧宫。由于他与武则天的特殊关系，自唐以来人们一直疑窦丛生，始终把李弘之死与武则天联系在一起。那么，这是为什么呢？

在历史记载中，无论是官方还是私人撰修的史书，如《新唐书》《旧唐书》《唐会要》等，都记述了李弘是被其母武则天毒害而死的。大多数人都同意此观点，因为从武则天的一生来看，其滥杀无辜是众所周知的事实，残杀亲生儿子也不是没有可能的。那么，武则天为什么会狠心杀害自己的亲儿子呢？

有一种观点认为，武则天之所以杀死亲生儿子，是因为李弘妨碍了她篡夺李唐王朝的计划。

李弘从小就受到良好的教育，仁孝谦谨，对大臣们十分有礼貌，并能体察民间疾苦，深得人心。唐高宗也非常喜欢他，并想尽一切办法培养他。当高宗去东都洛阳的时侯，曾下诏让他代行皇帝职责。当时正赶上关中闹饥荒，就连禁军中的一些士兵也在吃榆树皮了，李弘看到这种情况后，就悄悄地让东宫的家令寺送粮食给他们。

咸亨四年（673）八月，唐高宗李治病重卧床，他下诏让太子李弘"受诸司启事"。也就是接受批阅各个部门上奏的报告，这实际上是唐高宗感到自己的健康每况愈下，就想让李弘一点点接替自己的工作。一旦自己有个三长两短，太子要作好接位的准备。

武则天眼看着自己的儿子已长大成人，而且能力超群，这严重妨碍了自己要代李氏为皇的计划。也就是说，李弘成了妨碍她篡权的最大障碍，所以她想尽一切办法也要杀死李弘。《旧唐书》中明确记载："天后方图临朝，乃鸩杀孝敬。"这种说法在中唐时期得到了大多数人的认可，如李泌曾对唐肃宗说："孝敬皇帝，为太子监国，仁明孝悌。天后方图临朝，乃鸩杀孝敬，立雍王贤为太子。”后来的史书也都全部采信了这种说法。

另一种观点认为，武则天杀李弘是因为她与儿子之间有不可调和的矛盾。这又是怎么回事呢？

萧淑妃所生的义阳公主和宣城公主因为与武则天发生了矛盾，被她关到了掖庭内。直到两人被关到四十多岁还不让出嫁。李弘知道后对两位姐姐动了恻隐之心，于是他奏请父母亲让她们下嫁。武则天为此事大发雷霆，马上将两位公主嫁给了当时正在执勤的卫士。从此之后，太子李弘与母亲武则天就有了矛盾，并且失去了母亲的垂爱。另外，李弘选妃也没有能够自己做主，而且还与母亲的武氏家族发生了更严重的矛盾。

李弘最初想选司卫少卿杨思俭的女儿为妻。此女知书达理，人也长得极为端正漂亮，有大家闺秀的风范，李弘非常喜欢，不料，在婚期都已经定好的情况下，这个女子却被武则天的外甥贺兰敏之相中，并粗暴地强奸了她，这使李弘的婚事落空了。

武氏家族对太子李弘如此污辱，这口气他是无论如何无法咽下的。对于他脸上露出的对武氏家族的仇恨，武则天绝不可能无动于衷，于是她就有了杀子之心。至于武则天是如何下手的，由于事情是秘密进行，史书记录十分简略，我们仅知是在酒中下了毒，李弘突然死去，“天下莫不痛之”。

李弘被亲生母亲武则天杀害，这个看上去证据确凿的问题近年来却被一些学者重新提了出来。他们在对《新唐书》《全唐文》等书研究后，发现李弘有可能不是被武则天杀害的。那么，这个观点又是从何而来的呢？

《新唐书》中记载了高宗的一封诏书，上面说：“太子婴沈瘵，朕须其痊复，将逊于位。弘性仁厚，既承命，因感结，疾日以加。”意思是说太子李弘一直有“瘵”这种疾病（瘵就是结核病，一种由结核杆菌引起的传染病，在古代是很难治愈的，常常会致人于死地），高宗本想等他病好了后传位给他。李弘以太子身份监国时实际上已经得了这种病了，由于带病理政，以致太过劳累，加重了病菌的侵袭，最终病情恶化死在合璧宫。

可是，如果这是真相的话，为什么史书中又有武则天杀子的记载呢？

从中唐开始，人们很难接受一个女人篡夺政权当上皇帝这一事实，所以整个社会对武则天抱有很深的成见，大家口诛笔伐，都在尽可能把武则天描绘成一个十恶不赦的女魔王。《新唐书》等书的记载虽然有史料的来源，不会是凭空想象的故事，但必定

会继承了唐人的观点并加入作者个人的倾向性，因而并不能强有力地证明是武则天杀死了李弘。

司马光在《资治通鉴》中的记载就比较实事求是：“《实录》《旧传》皆不言弘遇鸩。”还有：“弘之死，其事难明，今但云时人以为天后鸩之，疑以传疑。”显然，李弘被武则天毒死的说法在唐代就有人说起了，但司马光认为这件事说不明道不清。

关于李弘与母亲产生矛盾是由于他替二位姐姐讲了几句公道话这种说法，就更加不能理解了。当时武则天的确是一怒之下把两位公主许配给了卫士，但她与李弘的结怨其实没有任何必要，因为李弘的所作所为根本不可能影响武则天的当政和夺权，当时的武则天早就大权在握，号称“二圣”。更何况从时间上说也有一些问题，因为此事发生在咸亨二年（671），距离李弘死的时间约有四年，凭武则天的个性，真要杀人是等不上四年的。而且，李弘当时早已痨病缠身，死亡是早晚的事，武则天与其冒天下之大不韪把他杀死，还不如静静地等他撒手人寰。如此，说李弘是被武则天毒死的是不能成立的。

司马光说李弘之死“其事难明”，直到今天，人们仍无法取得一致的看法，但从目前所掌握的资料来看，“孝敬皇帝”李弘死于结核病的可能性最大。

4. 定论“不定”永泰公主死因之谜

西安乾陵附近的永泰公主墓于1960年被发掘，曾出土三彩骑俑、彩绘木俑、生活器皿、彩色壁画和石雕线刻画等大量珍贵文物。随着这些文物的发掘，尤其是永泰公主墓志铭的出土，在史学界引起了一场不小的争论，因为志文上对于公主死因的记载和史书上有很大的出入。那么，不同之处在哪里呢？为什么又会出现这种情况呢？

永泰公主李仙蕙是中宗李显的第七个女儿，唐高宗李治和女皇武则天的孙女，南周久视二年（701），17岁李仙蕙就死了，她初葬于河南洛阳，唐神龙二年（706）迁回长安，陪葬乾陵。

《旧唐书》、《新唐书》和《资治通鉴》关于永泰公主死亡的经过，都有明确的记载。当时由于武则天年事已高，力不从心，许多政事她都委托给张易之兄弟去办理。这引起了李唐皇族的不满，邵王李重润和他的妹妹永泰公主以及郡主的丈夫魏王武延基在背后偷偷议论张易之兄弟，结果被告到了武则天那里。于是，武则天就在大怒之下逼令他们三人自杀。由于三部正史把这件事情写得明明白白，所以永泰公主死于李重润一案，一直

以来为所有史学家们所接受。

然而，自从 1960 年永泰公主墓被发掘，出土了墓志铭之后，就逐渐有学者对她的死因提出了不同的看法。这些人认为史书与墓志铭的记载出入很大，而且正史中对李重润一案在记载上也有许多解释不通的地方。例如：关于李重润、李仙蕙、武延基三人的死亡时间，新、旧《唐书》及《资治通鉴》的记载就各有不同，同时这些记载与墓志铭上所刻永泰公主的死亡时间也都有所不同。因此他们推断永泰公主并非死于李重润一案。

还有，关于李重润一案遭杀害的人数，三本史书也分别有三人、二人、一人三种说法。关于杀害的方式，三本史书有“杖杀”“皆逼令自杀”“令自杀”“得罪缢死”“缢杀之”“杀”等不同的记载。综合以上三大疑点，加上永泰公主墓志铭上有“珠胎毁月，怨十里之无香；琼萼凋春，忿双童之秘药”和“自蛟丧雄锷，鸾愁孤影，槐火未移，柏舟空泛”等字样，学者们推断李重润一案并没有波及永泰公主，其丈夫武延基死后，她还孤单地生活了一段时间，而她的真正死因应该是难产。

当然，并不是所有的人都对此提出了怀疑，也有学者依然坚持正史中的记载，他们认为永泰公主的确是死于李重润一案。

他们的理由是新、旧《唐书》和《资治通鉴》关于三人死亡时间的记载，只是不够详细而已，并没有年、月、日的混乱和矛盾，而且通过计算，史书所记的三人死亡时间（九月壬申，即九月初三）与墓志铭中记载的永泰公主的死亡时间（九月初四）仅仅差了一天，由此并不能说明公主没有与李重润等同时被杀。

关于死亡的人数，三本史书之所以记载会有所不同，是由于同一事件在一本书中多次出现，作者为了行文的需要，有主次和详略的安排。所以，这也不能说是史书之间没有统一。至于三人之死的方式虽说有不同之处，但是遭杀害这一点是一致的，而且除了“杖杀”之外，其余记载均属赐尽的方式。他们还认为：唐代就有对罪犯行刑前打棍子的习惯。所以，李重润以大逆之罪在被武则天赐令自杀之前先打棍子，是符合当时国情的。而从小娇生惯养的李重润很有可能经不起这样的痛苦，在行杖刑时就一命呜呼了。因此，“令自杀”和“杖杀”也就不矛盾了。

排除了以上的疑点，接下来最大的问题就是，史书的记载为什么会和墓志铭的记载有所不同呢？其实这很好解释，给一个遭杀害的死者写墓志，如果直接说明原因，往往会给死者及其家属、后代带来难堪，尤其被害的人又贵为公主，又是与自己同时代的人，若写不好不仅牵涉到整个皇族的颜面问题，很可能还要丢掉自己的脑袋，所以写墓志铭的人只能采取避重就轻的办法，巧妙地避开死亡的真正原因。

永泰公主难产可能确有其事，因为她当时毕竟只有 17 岁，身心发育还没有健全，而且据出土的永泰公主的尸骨看，她的身材十分娇小，这都是有难产的可能的。但是这并不能说明她的死与武则天毫无关系，因此难产可能只是永泰公主死亡的次要原因，其主要原因还是她的奶奶武则天所为。

就这样，一块墓志铭的出土竟会使原本已成定案的一段历史变得扑朔迷离起来，那么，永泰公主究竟是因何而香消玉殒的呢？这还要等待学者们更加深入的研究和发现，才能最终揭开谜底。不过就目前来说，正史的记载还是有一定道理的。

5. 军中哗变："马嵬兵变"谁是始作俑者

马嵬兵变是唐代历史上一次重要的政治事件，它标志着唐玄宗统治的结束和唐肃宗统治的开始，在唐代政治史上具有十分重要的意义。1000 多年来，关于兵变的历史真相吸引了无数的学者去探究。那么，事情的真相到底是怎样的呢？

唐天宝十四年（755），安禄山在范阳发动叛乱。第二年，安禄山大军西进，唐军守将哥舒翰虽组织了强有力的抵抗，但安禄山的军队还是很快打到了潼关。唐玄宗见势不妙，连夜带着杨贵妃姐妹和皇子皇孙们逃往西蜀，禁军将领陈玄礼、宦官高力士和宰相杨国忠也跟随前往，大家乱作一团，急急地朝蜀中逃命。

当唐玄宗一行逃到长安西北的马嵬驿时，饥饿疲乏的禁军将士发动了一场军事动乱，他们要求唐玄宗处死宰相杨国忠和杨贵妃，否则大家都不走了。唐玄宗在禁军们的逼迫下忍痛下令杀死杨家兄妹，这一历史事件史称"马嵬驿兵变"。不过在关于谁是兵变幕后主谋的问题上，历史学家们出现了分歧。那么到底是谁在煽动士兵们发动兵变的呢？

一些历史学者认为：兵变是早有预谋的，是一场有计划、有指挥的军事行动。马嵬驿离长安城只有 100 多里，一天之内就可以到达，禁军们不可能如此娇嫩，也不可能已饥饿到要发动兵变的地步。那么，如果兵变是早有预谋的，那么主谋又是谁呢？

一部分学者认为，当时唐玄宗身边的宦官高力士就是兵变的主谋。著名唐史专家黄永年先生认为：高力士是唐玄宗时期的大宦官，对当时的政治有极大的影响。唐朝自长孙无忌、褚遂良被高宗贬死后，外朝宰相就退出了内廷政权核心，其权力只限于一般日常政务。高力士在唐代首开宦官掌管中央政权的先例，"每四方文表，必先呈力士，然后进御，小事便决之"。朝中官吏上呈的奏折都要先经过高力士，然后再上呈给皇帝，小事

就由他直接决断。而李林甫、安禄山等人都是由高力士推引而登上高位的，其权力已相当于“内相”。

于是，作为朝中“内相”的高力士，必然会与外相（即宰相）为了争夺权利而产生矛盾，特别是遇上想独揽大权的外相，如李林甫、杨国忠，就一定会闹到水火不容的地步。双方的对立程度已发展到高力士在唐玄宗面前公开对李、杨进行攻击，要求唐玄宗表态，这说明此前双方在私底下早已经争斗得你死我活了。因此，高力士也就有了发动兵变的动机。同时，高力士深得李隆基的赏识，手中握有大权，这也就有了发动兵变的实力。那么，高力士和禁军的关系是怎样的？他真的有能力能够发动兵变吗？

黄永年先生认为：自开元十九年（731）禁军首脑王毛仲、葛福顺等人与高力士争宠失败被贬后，禁军在另一长官陈玄礼的统率下投奔了高力士。因此，“马嵬驿兵变”就是高力士在天宝十三年（754）攻击杨国忠没能达到目的后，乘安禄山叛乱之机指使陈玄礼利用禁军所发动的一次“清君侧”行动。

但有的学者不同意这种看法，他们认为高力士只是“马嵬驿兵变”的支持者而已。虽然他的确与杨国忠之间存在着矛盾，但这只是内廷宦官和外朝宰相的矛盾。高力士还没有实力让陈玄礼对杨国忠下手，单凭他们两个的矛盾还不能说明问题。

所以学者们认为：高力士不是兵变的主谋，而是太子李亨阴谋策划了这次兵变。那么，李亨为什么要策划此次兵变呢？

当时的太子李亨比高力士有更大的权力，也更有发动兵变的理由。发动兵变的主谋势必要具备两个条件：一是要与宰相杨国忠有着不可调和的矛盾。这是发动兵变的动机，是最根本的前提条件。二是要有控制和调动禁军的能力，这是发动兵变的实力。那么，高力士与李亨谁更具备这两个条件呢？

关于发动兵变的动机，高力士与杨国忠的矛盾在唐玄宗后期已经不是很明显了，更没有到“内相”与“外相”相抗衡以至于不可调和的程度。高力士虽然拥有不小的权力，但并不具备操纵政局而与宰相抗衡的实力。他所做的只是上传下达以及辅佐唐玄宗处理一些细小政务之类的工作。与杨国忠虽然存在矛盾，但还不至于到你死我活的程度。在史籍中，也没有两者刀剑相向的记载。

相对于高力士而言，太子李亨与杨国忠的矛盾则要尖锐得多。唐玄宗末年，皇位继承权的争夺成为统治阶级内部矛盾的焦点，李亨即位的过程是艰难的。唐玄宗在开元三年（715）册封次子李瑛为皇太子，后来由于种种原因，李瑛被废为庶人，皇太子之

位一直悬而未立。当时的宰相李林甫等人极力主张立武惠妃之子寿王李瑁为太子，但唐玄宗却立了忠王李亨。李林甫预想到自己处境艰难，要消除这场灾难，只有将李亨拉下太子之位，拥立李瑁，因此不断地暗地谋划推翻李亨。而此时，杨国忠为了谋求高位，依附李林甫，积极地参与其中，与李林甫一起想方设法欲置李亨于死地。后来杨国忠、李林甫为争夺权力失和，但在反对李亨为太子这一点上，杨国忠始终没有改变。李亨为了保卫自己的皇位继承权，只有消灭杨国忠一条路可以走。

“安史之乱”爆发后，唐玄宗想传位给李亨，杨国忠听闻此事后大惊。如果李亨即位，就意味着杨氏家族的败落，杨国忠也会性命不保。于是他赶紧通过杨贵妃“衔土请命”，终于使唐玄宗打消了这个念头。此举引起了李亨的愤怒，只有铲除杨国忠，才能尽快即位称帝。

潼关失守后，杨国忠建议唐玄宗移驾蜀地。蜀是杨国忠的势力范围，是他的发迹之地。如果李亨随之入蜀，不要说即位无望，就是性命也难保。在这种情况下，李亨怎么肯深入虎穴呢？因此，为了维护自己的既得利益，李亨只有除掉杨国忠。可见，李亨与杨国忠的矛盾一直分突出尖锐，他比高力士更有理由欲置杨国忠于死地。

其次，从控制禁军的能力来看，李亨也比高力士更具备这个条件。众所周知，在唐玄宗即位前朝廷便有规定，亲王、驸马不能掌管禁军。这条禁令在唐玄宗时期一直坚持实行。但是，在唐玄宗仓皇出逃蜀地的时候，他却给了李亨的两个儿子建宁王、广平王指挥调动禁军的权力。由此可见，李亨完全有条件通过两个儿子调动部分禁军来发动兵变。因而，李亨成为兵变主谋的可能性远远超过高力士。那么，太子李亨发动兵变对他有什么好处呢？

马嵬兵变是一次成功的政变，兵变后的最大受益者一定就是幕后的主谋。在兵变之后，高力士仍随唐玄宗到了蜀地，不仅没有获得任何实际的政治利益，反而处境艰难。而李亨自兵变后分兵北上，彻底摆脱了唐玄宗的控制，在灵武自立称帝。显然，他是马嵬兵变最大的获益者，兵变的幕后主使自然非他莫属。

李亨真的是幕后主谋吗？一些历史学者提出了这样疑问，他们认为：太子李亨虽然支持了陈玄礼发动兵变，也为自己消灭了最大的政敌，达到了自己的政治目的，但他并不是兵变的后台，参与谋划和主谋是完全不一样的。在兵变的前后过程中，也看不出陈玄礼与太子之间有什么特殊的关系，更看不出太子具备控制与指使禁军的条件。事后陈玄礼也没有跟随李亨到

灵武，而是一直紧跟着唐玄宗。难道兵变真的像历史记载的那样，是士兵们自发的吗？

大多数学者都认为这就是一场自发的士兵哗变。由于士兵们饥饿不堪，在龙武大将军陈玄礼的组织指挥下，士兵们发动了这场群众性自发性的救亡运动，实质上是各种势力反对杨国忠的一场群众性运动，并不是个别人能够煽动起来的。陈玄礼曾慷慨陈词道："今天下崩离，皇帝出逃，国家蒙难，人民死亡，这一切难道不是杨国忠专权所造成的吗！若不诛之以谢天下，何以塞四海之怨愤！"这种呼声，喊出了广大军士们的真诚愿望。兵变一结束，陈玄礼就向唐玄宗谢罪，说杨国忠"挠败国经、构兴祸乱，使黎元涂炭、乘舆播越，此而不诛，患难未已"。因此禁军发动兵变是为"社稷大计，请矫制之罪"。

杜甫称赞事变中的陈玄礼说："桓桓陈将军，仗钺奋忠烈。微尔人尽非，于今国犹活。"他赞美陈将军在兵变中的忠烈举动，肯定了事变的救亡性质与重大意义。如果陈玄礼真是权力斗争中的工具，只是听命于后台人物的指使，杜甫说这话就实在是太迂了。

从掌握的资料来看，其实"马嵬兵变"并没有什么主谋，这就是一场自发的士兵哗变。由于士兵们饥饿不堪，忍无可忍，于是他们就在龙武大将军陈玄礼的组织指挥下，发动了这场群众性自发性的救亡运动，实质上是各种势力反对杨国忠的一场群众性运动，并不是个别人能够煽动起来的。

6. 无能为力：唐玄宗"禅位"太子有苦衷

唐肃宗李亨在灵武即位是唐朝中期政治史上的一件大事，一直以来被许多历史学家所关注。唐玄宗与唐肃宗之间的权利交接，至今留有许多谜团还没有被完全解开。这其中人们关心最多的问题是：到底是唐玄宗李隆基有意传位，还是唐肃宗李亨蓄意篡位呢？

唐肃宗李亨是唐玄宗李隆基的第三个儿子，他从小就聪明伶俐，深受唐玄宗的喜爱。当唐玄宗废掉太子李瑛之后，朝廷中的多数大臣都拥护武惠妃的儿子寿王瑁为太子。但是唐玄宗却认为李亨已经成年，更适合当太子。所以，在他的坚持之下，李亨在开元二十六年（738）入主东宫。天宝十三年（754）正月，安禄山来朝见唐玄宗的时候，太子李亨就觉查出他有谋反的迹象，于是请求唐玄宗杀掉安禄山，但是唐玄宗没有听他的话。后来，安禄山果然叛变，大兵压向京师，唐玄宗只能仓皇逃往西蜀。

"马嵬驿兵变"发生之后，唐玄宗的队伍中发生了严重的意见分歧。

有的主张到朔方，有的提议到太原，还有人劝皇帝回长安。但此时的唐玄宗一心只想入蜀，于是大家只能继续前进。老百姓们“遮道请留”，希望皇帝不要离开宫阙陵寝所在之地。唐玄宗没办法，只好叫太子李亨留在后面宣慰父老。谁知，老百姓越聚越多，竟达数千人。百姓父老拉住太子骑的马，不让他离开。太子的两个儿子及李辅国劝太子留下来，以便东讨逆贼。唐玄宗走出了一段路，见太子不来，心中有所疑虑，无奈之下只得拨给他两千人马，命他收复长安。

有学者认为：太子“不得行”是故意制造的假象。长期以来，太子与父皇就有较深的矛盾。唐玄宗曾同日赐死三个皇子，太子看在眼里，心里十分恐惧。如果继续跟随父皇到蜀郡，今后太子地位能否保住，难以预料。他采用了李辅国等人的意见，让老百姓出面“遮道请留”，以求发展个人势力。唐玄宗已经预感到太子要走自己的路了，不禁叹了一声：“天也。”然后就与太子分道扬镳。

太子李亨率众人一路北上，于天宝十五年（756）七月到达灵武。三天之后，他就在城南继皇帝位，这就是唐肃宗，他遥尊唐玄宗为太上皇，改元至德，颁布诏书，大赦天下。就像当年李亨能入主东宫，全靠其父王李隆基的支持一样。史书记载，肃宗能在灵武顺利即位，其父亲的“让位”之举起到了关键作用。

从《唐大诏令集》中的《肃宗即位册文》来看，唐玄宗似乎在“马嵬驿兵变”和“安史之乱”之前就已经有厌烦每天处理朝政的情绪，并且有传位给太子李亨的想法。《旧唐书》的《韦见素传》和《杨贵妃传》以及《资治通鉴》等都记载了唐玄宗想要传位或禅位之事。因而从表面上看，唐玄宗好像早就有了禅位之心，“马嵬兵变”则让他如愿以偿。然而，只要再仔细探究一下整件事情的前因后果，就不难看出其中存在着许多不合逻辑的地方。

从常理而言，没有一个大权在握的皇帝会心甘情愿地主动让出宝座。更何况唐玄宗作为一个曾经带领国家开创了令全世界叹为观止的“开元盛世”的皇帝，并非碌碌无能之辈，他怎么可能轻易地将皇位拱手相让呢？

《旧唐书》和《资治通鉴》都说唐玄宗在天宝十三年（754）时就已有了禅位太子之心。但恰恰也是在这一年，他在兴庆宫接受了大臣送给他的“开元天地大宝圣文神武孝德证道皇帝”的称号，并为此颁发了全国大赦文，这件事可以看出，如日中天的唐玄宗丝毫没有想禅位的迹象。虽然这一年，他也曾几次向高力士提起要将“朝事付之宰相，边事付之诸将”的事情，但是将朝廷大事委托给将相显然与传位太子没有关系。事实上，李隆基、李亨父子从马嵬驿分道扬镳之后，唐玄宗并没有听任李亨一个人去

平定叛乱，自己在成都静待佳音。相反，他于入蜀途中从容布置平叛，从未忘记自己的帝王身份。

唐玄宗到成都后的第14天，肃宗从灵武派出使者赴蜀，向唐玄宗报告即位的事情。四天后，李隆基颁布了《命皇太子即皇帝位诏》。此诏其实已无任何作用，太子早已即位，所谓"命"已是徒有虚名，只不过是为自己被迫让位留点面子。在这篇诏文中，唐玄宗说自己尽管已是太上皇，但是肃宗在处理军国事务后必须向他奏报。此外，他还为自己保留了以"诰旨"形式处理事务的权力，并用诏令的形式使之固定化和法律化。李隆基所做的这一切，不但没有让人看出他有"高枕无为"的意向，相反，使唐朝在一段时期内形成了一个由太上皇和皇帝同为政治中心的特殊的中央政治格局。

颁诏后的第二天，唐玄宗命左相韦见素等人带着传国宝玉及册书到灵武，举行"传位"仪式。同一天，他命贾至写了一篇《皇帝即位册文》，册文称赞肃宗有忠孝之诚，其实不过是官样文书罢了。据说贾至写好这篇册文后，唐玄宗读了一遍，感叹地说："过去先帝（睿宗）逊位给我，册文是你父亲贾曾所写。今天我将神器大宝托付储君，又是你写册文。"贾至听后，呜咽感涕，这反映出唐玄宗传位的无奈和悲凉。

肃宗在灵武得到了郭子仪等人的帮助，壮大了军力。这年九月南下扶风，举起平叛的大旗。九月底，在顺化（今甘肃庆阳）他见到了韦见素等人。韦见素等献上传国宝玉及册书，但肃宗不肯接受，他假惺惺地说："近来中原还没有安定，我是暂时总领百官，哪里敢乘人之危，抢夺皇位？"群臣百般请求，肃宗还是不答应，最后他将皇权象征物传国宝玉和册书放在了别殿，表示如孝子朝夕事奉父亲一样，每天昏定而晨省。至此，"传位"事件也就结束了。

至德二年（757）九月，唐军打败叛军，收复长安，在西蜀流浪了一年多的唐玄宗作为太上皇，在唐肃宗的迎接下回到了长安。不久，李辅国在肃宗授意下将唐玄宗幽禁于宫内，直至最终幽愤而死。

许多史学家认为：尽管史书记载了许多关于唐玄宗心甘情愿传位的资料，但从种种疑点推断，禅位肯定不是他的本意。他之所以会在得知肃宗灵武即位之后，马上颁布《令肃宗即位诏》和《肃宗即位册文》，其实是一种无力回天的无奈。

7. 正史疑云：唐顺宗死于谁手

唐顺宗当上皇帝没有几天，就把皇位传给了皇太子，他自己则当上了

太上皇。谁知不久之后，他竟然就莫名其妙地死了。他死的前一天，唐宪宗对外宣布顺宗病重，还没等众大臣们反应过来，第二天唐顺宗就驾崩了，这不免让人觉得顺宗的死像演戏一样。后世的有些学者认为：顺宗是被宪宗和宦官们害死的。但也有人不同意这种说法，他们认为顺宗是正常病死。顺宗和宪宗关系很好，根本看不出其中的矛盾。那么，唐顺宗到底是怎么死的呢？

唐顺宗是个苦命的皇帝，他在位仅仅八个月就被宦官逼迫退位，传位给太子李纯，也就是唐宪宗，他则自称太上皇，唐元和元年（806）正月十九日，唐顺宗去世，死时仅46岁。根据《旧唐书》、《资治通鉴》等正史的记载，唐顺宗死于疾病，长期以来人们一直对此没有疑问。直到20世纪60年代，史学界经过对正史和笔记小说的研究，在这个问题上有了突破，有相当一部分学者开始认为：顺宗其实是被害而死。那么，事情的真相到底是什么呢？

卞孝萱先生在其《刘禹锡年谱》一书中首先提出了唐顺宗被杀的观点。他认为：顺宗死得实在是太突然，这本身就是个疑点。此后他在《刘禹锡年谱》、《刘禹锡评传》等书中又多次重申了他的观点。卞孝萱先生认为：唐顺宗李诵是唐德宗的长子，在被立为太子后，曾面临被废掉的危险，原因是德宗身边的宦官们想立舒王李谊为太子。

贞元二十一年（805），唐德宗病重之时，由于受到当权宦官的阻挠，想见李诵一面都不行。德宗死后，宦官们认为“东宫疾恙方甚”，“内中商量，所立未定”。大臣卫次公马上发表自己的看法：“皇太子虽有病，但他是嫡长子，内外系心。如果实在不得已，就立皇太孙广陵王。”其他大臣也都随声附和。宦官们的阴谋没有得逞。

唐顺宗即位之后，曾经采取了一系列压制宦官势力的措施，这自然就引起了宦官的憎恨，他们想把唐顺宗废掉，另立新帝。第一次的失败是由于舒王李谊不是德宗的亲生儿子，名分不正，所以遭到了大臣的强烈反对，所以这次宦官们选定了李淳。

就这样，在当权宦官的操纵下，贞元二十一年（805）三月李淳被立为太子，改名纯。七月太子正式主理军国政事，八月即位为皇帝，顺宗为太上皇。表面上看，立李纯是顺宗的旨意，实际上是宦官逼迫顺宗这样做的。当时起了最大作用的几个宦官是刘光奇、俱文珍、薛盈珍、西门大夫等。

顺宗让位不久，就发生了一件骇人听闻的怪事。有个叫罗令则的山人，“妄构异说，凡数百言，皆废立之事”。这件事被有关官员告发之后，唐宪宗将罗令则一伙全部用棍打死。罗令则等人想拥立的皇帝从史书记载

来看，是舒王李谊。宪宗上台后，李谊实际上成了宪宗和宦官们政治上最大的对手。现今有人拿李谊作幌子兴风作浪，正好被宪宗借机拔掉。

李谊被除掉以后，唐宪宗又对太上皇下手了。元和元年（806）春的正月癸未，唐宪宗以太上皇旧病复发为名，下诏要亲自去侍奉医药，“但至甲申，太上皇就崩于兴庆宫”，“迁殡于太极殿，发丧”。宪宗向全国公布太上皇的病情，这在唐朝历史上罕见的。

学者们推测太上皇其实不是死于甲申，而是死于癸未。事情的真相是：宪宗与宦官们秘不发丧，故意先公布太上皇病情，以此来掩盖太上皇已经被害的真相。抢先公布太上皇病情的做法是欲盖弥彰，这恰恰暴露了宪宗和宦官们做贼心虚，暴露出唐顺宗的死因十分可疑。那么，学者们是根据什么推测的呢？

李谅在唐顺宗时曾任度支巡官、左拾遗，宪宗时被贬为澄城县令，后为彭城令。他有部小说叫《续幽怪录》，其中有一篇叫《辛公平上仙》，里面的人名皆系假托，如辛公平为心公平，皆有寓意。在这部小说中，作者用“传奇”表达了唐顺宗被杀的隐情，来抒发自己心中的悲愤。

这个新颖的观点得到了很多人的认同。章士钊在《柳文指要》中对此观点大为赞赏，他说：“顺宗绝对出于幽崩。宪宗当时受制于群奄，已欲不为商臣，亦不可得。此事公文书内，绝无遗迹可查。李复言之《续幽怪录》成为绝可信赖之孤证。”他认为不管杀顺宗的是谁，但事情的主谋肯定是唐宪宗，因此他认为顺宗被杀是“永贞逆案”。吴汝煜也赞同章士钊先生的观点，而且他还认为宪宗和顺宗早就存在矛盾。

此外，刘禹锡也在《武陵书怀五十韵》的小序中，引用了《义陵记》的“项籍杀义帝于郴”和“今吾王何罪乃见杀”等，来借端托寓，影射顺宗被杀。刘禹锡在诗的结尾透露了消息：”南合无灞岸，旦夕上高原。“上句从王粲的《七哀诗》”南登灞陵岸，回首望长安“化出，暗示”望长安“之意，下句用《汉书·苏武传》的一个典故：”苏武听说汉武帝死了，南向号哭，呕血，一连数月都是如此。”这里暗指刘禹锡自己悲悼顺宗的心情与苏武哭临汉武帝相同。可以这样说，《武陵书怀》是一篇比《续幽怪录》中《辛公平上仙》更为直接地反映了顺宗被杀事件的重要史料，刘禹锡是这一宫廷内幕的最早揭露者。那么，难道这就是事情的真相吗？

上述观点受到了一些人的质疑。张铁夫认为《辛公平上仙》不是改革派王叔文集团的李谅（复言）所撰。他认为《续幽怪录》一书中，编者一会儿自称李生，一会儿又自称是复言。按照古人名卑字尊的传统，称人用字，以示尊崇；称己用名，以示谦卑。自

称李生、复言都是表示谦卑的意思。可见复言是李生的名，而不是他的字。

张铁夫还认为《续幽怪录》的编者李复言，与王叔文集团的李谅，是名、字不同的两个人。从编者的本意来看，《辛公平上仙》不是影射顺宗被杀。在《续幽怪录》中，记述的都是一些关于神仙道术、因果报应、宿命前定的奇事异闻，其来源都是道听途说、捕风捉影的，根本不值一谈。编者主要用来宣传善恶报应、安分知命的思想。从而又具有一种惩恶劝善、警戒世人、辅佐教化的思想倾向和社会作用。《辛公平上仙》的本意，也是用来箴劝、警戒的，而不是比喻和影射。

《武陵书怀》的结尾二韵是："就日秦京远，临风楚奏烦。南登无灞岸，旦夕上高原。"意思是说：心向君王却离京师遥远，站在风中对逐臣的奏书感到厌烦。欲望长安却无灞陵岸可登，早晚只好踏上这平原的高处了。这二韵是一个整体，结合起来看，它表达的是元和大赦之后，刘禹锡希望宪宗皇帝把他移到京郊为官的迫切心情。根据这首诗得出顺宗被杀的结论，一个明显的重要失误是忽略了该诗以二韵为一个小节，表达一个完整意思这个基本事实，而将二韵割裂开来，就有点望文生义，别出心裁了。

同时，刘禹锡在诗的小序中提到"项籍杀义帝于郴"，这里的义帝也不是影射唐顺宗，而是王叔文。因为义帝之出身、立用、被逐乃至被杀害，与王叔文的遭遇差不多。更重要的一点是义帝属无罪被杀，王叔文也是无罪被杀。王叔文对于刘禹锡有知遇提拔之恩，对他的无罪被杀，刘禹锡自然是极其沉痛和悲愤的。这种心情表现在诗篇中，便是为王叔文和自己鸣冤叫屈。还有，从"继明悬日月"等来看，顺宗当时还活着。所以，将《书怀》作为顺宗被杀的证据，是讲不通的。

持这种观点的学者还认为，当时宫廷斗争的结局，不是宪宗杀害了顺宗，而是宪宗和顺宗联合驱逐和杀害了王叔文。改革中，由于王叔文集团竭力阻挠宦官俱文珍立太子的做法，让原本站在王叔文背后的顺宗站到了皇太子这一边。这时的顺宗与皇太子的关系是志同道合、融洽无间的。而二王（王伾，王叔文）由于反对立太子，顺宗开始对他们不信任和疏远。改革的弊端也就出现了。

改革的过程中，王叔文张扬威福，独断专行，树植党羽，排斥异己，引起了朝廷内外的强烈反对，也导致了顺宗的厌恶和不满，终于命令宪宗"俾远不仁之害"，将其逐出朝廷，置于死地。在这件事上，顺宗是坚定、明确地站在皇太子一边的，宪宗对顺宗也是爱敬双奉、忠孝两全。说顺宗被宪宗逼宫，最后被害死，既无客观上的可能，更无主观上的必要，是没有事实根据的。

顺宗到底是怎么死的？为什么他死得这样突然？如果根据史书上说他是病死的，这多少是会让人产生怀疑的。但目前实在没有比这更好的解释了。

8. 避难佛门：唐宣宗出家为僧的真相

唐武宗驾崩之后，即位者是他的叔叔唐宣宗李忱。在唐武宗为帝期间，他沉默寡言。传说武宗怕他对自己的皇位有企图，所以还曾经设法想要害死他。在宦官的帮助下，宣宗跑到江表当了和尚。不过有人认为宣宗为僧的记载并不可信，只是传说而已。那么，宣宗是否真的出家当过和尚呢？

唐宪宗死后，他的三儿子李恒继承了皇位。几年之后，唐穆宗误服金丹而死，其长子李湛登上了皇位。谁知唐敬宗也是个短命皇帝，三年之后被宦官刘克明等杀害。唐敬宗死后，宦官们率领禁军迎立唐穆宗的二儿子李涵为帝，这就是唐文宗。文宗死了以后，宦官仇士良又立唐穆宗的五儿子李湹为皇帝，是为唐武宗。

在唐武宗即位之后，对可能会威胁自己皇位的诸侯王都小心提防，李忱就是其中最为重要的一位。李忱是宪宗第13子，元和五年（810）六月二十二日生于大明宫，论辈分，他是敬、文、武宗的皇叔，论年龄却比敬宗和文宗还小一岁。他在穆宗长庆元年（821）三月，被封为光王。

传说李忱“外晦而内朗”，“视瞻特异”。武宗即位后对他十分不礼貌，他却处处忍让，从来也没有顶撞过自己的侄子。因为与唐武宗有了这层关系，所以很多人认为这个唐末的明君还曾经有过出家为僧的经历，这就使这位帝王的身世蒙上了一层神秘的色彩。

韦昭度的书中曾经记载过，说在唐宪宗死的时候，李忱就应该即位，但他将皇位让给了他的侄子唐文宗。在唐武宗当上皇帝之后，他害怕唐宣宗和他争夺帝位，就秘密地命令中常侍四人在永巷将其抓起来，把他关在了宫中的厕所里。幸亏后来有个宦官叫仇武的十分同情李忱，他上奏唐武宗说：“以前老皇帝的儿子不宜长期留在宫厕中，杀掉算了。”武宗感到他说得很有道理，就采纳了他的建议，然后让他去办这件事。仇武把李忱带出来之后，让他藏在车中，上面盖上粪土杂物以遮人耳目，从另外的小路带回到自己的家里秘密静养。三年后，武宗去世，百官在玉宸殿奉迎李忱为皇帝，即唐宣宗。不久之后，唐宣宗就立仇武为军容使。从这段记载来看，武宗想害宣宗，最后依靠宦官仇武的保护才得以保命。

尉迟偓在《中朝故事》中的记载与韦昭度的说法大致相同，但更进了一步。他认为：唐武宗当上了皇帝之后，对李忱十分忌恨。有一天，武宗

召李忱到禁苑来鞠球，李忱远远就看到中官仇士良在对他眨眼睛。仇士良对他说："现在圣旨到了，请您下马接旨吧。"随后，他就命令宦官用车把李忱偷偷地带出了禁苑。这时候，军中诸将又上奏武宗说："光王（李忱）从马上掉下来摔死了。"于是李忱只得削发为僧，游历江表间。直到唐武宗死后，他才回到京都当上了皇帝。按照尉迟偓的说法，宣宗不仅逃了出去，而且还流落在外当了和尚。这里仇武成了仇士良。大家一致认为他的观点比较可信。

《宋高僧传》也谈到这件事，而且说唐朝帝王后裔和尚齐安还曾经预知了宣宗出家为僧这件事。宣宗出家之后，"周游天下，险阴备尝"。《祖堂集》说宣宗曾经拜齐安为师，"甚有对答言论，具彰别录"。

《北梦琐言》说宣宗"密游方外，或止江南名山。多识高道僧人"。《五灯会元》的《景德传灯录》中记载说，杭州盐官齐安禅师法嗣中共有八人，这其中就有唐宣宗。并且在这本书中还有宣宗与黄蘖希运禅师的对话。这一系列的材料都谈到了宣宗曾经出家当过和尚。

相信这种说法的人认为，韦昭度没有记载宣宗出游为僧，而只是被养在宦官家。主要是他身为唐朝宰相，和宣宗的时间距离又太近，所以不能不为尊者讳。如果把当朝皇帝的父亲或祖父当和尚的经历揭露出来，在当时恐怕会有引来杀身之祸。

宣宗到底是在哪里出家的呢？有些人认为宣宗是在到了江淮之后，在浙江盐官镇国海昌院（后称安国寺）当了一名小沙弥，法名为琼俊，他的师傅就是这座寺庙的方丈齐安。当上皇帝后，他还曾想接齐安回京师，但其已经圆寂，宣宗只能赐给他悟空国师称号。安国寺有许多碑记，其中就有宣宗曾逃难出奔、落发为比丘的记载。

唐宣宗当和尚的故事历代流传不绝。传说苏轼当杭州太守时，曾经到海昌院游玩。在凭吊旧迹的时候还有感而发："已将世界等微尘，空里浮花梦里身。岂为龙颜更分别，只应天眼识天人。"这也点明了宣宗曾在海昌院受到齐安的格外照顾。南宋陈岩肖《庚溪诗话》卷上说："唐宣宗微时，以武宗忌之，遁迹为僧。一日游方，遇黄檗禅师同行。"清朝康熙《海宁州志》《海宁县志》都肯定宣宗曾当过和尚。

不过有很多人并不同意这种说法。著名唐史专家岑仲勉曾专门对这件事进行了考证。他指出司马光《通鉴考异》早就认为韦昭度等书的记载都是胡说八道，这些观点大多是唐末小说的言论，根本就没有任何根据。尉迟偓的说法比韦昭度更加荒谬，当时皇子都居住在十六宅，一般是不出阁的，特别是武宗对李忱十分忌讳，怎么能让他到处乱跑呢？岑先生认为："大抵武宗毁佛，僧人憎之极深，故不惜为诡说，以遂其诬捏，韦氏等三书，

保不为僧说所影响也。”

一些人认为《旧唐书》说宣宗“严重寡言”，“幼时宫中以为不慧”。他在文宗、武宗时“愈事韬晦，群居游处，未尝有言”。像《旧唐书》根据唐代的国家文献整理成书的著作，可靠程度远在私家著述之上，却并没有说他削发为僧、云游四方。

唐武宗在位时，根本看不起宣宗，更不会提防他。而宣宗装出一副平庸的样子，韬晦少言，减少武宗对他的防备。宣宗生于元和五年（810），会昌六年（846）即帝位时不足 36 周岁。他的长子懿宗在大和七年（833）出生，大中四年（850）女儿万寿公主出嫁，大中五年封三个皇子为王。如果当时削发为僧，长期不在长安而在南方游历，哪里会有自己的家庭和众多的子女呢？宣宗即位前与佛教的关系仅是比较亲近罢了，只是做些佛事而已。

唐宣宗真的曾经出家当过和尚吗？从现在所掌握的资料来看，此事应该是确有其事的，尽管《资治通鉴》《旧唐书》等正史并没有肯定的记载，但那只是顾及皇家的颜面而已。

9. 看破红尘：青灯古佛伴黄巢

唐朝末年，黄巢领导的农民大起义，使得唐王朝分崩离析。虽然这次起义并没有完全取得成功，最后在各地军阀的联合打击下失败了，但他却敲响了唐朝灭亡的丧钟。起义失败后，起义将领黄巢下落不明，这自然引起了人们的普遍关注。那么，黄巢后来到底去了哪里呢？

唐懿宗咸通十五年（874），河南地区连年发生水旱灾害，老百姓饥无食，冻无衣，到了“夫妻不相活，父子不相救”的境地，无奈之下大家只能揭竿而起。

贩卖私盐出身的黄巢曾几次报考进士都落榜了，内心早就有“冲天香阵透长安”的想法，见到这种形势，也举旗起义。在他的带领下，农民起义军纵横中原，转战南北，于广明元年（880）攻占长安，建立起了大齐农民政权，黄巢自称皇帝。此后，唐朝的增援部队赶到，起义军虽然想尽办法，但还是出现了节节败退，义军得不到充足的供给，长安粮食严重不足，许多将士只能以树皮野草充饥。

中和三年（883）四月，唐王朝纠集的镇压武装力量从四面八方向长安发动进攻，黄巢力战不胜，率义军 15 万撤离长安。唐军在后面紧追不舍，经过数十次大小战斗，义军损失惨重，黄巢率残兵败将从河南撤到山东。公元 884 年六月，黄巢退至河南和山东交界处的时候，起义军只剩下散兵几百人。从这以后，就再也没有人见过这位大齐皇帝了。

这样一个几乎已彻底推翻唐王朝

统治的杰出人物最后的结局，1000 多年来一直引起人们的极大关注。然而直到今天，关于黄巢下落的几种说法都有事实依据，但难以下一个定论。那么，黄巢到底去了哪里了呢？

有一种看法认为：黄巢兵败被杀而死。

《旧唐书》中记载，中和四年(884)的六月十五日，黄巢义军被唐军追至山东瑕丘（今山东兖州），黄巢与唐军殊死激战，手底下的士兵几乎全部战死，他和外甥林言退至泰山狼虎谷的襄王村。这时林言见大势已去，想保住自己的性命，就乘机杀了黄巢和他的两个弟弟黄邺、黄揆等七人。林言拿了黄巢等人的首级打算向唐军将领时溥献功，在路上却遇到了另一支唐军，将其杀死，把林言和黄巢等人的首级一并献给时溥。根据这种说法，黄巢是兵败被外甥杀死，今人的一些著作大都采用这种说法。

第二种观点认为：黄巢是自杀而死。

宋代欧阳修在《新唐书》中记载，时溥派将领李师悦领兵万人尾追义军不舍，在瑕丘一战，黄巢身边人马丧亡殆尽，退至狼虎谷。黄巢感到自己无路可走，就对外甥林言说：“我本想讨伐奸臣，洗涤朝廷，但现在看来已经不行了。你如果拿了我的首级献给唐朝皇帝，一定能因此取得富贵，这个好处就不要留给他人了。”言毕，黄巢转过身来等待林言动手，然林言实在下不了手，黄巢就举剑自刎。林言不忍心看到黄巢这样痛苦，就一刀将他杀死，并将他的几个兄弟和妻子的首级一一割下，全部盛在盒子里，打算献给时溥。半路上碰到唐军，林言自己也被杀身亡。

司马光编《资治通鉴》时也看到了这类讲法，但没有直接采用，而是放在《考异》中。他看到的书叫《续宝运录》，内容大致一样，但黄巢外甥的名字成了朱彦。

但是，当代一些学者并不同意黄巢战死沙场这个观点。

方积六先生在《黄巢起义考》一书中认为：黄巢起义前后有 10 年，始终是英勇顽强地抗击唐军，即使到了局势十分危急时，仍是率领义军向当初起义的发源地山东地区撤退，企图保存力量。说他在撤往根据地的途中突然改变主张，让别人取其首级向敌人乞求富贵，是缺乏可信程度的。

还有一些学者认为：有关资料在谈到追杀黄巢的唐军首领时前后不一，杀死黄巢的外甥姓名也不尽相同，一会儿说他是时溥的将领，一会儿说他是黄巢的上将，极其混乱。至于杀死黄巢的时间、地点也出入较大，说黄巢死在战场，不管是被杀还是自杀，都有很多疑点。

第三种观点认为：黄巢兵败后遁逸为僧。

这种说法主要以宋朝的野史、笔记小说为主要依据，认为义军战败后，

黄巢没有死，而是虎口脱险，做了和尚，并得以善终。

宋初陶毂的《五代乱离纪》中记载，黄巢逃跑后，剃发当了和尚。后来他还写过一首诗："三十年前草上飞，铁衣著尽著僧衣。天津桥上无人识，独倚危栏看落晖。"当时人认为后来黄巢住在明州雪窦寺，人称雪窦禅师。雪窦寺有黄巢的墓，每年当地官府都派人前去祭拜。

邵博的《河南邵氏闻见后录》17卷中也谈到了黄巢当和尚的事情。他说时溥献给唐僖宗的那个黄巢的人头是假的，东西二京（东京汴梁和西京洛阳）的人都说其实黄巢没有死，他从泰山狼虎谷逃出来以后，装扮成僧人投奔河南张全义那里。张全义原是黄巢的旧部，为黄巢在洛阳修建了南禅寺居住。邵博多次到洛阳南禅寺游览，见到墙壁上画着一个僧人，外貌与一般人相差不大，但两眼像蛇眼一样凶狠，此人就是黄巢。庙里的老僧人对邵博说，有黄巢以前写的绢本，上面有黄巢的一首诗。据邵博记载，诗的内容与上面陶毂所记基本相同。黄巢逃脱后当了和尚，投奔张全义，或说后迁居明州雪窦寺。这样的述说在吴曾的《能改斋漫录》、张端义的《贵耳集》、罗大经的《鹤林玉露》、周密的《志雅堂杂钞》等书中都有，被描绘得十分生动细致，因而有许多人都相信此观点。那么，事情的真相到底是怎样的呢？

当今一些学者认为：时溥送到四川给唐僖宗看的黄巢人头肯定是假的。林言杀黄巢后，先将头送到徐州的时溥处，但狼虎谷到徐州相距五六百华里，快马也要三天路程，而徐州至成都相距三四千里，即使马不停蹄、日夜兼程，也需要20天。当时是六月盛暑，放在盒子里的首级恐怕早已腐臭不堪，唐僖宗怎么能辨认出来呢？如果黄巢当时没有被杀，他又是怎么逃跑的呢？

其实黄巢逃跑是有现实条件的，当时围剿义军的唐军之间矛盾重重，不断发生火并。一些地方势力为了要挟朝廷，在围剿时真真假假，有时谎报军情，有时围而不剿，甚至有时还故意放走义军，将义军击散了事。黄巢在几次面临灭顶之灾时都能安然无恙、化险为夷，都与当时唐末军阀之间、军阀与朝廷之间的矛盾有关。在军阀割据的局面下，即使义军主力被歼后，对那些潜逃和躲藏起来的义军将领，也根本不可能穷追猛打。

还有，唐朝是佛教非常发达的时期，黄巢深受佛教思想的影响，他早就有遁入空门的想法。在韶州的南华寺，至今还保存着黄巢于乾符四年877年写的《斋僧文》中，自称是"率土大将军"。在安徽歙县昭庆寺，也有黄巢的《斋僧疏》碑文，讲到他打算舍银六锭，斋一千僧人。当黄巢确信起义失败无疑时，他的意志消沉了，甚至对过去表示怀疑，他完全有

可能选择出家这条道路。

但是，在那些官修或钦定的史书中，是决不敢直书黄巢遁逸逃脱之类的事情，他们对义军总是极尽诽谤歪曲，记录其被官军赶尽杀绝，以儆后人。在当时，有的人为了向唐王朝邀功请赏，虚报战功，首级的真假根本是无法辨认的。即使说这些史书所记不误，但谁能保证黄巢是真的死了？

黄巢究竟是被杀还是自杀，是战死沙场还是遁入空门，至今还没有一个能使人彻底相信的答案。前两种说法大体一致，仅是被杀的细节上有差异，但见于《资治通鉴》、《新唐书》等正史之中；后一种说法比较戏剧性，尽管记载的都是笔记小说，但数量很多，如王明清的书历来被认为是实录，他自称是“无一事无一字无所从来”，实在让人不能视而不见。现在大部分学者也都认同“黄巢遁入空门”的论断。

第六章

宋朝历史谜案

1. 斧声烛影：扑朔迷离的宋太祖之死

开宝九年（976）十月十九日晚，北宋王朝的缔造者宋太祖赵匡胤忽然驾崩。两天之后，他的弟弟晋王赵光义即位，这就是宋太宗。太祖在50岁的时候英年而逝，他并没有按常规把皇位传给自己的儿子，而是传给了弟弟赵光义。这自然就引起了人们的怀疑，宋太宗是不是弑兄夺位呢？就这样，前一天晚上的“斧声烛影”给人们留下遐想的空间，给历史留下千古之谜。

司马光在《涑水纪闻》中记载：“四鼓时分，太祖驾崩”。宫人马上去报告了皇后，皇后急忙命宦官王继恩把皇四子秦王赵德芳找来。谁知王继恩并没有去秦王府，而是跑到开封府，将太祖驾崩的消息报告了晋王赵光义。赵光义听到消息后大吃一惊，但犹豫不敢入宫。这时候，王继恩劝他说：“时间一长，江山将为他人所有。”这一句话点醒了他，于是急忙向皇宫赶去。皇后一见赵光义进宫，知道大势已去，只得怅然说道：“我们母子的性命都交给官家了。”赵光义流着泪说：“共保富贵，别怕别怕。”第二天，赵光义就登上了皇帝的宝座。

文莹在《续湘山野录》中记载：开宝九年（976）十月十九日晚，宋太祖赵匡胤吃完晚饭，正在太清阁里散步赏景，谁知天气转冷，突然降下了大雪，太祖只好回屋。闲来无事，赵匡胤就召弟弟晋王赵光义入宫陪他一起喝酒。晋王来后，兄弟二人在宫内把酒言欢，宫人们站在远处伺候。到了三更天，外面的雪已经很大了。宫人们看见屋内烛影下，晋王站起身来，好像是谦让退避的样子。随后又有铁斧戳地之声，并听见赵匡胤高声说：“好做!”说完太祖就解带就寝了，鼻息如雷霆。当天晚上，晋王也留宿在宫内。第二天早上五更时分，宫人在寂静无声中发现，宋太祖已经驾崩。

那么，宋太祖的真实死因到底是什么呢？到底哪种说法是真实可信的呢？

有一种观点认为：宋太祖是被赵光义谋杀的。根据《续湘山野录》的记载，太祖在斧声烛影中就已经死去，赵光义当天晚上之所以留宿宫中，就是为了方便在第二天抢班夺位。

此外，据《宋史·马韶传》的记载，太宗及其亲信早已经预知登基之时。按此书记载，马韶是晋王赵光义的亲信程德玄的朋友，他精通星象天文之学，开宝九年（976）十月十九日他对德玄说：“明天对晋王来说是个好日

子！”听到这话，德玄连忙去向赵光义报告。赵光义什么也没说，马上下令把马韶抓了起来，直到他登基之后才把马韶放了，并让他当了司天监的主簿，这一点说明赵光义其实是早有预谋的。

可是这里还有一个疑点，那就是程德玄在这件事情中的作用。程德玄是个医官，据史料记载，宋太宗对他非常宠幸。《续资治通鉴长编》卷三二说：“程德玄攀附至近列，上颇信任之，众多趋其门。”一个医官会受到太宗的如此宠遇，很可能是他运用医术帮助赵光义取得了帝位，或者说“斧声烛影”当晚的毒酒就是由他所配制。

还有，按照司马光在《涑水纪闻》中的说法，太监王继恩居然敢冒死违抗皇后的旨令，直接去开封府找赵光义，也说明两人应该早有约定，这些都透露出太宗幕僚集团的事先默契。

最后，从宋皇后的言行中也可推见太宗的即位有悖常理。皇后得知太祖暴卒，令太监召儿子赵德芳进宫，而不宣赵光义，这说明当时赵匡胤并未确定皇位的继承人选。由于是突然死亡，自然也就没有传位的遗诏。所以皇后想召儿子进宫即位，是很正常的举动。谁知却被赵光义抢先一步，以赵光义在开封的势力而言，皇后母子根本不是对手，所以一见他到来便大惊失色，下意识地感觉到自己性命堪忧，惊恐之余才说出：“我们母子的性命都交给官家了”这句话。如果赵光义是正常即位，皇后不会如此大惊失色。

除了以上的说法，宋太祖暴病身亡本身就有很多疑点。根据相关史料记载，如果为宋太祖开列一张开宝九年的活动日程表，就可以发现他当时精力非常充沛，频繁出巡各地，幸西京（洛阳），次巩县，拜安陵……而且于其时，史书从未有太祖生病、大臣问疾的记载，身体应该非常健康。所以，宋太祖的突然死亡丝毫看不出一点因病而死的迹象。

还有人推测宋太祖是因为饮酒过度而死的，但这种说法并不可靠。众所周知，赵匡胤曾经说过“沉湎于酒，何以为人”的话，可见他喝酒是有节制的。如果说他是饮酒而死，为何赵光义却安然无恙？这不更加蹊跷吗？这只能解释为，赵光义一定在酒中下了毒。所以，有可能是太祖发现了酒中有毒，才连声对光义大呼：“好做！”意思是“你做的好事！”

除了赵光义弑兄夺位以外，“斧声烛影”还有另外一个版本。据《烬余录》记载，后蜀亡国后，后蜀花蕊夫人费氏就被赵匡胤召入了自己的后宫，并为宋太祖所宠幸，而晋王也早就垂涎花蕊夫人的美色。当天晚上，晋王趁宋太祖酒醉睡着后，乘机调戏花蕊夫人，谁知被宋太祖发现。于是宋太祖就手持斧子愤慨击地，并大骂赵光义说：“你做的好事！”就这样，宋太宗自知难逃罪责，就趁机把赵匡胤杀死。

除了以上这些说法，太宗即位后

也有一些蛛丝马迹很耐人寻味。如太宗是十月二十一日即位的，十二月二十二日就宣布改年号为太平兴国元年。一般来说，子继父位，或弟承兄业，出于对前任皇帝的承认和尊重，当年是不改年号的，更何况已近年底，太宗这么急于改年号，后人估计是出于弑兄夺位的心虚理亏而干出的傻事。

同时，宋太宗登基没几天就局促下令：全国禁止传习天文星象、阴阳卦相等书籍，有私习者斩首，并通知各地官府，迅速将全国原本已知的天文相术之士全部送京甄别。十二月，他又下令把各地送到的三百多名天文相术之士，除六十余人留在司天监任职以外，其余近300人以“矫言祸福、诳耀流俗”的罪名全部发配到沙门岛。赵光义如此迫不及待地处置这些术士和严禁私习有关书籍，显然想禁止有关不利的舆论和流言的产生与传播，这是否为其心虚的表露呢？

太平兴国四年（979），宋太宗亲自率军灭了北汉，又乘胜北上攻辽。这次北征由于轻敌被辽兵大败，全线溃退。太宗在混战中腿上中箭而仓皇奔逃。军中一时不见主帅，大臣们都怀疑宋太宗可能已经蒙难，将领们就想要立太祖之子赵德昭为新君。结果宋太宗很快就回到了军中，他听到这个消息之后，心里很不是滋味儿。回到都城之后，赵德昭请宋太宗论功行赏，宋太宗不等他说完话，就怒目斥责道：“战败回来论什么功？等你当了皇帝之后，再行赏也不晚。”谁知德昭回宫后竟然拔剑自刎而亡。德昭为什么如此想不开，难道是受到了威逼？

然而历史记载已将其中隐情抹去，能查到的只是宋太宗闻讯后抱着赵德昭的尸体大哭道：“痴儿，何至此邪！”这既掩饰自己的威逼，又推卸有关的责任。两年后，德昭的弟弟赵德芳也不明不白地病死了。

太祖过世才四五年的时间，他两个青春年华的儿子就双双辞世。由此看来，当年宋皇后的担忧完全应验了。甚至在宋皇后去世时，太宗也不按皇后的礼仪治丧。这种种迹象难道都是偶然的吗？

但是，也不是所有人都认为是赵光义杀死了自己的亲哥哥。有一种意见就认为：宋太祖的死与赵光义没有关系。那么，他们的依据是什么呢？

这一部分人以《涑水纪闻》所载为根据。他们认为太祖驾崩的时候，赵光义早已经回到了开封府。他是在听到王继恩的报告之后，才再次入宫的。而兄弟俩在一起喝酒的时候，太祖对光义所说的“好做！”其实是让赵光义“好好做事”。

从医学角度来看，历史记载中宋太祖身材矮胖，去世的那天晚上饮酒睡下后，鼻息如雷霆，这应该是脑溢血发病前的典型症状，所以《续湘山野录》所载“斧声烛影”的故事实属无稽之谈。

许多人认为“斧声烛影”就是赵光义在烛影下用利斧劈死太祖，其实这是对“柱斧”的一种误解。柱斧分两种，一种是武将所用的铁斧，而另一种其实是文房用具。文房用具的柱斧也称玉斧，以水晶或玉石为材料。大内寝宫中不可能放有利斧这样的杀人凶器，所以说“斧声烛影”中的柱斧显然是文房用具，况且赵光义也没必要做得如此露骨。

总之，在这一疑案中，有些细节也许将永远成为历史之谜。但从目前所掌握的材料来看，宋太宗赵光义即位之后的种种表现，的确反映了他弑兄夺位后的心虚。

2. 有悖人伦：宋光宗不孝为哪般

退位的宋孝宗驾崩，作为儿子的当朝皇帝宋光宗，不仅在其父病重时不去探视，甚至不肯主持父亲的葬礼。这一绝对有悖于传统人伦礼制的罕见现象，就发生于南宋中期的皇帝家族之中。其原因众说纷纭，让后人猜测不已。其中原因是什么呢？

淳熙十六年（1189）二月，63岁的宋孝宗禅位给43岁的儿子赵敦，即宋光宗。又诏立光宗元妃李氏为皇后。孝宗自己就当上了太上皇，去重华宫养老。光宗为了表示对父王的尊敬和孝心，下诏“五日一朝重华宫”，后又改为一月四朝。次年改元“绍熙”。开始两年，父子关系还较为正常，然而自绍熙二年（1191）十一月，光宗与孝宗之间的父子关系开始发生了微妙的变化。

绍熙三年（1192）前后，我们还可以经常看到光宗去重华宫朝见太上皇。问题似乎出在绍熙四年的九月，“重明节，百官上寿。侍从、两省请帝朝重华宫，不听。”此后又不断有大臣上疏，请求光宗去重华宫朝见太上皇，但都没有结果。如十月“秘书省官请朝重华宫，疏三上，不听。”后有二百多名太学生上书，“请朝重华，皆不报”。而后“帝将朝重华宫，复以疾不果”。直到十一月，“帝朝重华宫，都人大悦”。但好景不长，到绍熙五年（1194）的四月，光宗旧病复发，便不再去朝见了。

尤其是绍熙五年的五月，太上皇宋孝宗病危，宰相留正请光宗去重华宫侍疾，光宗还是不同意，留正等人“乃泣而出”。起居舍人彭龟年叩首苦谏，额血渍红了龙墀，也没能感动光宗。此后众大臣不断有人上书恳请或当面叩请光宗去重华宫看看太上皇，结果都没有说服他。丞相等重臣甚至以罢职为手段力请，但一切努力都见效甚微，最后光宗只同意让皇子嘉王赵扩去重华宫探视。孝宗一直不见儿子来看自己，心里肯定不高兴，这时

见孙子来了，才颇感安慰。孝宗弥留之际，丞相和众臣及皇子嘉王都哭着请求光宗去见父王最后一面，光宗还是不听。

绍熙五年六月，太上皇宋孝宗驾崩。而他的儿子、当朝天子宋光宗不仅在其父王病重时未去问候探视，此时也居然借口有病，不肯主持父丧，只下诏："俟疾愈，过宫行礼。"大臣留正、赵汝愚率群臣拉住光宗哭着请求，把其衣袖拉断了也无济于事，以致连老皇帝的国丧都无法正常进行。朝臣们手足无措，人心浮动，政局动荡。最后宋孝宗的祭奠大礼只得由年已八十的太皇太后（宋高宗皇后）代行主持，这在古代社会中是极为罕见的反常现象。

皇帝父子如此不和，使满朝文武为之不安，认为于社稷不利，于人伦有悖，一时朝野议论纷纷。宰相留正在一次上殿时扭伤了脚脖子，迷信自己流年不利，是不祥之兆，又面对如此棘手的政局，心里发慌，便称病辞职，很快逃回老家。知枢密院事赵汝愚根据众大臣要求立太子的奏章，再加上光宗自己也有"历事岁久，念欲退闲"的御批，便主张光宗马上退闲，禅位给太子。在有关官员的建议下，赵汝愚就请外戚官员韩侂胄助一臂之力。韩侂胄是太皇太后吴氏妹妹的儿子，他通过太监向太后转达了诸大臣的建议。经过劝说，太皇太后终于同意禅位之事。经过周密布署，在太后的主持与光宗缺席的情况下，勉强禅位给太子赵扩，是为宋宁宗，而光宗被尊为太上皇。

那么，光宗为什么不肯探视重病的父亲，甚至不肯主持父丧呢？为什么大伙又急匆匆要光宗退位，而立其皇子嘉王赵扩呢？要知道，光宗此时才四十八岁，正是能做一番事业的壮年，而且他在位也仅仅六年。据有关史籍记载，原因也颇为纷杂。大致有如下几种：

一、光宗与孝宗父子之间存在矛盾

《西湖志余》中记载：光宗在做太子的时候，已经40岁了，他很想父王早些内禅皇位，但又难于当面说出口。于是他就数次给太后提暗示，太后有些搞不懂，旁边有人就帮太子说："是想娘娘帮太子去与皇帝说说。"太后这才听懂。一天，孝宗来到东宫，太后对他说："官家是否可传位与太子，自已也好早点休息取乐了。"孝宗却说："我早就想这样做了，但太子年纪尚小，又没有经历，所以还不能传位给他。"太后也不能勉强，就对光宗把事情说了。光宗很不高兴地说："我的头发都已白了，还拿我当小孩子。而当年爷爷早就传位给他了。"又过了几年，光宗才终于坐上皇帝宝座。

有一天，光宗找太上皇要求立皇子嘉王赵扩为太子，不料孝宗对他说："当初按例应立你二哥，因你英

武像我，才越位立你。如今你二哥的儿子还在。”

原来事情是这样的：光宗的大哥早夭，而孝宗这时立三儿子光宗，使二儿子郁郁病死，孝宗对二儿子怀有歉疚心理，同时孝宗觉得嘉王不聪明，而二儿子的后代小时候就很聪明，所以有意想改立。光宗在情理上不能反驳父亲，内心却是十分不悦，父子关系从此出现了无法弥合的裂痕。李皇后更是大为不满，不断在光宗面前进谗言，所以光宗对父王一直心有芥蒂。

二、有宦官从中挑拨其父子关系

据《四朝闻见录》载：光宗即位之后，对近习宦官没有好感，有一天甚至大发脾气，要取其中者的首级。太监们哭诉到孝宗那里，孝宗下旨：“吾儿息怒。”光宗虽然遵从了父亲的旨意，但心里非常不快。这自然也就让宦官们面面相惧，于是他们就商量如何离间三宫。不久之后，光宗发病，孝宗担忧，派人到处找秘方良药，得“草泽大药丸”一颗，据称可药到病除。孝宗想宣旨赐药，又怕李皇后可能会从中作梗，不许光宗服民间草药，便想等儿子来重华宫看望时，再当面让儿子服药。有一名宦官知道这件事后，就想阻止光宗吃药，于是他就和李皇后说：“太上皇只等皇帝过去，便会赐一种草药。”李后派人去打听，重华宫果然准备了大药丸。便拉着儿子嘉王找光宗哭诉，挑唆说：“太上皇打算废掉你，给你准备了一丸药，好让你侄子早点即位。”使光宗相信父亲准备了有毒的药丸，要他当场服下，所以再也不肯去重华宫朝见了。就这样，光宗始终也没吃得此良药，病也没好。

三、光宗患有精神病

据《宋史·光宗本纪》诸书记载：光宗的李皇后生性妒忌残忍，而光宗的嫔妃却越来越多。绍熙二年（1191）十一月，因黄贵妃有宠，李后无法容忍，便乘光宗离宫祭天的机会将黄妃杀害，再派人到祭天斋官报告黄妃暴病而卒的消息。当时，光宗正在圜丘举行合祭天地的礼仪，一听此噩耗，恸哭不止。事也凑巧，次日清晨祭天时发生火灾，差点把光宗烧伤。又突然风雨大作，礼坛黄烛尽灭，祭天之礼就此作罢。这么多的变故交织在一起，光宗内心深受打击，以为自己得罪了老天爷，“噤不知人，张口呓言”（《朝野遣记》），从此神经失常，后宫暗称之为“风（疯）皇”。“帝自是不视朝”，一个月后才“始对辅臣于内殿”。第二年，还常常“帝有疾，不视朝”，三月份时，“帝疾稍愈，始御延和殿听政”。不过此时光帝经常目光呆滞、精神恍惚，时好时坏。史籍对此事语焉不详，大臣也往往讳莫如深，所以光宗真正的病情，后人不得而知。

四、光宗惧内受制于李皇后

《宋史·光宗本纪》载，绍熙四

年九月，光宗首次不朝重华宫后的几天，在众臣的劝说下，“帝将朝重华宫，皇后止帝。中书舍人陈傅良引裾力谏，不听。”《齐东野语》也记载，光宗想要去重华宫的时候，百官站在大殿上等候皇帝，当光宗刚走出御屏的时候，李后拉住皇帝的胳膊说：“天冷，官家再喝一杯酒。”百官侍卫都大惊失色。陈傅良马上走上前去拉住龙袍大襟，请帝先不要回去，并随光宗走到了御屏的后面。李后叱责道：“这里是什么地方，你难道不要脑袋了吗!”傅良只得出来，跪在大殿上哭了起来，李后派人责问：“你到底是在干什么?”傅良回答：“子谏父不听，则号泣随之。”李后更怒，遂传旨回宫。李后居然能够阻止光宗，不让他去看望父母。亦可见这位皇后的蛮横专权，那么李皇后为什么如此嫉恨公公呢?

《齐东野语》诸书记载，李氏出身将门，天姿悍妒，飞扬跋扈，为太子妃时就容不得太子身边的宫女，一再到孝宗面前告状，孝宗让她学点后妃之德，并警告她：“如再争吵，宁可废掉你。”

她做了皇后以后，更是专擅朝政，骄奢淫逸，任人惟亲，政事腐败。而且还不尊敬婆婆谢太后，太后教训她几句，李皇后竟然说：“我与皇帝是结发夫妻”。言外之意是说太后与孝宗不是结发夫妻，而是嫔妃册立的，太后把这件事告诉了孝宗，孝宗听了也大怒，屡加训斥，声称若不思悔改，有失皇后风范，一定要把她废掉。

《朝野遺记》记载，宋孝宗听说儿子得病，便亲临大内抚视，见光宗已神志不清，嘴中喃喃自语，不由十分担忧，且怒斥李皇后道：“皇上为社稷之重，你不好好照顾，使他发病如此。万一不能恢复，当族灭你李氏。”可见，李后与公公的矛盾冰冻三尺非一日之寒，暗中与公公已势不两立。好几次，光宗准备去见父亲，都被李后阻拦。可知光宗软弱多病，不能自主决事，往往听从李后之意。

各种不同原因的说法，错综复杂的矛盾交织在一起，让人们无所适从。不过，根据以上种种推论，宋光宗不孝之谜的原委已经渐渐清晰，其中光宗有病和李后跋扈应该是主要原因。

3. 宫闱疑案：郭皇后死因有蹊跷

宋仁宗即位之初所立的郭皇后，其实是太后强加于少年皇帝的婚姻，宋仁宗并不喜欢她，而她竟然因为一次后妃之间的争风吃醋，失手打了皇帝，闹出了废后风波。由于宰相与宦官的推波助澜，最终使郭皇后被废黜。后来，宋仁宗有了悔意，打算召郭氏回宫，这时郭氏突然暴卒。她到底是

被人暗害而死，还是上天无情？这就为后世留下了永久之谜。

宋仁宗的婚姻一直很不顺心，主要是由于刘太后在其中强加自己的意志。开始为仁宗挑选皇后的时候，蜀人王蒙正的女儿姿色冠世，入京备选，仁宗很喜欢她，但刘太后却认为此女过于妖艳，恐对少年皇帝不利，最后就将她嫁给了自己的侄子刘从德。眼看绝代佳人成为他人之妇，仁宗当然不高兴。在准备正式册立皇后的时候，宋仁宗想要立张美人为后，但刘太后却坚持要立平庐军节度使郭崇的孙女，仁宗只能顺从。

天圣二年（1024），郭氏被立为皇后。仁宗对太后硬塞给他的皇后并不喜欢，而郭皇后却仰仗着太后的偏心而非常骄纵，使仁宗难得亲近其他嫔妃，仁宗早就憋了一肚子的气。不久，刘从德去世后，仁宗内批封王氏为遂国夫人，允许她出入宫禁，后来因为大臣们竭力反对才作罢。这可以看出，由于郭皇后始终没有博得仁宗的欢心，所以仁宗总把旧情放在心上。

明道二年，刘太后去世。宰相吕夷简手疏八事，劝宋仁宗重整朝纲，语真情切。仁宗与吕夷简商议重建执政班子，意在逐渐消除太后的影响，建立自己的权力班底，准备把原为太后亲信的执政夏竦、张耆和晏殊等都罢政出朝。退朝后，仁宗与郭皇后说到了这件事，郭氏却说：“难道吕夷简独独就不依附太后吗？他不过为人机巧善变罢了。”仁宗听了，想想似乎颇有道理，就决定把吕夷简的相位也给免了。

第二天早朝，皇帝发布诏令，除夏竦、张耆和晏殊等被依次免职外，吕夷简也被贬为武胜军节度使，出判陈州。吕夷简大为惊骇，也大惑不解，这样出乎意料地被罢相，让他大惑不解，于是他就托宦官阎文应去打听一下。当知道原因后，吕夷简对郭皇后怀恨在心。宋仁宗随后重用李迪、王随等人。半年后，仁宗对新班底并不满意，怀念起吕夷简的好，所以又召他为相。

后宫中，仁宗比较宠爱尚美人和杨美人，而郭皇后却经常与她们争风吃醋。一次，郭后与尚氏同在仁宗前聊天，没说几句竟然吵了起来。尚氏恃宠不肯相让，并当着仁宗的面讥刺郭后，郭后气愤之极就跳起来打尚氏的面颊。仁宗看不过去，站起来劝架，不料郭后已经出手，而尚氏闪过一旁，一巴掌正打在仁宗颈脖之上，指尖锐利，竟然滑出两道血痕。这可惹恼了宋仁宗，于是他就想把郭氏废掉。这时候，宦官阎文应给仁宗出主意，让仁宗将颈脖上的伤痕给执政大臣们看，以取得他们对废后的支持，仁宗就照着做了。

宰相吕夷简对前不久因郭后一句话而被罢相一事一直耿耿于怀，这次正是报复的机会，怎肯轻易放过。由

是他不但赞同废后，以为“皇后如此失礼，不足母仪天下”，他还提出了两条强有力的理由：一是皇后在位九年，却无子嗣；二是汉唐故事中，光武帝素称明主，其皇后郭氏只是怨怼就被废黜，何况陛下被伤颈脖。就这样，宋仁宗终于下诏废掉郭后，降其为净妃、玉京冲妙仙师，赐名清悟，居于长乐宫。

废后诏书公布后，引起朝臣们的轩然大波。主要是御史中丞孔道辅率领范仲淹等十余名谏官、御史，向皇帝上了很多道奏折，认为皇后没有大过，不应轻率废黜，请求重新审视此事。吕夷简指示有关部门，不得接受台谏官的奏折，所以反对废后的奏疏根本无法到达仁宗手中。于是御史们准备进殿面奏，要求仁宗接见。然而吕夷简与阎文应等人早有布置，殿门紧闭不开。孔道辅等人只得拍打门环，大呼：“皇后被废大事，奈何不听台谏人言?”仁宗便令宰相去向台谏官当面说明情况。

吕夷简只得硬着头皮到中书去与台谏官们商谈。孔道辅、范仲淹等台谏官指斥夷简道：“大臣服侍皇帝和皇后，就像儿子服侍父母，父母不和，只可劝解，怎么能顺父出母呢?”夷简答：“后伤帝颈，失礼太甚。且废后亦汉、唐故事。何妨援行。”道辅厉声说：“此乃汉、唐失德事，如何引为法制?”辩论中，双方唇枪舌剑各不相让，最后吕夷简只得同意他们明天直接向皇帝进谏，然后拂袖而去。

吕夷简回去对仁宗讲述了台谏官的要求，认为实非朝政太平之幸事，要仁宗早做准备。第二天清晨，台谏官们早早上朝，准备与皇帝、宰相当廷辩论。不料，仁宗先下了即日起不许台谏官进谏的诏书，同时对为首的台谏官员进行了处分：孔道辅、范仲淹出知地方州郡，其他台谏官员分别给予罚金处分。在皇帝与宰相的联手打压下，这场废后风波得以平息，台谏官的进谏未能见效。

景祐元年（公元1034年），被废的郭氏在瑶华宫居住。而尚、杨二美人越发得宠，一有机会就缠着仁宗，几乎每晚都共同陪侍共寝。为此，仁宗圣体疲乏，或整天吃不下饭，不久一场大病，数天不省人事，内外忧惧。朝臣们私下议论，认为主要是二美人侍寝过于殷勤之故，杨太后（即真宗时的杨淑妃）与内侍阎文应轮流劝说仁宗，黜逐二美人以保重龙体，仁宗无可奈何之下只得点头同意，阎文应便把二美人用车送出后宫。次日传出诏旨：尚美人出为道士，杨美人出为尼姑（一说别宅安置）。九月，又立大将曹彬的孙女为皇后。

仁宗身体康复后，一天游览御花园，见到郭氏原来乘过的轿子。触景生情，黯然泪下，颇有悔意，作《庆金枝》词一首，派内侍给郭后送去。郭氏见词也觉伤心，答和一词，凄怆哀婉，动人情怀。仁宗看后颇为感触，

又派人告之，有重召郭后回宫之意。郭氏一想到被废时的情景，顿感万分屈辱，表示若再受召回宫，必得百官立班受册才可以。

吕夷简、阎文应听到这个消息，大为吃惊，两人在仁宗面前说过郭后的许多坏话，担心她回宫将对己不利。恰好这时郭氏得病，仁宗派阎文应带太医前去诊治，几天后，郭氏暴卒。

郭后的暴卒，当时就引起不少传言。有人怀疑：郭氏为吕夷简、阎文应等人所害。认为二人力主废后，与郭氏已势不两立，而仁宗欲将其接回宫复位，这必定造成二人心理上的恐慌，从而采取措施将她害死。还有一种说法是，在太医诊治郭氏的过程中，阎文应故意指使太医用药引发其病，使其病体加重而亡；还有人说是阎文应乘机投毒，致郭氏暴亡。甚至还有人传言，郭氏在病体加重、但尚未断气之时，阎文应就向仁宗报告郭氏病亡的消息，然后急忙用棺木收敛。当时有谏官王尧臣等人对此反常现象提出疑问，要求重新察验病历、起居记录，但仁宗不同意，最后只得不了了之。

根据历史记载，仁宗在得知郭氏病亡以后，“深悼之，追复皇后”，却不加谥号，也不行附庙之礼，仍葬于佛舍而已，这一做法也很奇怪。联系前面仁宗并不深究郭氏暴卒的原因，也让人看不懂。郭后究竟在仁宗心目中是个什么地位，其实也是一个谜。照此看来，郭皇后的死恐怕和宋仁宗不无关系。

4. 料事如神：真假包公案

包拯字希仁，是北宋杰出的政治家，祖籍庐州合肥（今属安徽）。宋仁宗天圣五年（1027），29 岁的包拯考中进士甲科，出知建昌、天水县，历任监察御史、工部员外郎、知谏院、河北转运使，在知开封府任上最为出名，迁御史中丞，拜三司使，官至枢密副使。他一生秉性刚毅，处事严明，坚持惩恶扶善，深得百姓好评。在民间关于“包青天”的故事有很多，但其有史可查的审案断案的故事极少，这个割牛舌案恐怕是其正史记载中唯一的断案文字，而就是这唯一的断案文字，也存在真伪的复杂问题。那么，这到底是怎么回事呢？

《宋史·包拯传》记载了这样一个案子：包公在扬州天长县当县令的时候，一天有个农民哭丧着脸到县衙求告状，说是有人割掉了他家耕牛的舌头，请求缉拿凶手绳之以法。这种小案，一般官员往往是不屑一顾的，更何况此案很难查出凶手，因为割牛舌不会留下太多的痕迹，要查清可能非常麻烦。此案凶手也没有什么经济利益可图，无非是原告的仇家采用报复性手段，欲其倒霉罢了。所以包公考虑了一下。对原告说：“还是回家把牛杀了，然后卖牛肉赚回几个钱吧。”因为牛被割了舌头，吃食困难，估计也活不长了，不如杀了卖肉。农民以为包公不肯受理此案，也只有照此办了。

而当时宋朝法令有“禁杀耕牛”一条，所以很快有人来县衙控告该农民私杀耕牛。包公升堂，猛然喝问道：“大胆歹徒，为什么割了人家的牛舌，又来告人家私杀耕牛！”那人一听，十分惊恐，以为事泄，只好一五一十地招供了。包公就是这样采用心理分析方法，把握作案人的下一步行为方式，不用任何侦察手段，就把疑案给轻松告破了。

无独有偶，《宋史·穆衍传》中也记载了一个基本相同的案子。是说穆衍在任华池县令时，也审断了一桩牛舌案，内容几乎与包公所断之案如出一辙，且审理过程与采用方法、断案结果也都一模一样。这就使人不得不产生怀疑：有这样巧的事吗？两案都见于《宋史》，会不会其中一案是抄袭另一案呢？那么哪个是原创者，哪个是抄袭者呢？

有人推断，包公断案的故事不胜枚举，民间流传甚广，然而基本都不是历史事实，而是后人杜撰的戏曲、文艺作品。查遍宋代所有可靠史料，真正属于断案的故事，且被记入正史的只此一个。既然包公断案的故事都是人们为了神化包公而杜撰的，那么，这个审牛舌案的故事会不会也是为了神化包公而抄来的呢？

反之，如果说是《穆衍传》抄袭的话，就缺乏明确的动机，穆衍至哲宗时，累官以直秘阁为陕西转运使，后加直龙图阁、知庆州，谈不上有什么大政绩、大名声，其历史地位与包拯根本无法相比，后人应该不会为他去抄袭添彩。

也有人提出反对意见，认为包拯年长穆衍 34 岁，后者就算大器早成，少年及第进士，而任华池县令，这时包拯恐怕至少也已是监察御史了，多年前的神断牛舌案早已传为民间美谈，穆衍很有可能效仿包公断案。据包拯门人张田所编《包拯集》中附录的《国史本传》，其中也早已有此案的记载，可见元朝所修《宋史·包拯传》必有所本。此外，天长县在今安徽，而华池县在今甘肃华池县东南，两地相隔遥远，将一事二载或二事混为一谈的可能性都较小。

两事虽然大同，却也存在小异，如包公是嘱原告农民“杀而鬻之”，而穆衍却只“命杀之”。据此，包公审牛舌案是可信的。

这样看来，两案其实都是历史事实，只是相隔在两地，相差了二三十年。也就是说，后案中罪犯是模仿作案，而穆衍模仿包公的破案方法再次侥幸巧断此案。

5. 正义化身：真真假假的“八贤王”

宋元以来，以杨家将为题材的文学艺术作品层出不穷。而在这些传奇故事中，总有一位相貌堂堂、正气凛然、仗义执言的八贤王，他经常在危急时刻挺身而出，助杨家将一臂之力，帮杨家将摆脱困境。在戏剧作品《潘杨讼》《寇准背靴》《辕门斩子》等传统剧目中，八贤王虽只是一个配角，但起的作用却非常大。大家都知道，杨家将的故事是有一定历史依据的，那么，这位八贤王是否有历史依据呢？他的原型到底是哪一位历史人物呢？

在文艺作品中，八贤王在杨家将由北汉降宋的过程中，起了相当重要的作用。正因为在宋太宗率军进攻太原时，他献上反间计，杨家将才归顺了大宋朝。七年后，杨业为奸臣所害，殉国疆场，佘太君和杨延昭到朝廷告御状，要求惩办罪魁，不料奸臣反咬一口，幸亏八贤王在旁相助，经过不懈的努力终于将罪魁祸首绳之以法。后来杨延昭为将，属下小校治事犯法，宋真宗在奸臣挑拨下要严办杨延昭，八贤王又再一次及时赶到，以延昭军功请朝廷从轻发落，终得真宗允准。不久边事告急，八贤王请得赦令，杨六郎重披战袍，招集兵将北上抗辽。最后，六郎率军大获全胜，班师回朝，并捉得奸臣，又在八王协助下，将奸臣正法。杨延昭病殁于宋真宗的大中祥符年间，八贤王时也旧疾复发，病重归天。在许多的戏曲小说中，八贤王的名字记为赵德芳。赵德芳在历史上是确有其人的，他是宋太祖的小儿子，但他和杨家实在是扯不上多少关系。

《宋史·宗室传》载，赵德芳为太祖第四子，曾任山南西道节度使、同平章事诸职。太平兴国六年（981）病故，时年23岁。这时，杨业归宋只有两年时间，杨延昭也才二十四岁，只是供奉官，随父从军。如果硬要将赵德芳与杨家将扯上关系，那最多在太宗进攻北汉时，说是他曾献过反间计以逼降杨业。当然，这也只能是于史无证的猜测。更让人不解的是，宋太宗曾追封德芳歧王，后改楚王，北宋末徽宗又改封秦王，此“八贤王”之称呼几乎与赵德芳没有任何关系。

有些学者认为，八贤王其实是赵德芳的哥哥赵德昭的化身。《宋史·宗室传》等史籍载，赵德昭是宋太祖的第二子，由于其兄早夭，所以他曾被认为是皇位继承人。他聪明英武，喜愠不形于色，颇得太祖的信任，曾“赐金简一柄，如不法之属得专诛戮”。官任检校太傅、同中书门下平章事诸职。太宗抢班即位后，虽封他

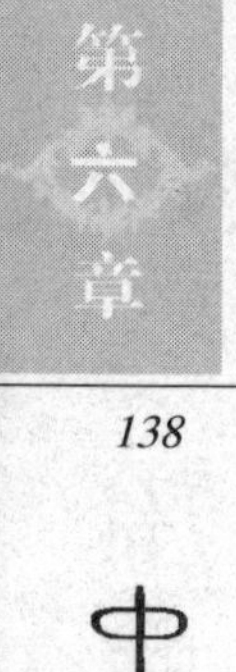

为武功郡王，位列宰相之上，但内心对这位大侄子存有戒心，总是找机会进行排斥。太平兴国四年（979）出征幽州时，因战败而太宗失踪，有人提出立德昭为帝。太宗后来回来后，得知此事大为不满，因小事就与德昭发脾气，德昭一气之下，自刎而亡。时杨业刚刚归顺宋朝，德昭应该不会与杨家将发生过什么关系。不过，人们对这位失去皇位又死于非命的皇子颇感同情，就让他化为公正无私的八贤王，其有“如不法之属得专诛戮”的特权，正好用来上惩昏君、下打奸臣。问题是：赵德昭生前为武功郡王，死后曾追封魏王，后又改封燕王，如果以德昭为朝中公正力量的化身，那么为什么要用“八贤王”这个非常不恰当的称呼呢？

也有人认为八贤王应该是指宋太宗的第八子，属元字辈的王族人物，如明代小说《北宋志传》中的“八王”。史载，宋太宗有九子，其第八子赵元俨确有“八大王”的称号。宋人笔记《谐史》中称他“生而颖悟，广颡丰颐，凛不可犯，名闻外夷，小儿夜啼，其家必惊之曰：‘八大王来也。’”太宗非常溺爱，每朝会宴集，多侍奉左右。真宗即位，封曹国公，进封广陵郡王、荣王。坐侍婢纵火，烧延宫中，降封端王，出居故驸马都尉石保吉府第。每见真宗，痛自引过，帝悯怜之，寻封彭王，进太保。仁宗即位，拜太尉、任尚书令兼中书令，屡封定王、镇王、孟王、荆王。平生寡嗜欲，唯喜欢读书，好为文章词句，颇善二王书法。

但是，这里也有疑问。赵元俨生于雍熙二年（985），病亡于庆历四年（1044），享年60岁。太宗攻取北汉之际，元俨还没出生，杨业殉国之时，他出生才一年，只是个婴儿，怎么可能助杨家一臂之力以对付奸臣呢？他在杨延昭身后三十年病殁，比杨延昭要小27岁，就是和杨文广一个辈分，这无论如何也不符合小说戏曲中八贤王的形象。史载，仁宗少年即位，章献太后临朝，元俨自以为德高望重，恐为太后所忌，便深自沉晦，阖门不出，不预朝谒，以绝人事。这种做法，似乎也不太像八贤王正气凛然、刚毅直言的性格。可以说，这八大王的生平与八贤王的故事相距甚远，也不会是杨家将故事中八贤王的原型。那么他的一些事迹，对构造八贤王这样一个传说中的人物是否有影响？也不得而知。

这样看来，杨家将故事中的“八贤王”的出现，大概只是为了增加朝廷权力斗争的戏剧性冲突，满足了人们崇敬忠臣、惩处权奸的心理要求，这完全符合中国王权主义的文化传统。八贤王实际上只是由朝廷宗室的一些轶闻，加上民众的有关情感渲染，再经过剧作家和小说家的艺术加工，融合而成的一个虚构人物。

6. 冒名顶替：真真假假的柔福帝姬

柔福帝姬是宋徽宗的女儿，曾随父被金兵北掳。三年后，她居然从北方逃了回来，受到宋高宗的优遇。但12年后，又被高宗母亲韦太后指为假冒帝姬而被处死。不过，民间却认为韦太后是为个人隐私而杀害柔福帝姬的。到底哪种说法才是历史的真相呢？

北宋政和三年（1113），宰臣蔡京建议，可仿照周代“王姬”的称号，宋廷公主一律改称“帝姬”美名，这一制度维持了10多年。宋徽宗有34个女儿，也就是有34个帝姬，柔福帝姬在其中排位20。靖康之难，这34帝姬除14人早夭以外，其余20人都随父亲徽宗、哥哥钦宗及赵氏宗室一起，被北掳金国，成为离乡背井的亡国奴。

在被金兵北掳的成千上万的俘虏中，嫔妃的结局是最悲惨的，不说在行程中大批受虐死亡，到达金国后更是倍遭蹂躏。如《靖康稗史笺证》诸书载，金主“宴诸将，令官嫔等易露台歌女表里衣装，杂坐侑酒，郑、徐、吕三妇抗命，斩以徇”。“烈女张氏、陆氏、曹氏抗二太子意，刺以铁竿，肆帐前，流血三日”。“妇女千人赐禁近，犹肉袒”。大批妇女被送入洗衣院，金酋将官们可随意掠娶洗衣院的女俘。其在某种意义上实为军营妓院。不能忍受肆意糟蹋而自尽者，也不在少数。

《鹤林玉露》记载，南宋建炎四年（1130），有一女子来到宫廷，自称是柔福帝姬，经千辛万苦终于从金国逃了回来。宋高宗下诏，派老宫人去察验，觉得这女子的相貌确实有点像柔福帝姬，又寻问她一些宫廷往事，也能答出个大概。唯一引起怀疑的是此女子的一双脚似乎已变形，不像是久居深宫的帝姬的脚。女子不胜悲苦地解释道：“金人驱逐我们就像赶牛羊一样，曾光脚走了万里路，哪里还能保持原样呢？”

高宗觉得言之有理，尤其是该女子还能直呼高宗的小名，便不再怀疑。下诏让她入宫，授予福国长公主的称号。不久，又让她下嫁永州防御使高世荣，赐予嫁妆一万八千缗。此后，高宗仍对她宠渥有加，先后赏赐近四十八万缗财物。

《四朝闻见录》中记载，绍兴十二年（1142），高宗生母显仁韦太后被金国放归，见到儿子悲喜交加，拉着高宗的衣袖垂泪不止。突然，她停止哭泣，对高宗说：“你被金人笑话呢，说你错买了颜子，柔福早已死了。”当年东京有条颜家巷，制作和买卖的器物都以次充好，以假充真，极不坚实不耐用，所以人们称假货为“颜子”。《鹤林玉露》也记载，韦太后回来说，“柔福死沙漠久矣”。高宗闻言大惊，便下令将假柔福帝姬交诏狱审讯。审理的结果，帝姬原来是一个女巫婆假扮。该女巫曾经遇到一个流落民间的宫女，宫女说她的容貌与柔福帝姬十分相像，便告诉她许多北宋宫中的秘事，教她如何冒名顶替。于是她假称柔福，来宫中享受了十几年的荣华富贵。此案以女巫认罪伏诛告终。

《宋史·公主传》中也说，开封尼姑叫李静善，有人说她容貌像柔福帝姬，她便自称帝姬，由蕲州兵马钤辖韩世清送至宫中，最后被韦太后识破，送法寺惩治后处死。另有一名宦官从金国北还，又说柔福帝姬在五国城，曾嫁给徐还，死于绍兴十一年(1141)。后其骨灰南还，朝廷以礼葬之。追封和国长公主。

然而，民间却流传着另一种说法。如《随园随笔》引《琐碎录》言：“柔福实为公主，韦太后恶其言在虏事，故亟命诛之。”就是说，柔福帝姬知道一些韦太后在金国受辱之事，如她被金将完颜宗贤所占有，并生有二子，这些事令太后非常难堪，她怕人泄露消息，就强指帝姬是个冒牌货。就连高宗也煞费苦心地把母亲被俘时的年龄从 38 岁增高到 48 岁。就是为了让世人相信，年已五旬的老妇绝不可能有此事发生。同时，高宗奉母命杀人，根本不容柔福辩解，最终使柔福死于非命。当然，这一说法也没有真凭实据。但是，这应该是目前最接近真相的推测。

7. 香魂何处：李师师流落民间

李师师是北宋末年冠盖满京华的名妓。她的事迹虽然在正史传纪中没有多少记载，但在笔记野史里却是十分热闹，成为徽宗时期的一位风流人物。那么，北宋亡国后，这位风尘女子的下落如何呢？笔记野史中也众说纷纭。其际遇令人悲凉透心。

李师师是汴京名妓，当时的文人雅士、公子王孙甚至为她大打出手。由于她名气冠盖满京华，最后连宋徽宗也想去一睹其芳容。这时候，高俅、杨戬等走狗们自然不会放过这个机会，他们还信誓旦旦地保证不会走漏消息。

宋徽宗见到李师师后，觉得自己这些年简直是白活了。李师师温婉灵秀、不卑不亢的气质使宋徽宗神魂颠倒。其实李师师早就与高俅相识，她见到位高权重的高大人竟然对这位陌生的客人毕恭毕敬，十分意外，便知道这也是个得罪不起的达官显贵，于是殷勤侍奉。

第二天一大早，宋徽宗急忙穿好

衣服，与高俅等人赶回去上朝。从此宋徽宗对后宫佳丽连看都懒得看，隔三差五就以体察民情为由，出宫去和李师师寻欢作乐，有时他还带着大学士王黼一起去。日子长了，李师师自然也知道了他的真实身份，万岁爷驾临，当然就更不敢怠慢了！

一位名妓与天子搞上关系，其地位窜升就不言而喻了。《瓮天脞语》载有："山东巨寇宋江，将图归顺，潜入东京访李师师"等语。连水泊梁山的好汉们，为了招安都要找李师师帮忙，可见她当时在东京的风光程度。加上其风姿绰约、慷慨大度，琴棋书画无不精通，人称"飞将军"。甚至有人说，后来宋徽宗干脆把她召进后宫，册封为瀛国夫人或李明妃。不知是史载有漏，还是后人故意锦上乱添花。查史书记载，徽宗后宫的嫔妃中，并不见有"李明妃"。不过有一点是可以肯定的，就是李师师深受宫廷宠信，社会地位日隆，生活条件优裕，且积累有相当私有财产，这在歌妓中是少有的。

然而好景不长，宋徽宗慑于金兵的淫威，禅位给太子钦宗，自己慌忙南逃。后来又躲进太乙宫，号称道君教主，不理天下政务，李师师从此失去了靠山。据《三朝北盟会编》载：靖康初年，钦宗为了向金朝求和，大肆搜括民间的金银财宝。居然还下旨籍没了李师师等"娼优之家"的家产。也有记载说当时金兵正在侵扰河北，李师师自知难逃抄家之灾，于是她"乃集前后所赐之钱，呈牒开封府，愿入官，助河北饷"，兼自乞为女道士（《李师师外传》）。无论是抄家籍没家产，还是自愿缴纳入官，经过这次浩劫，李师师几乎一贫如洗，地位自然也一落千丈，真所谓从天上落难人间。而随着北宋王朝的灭亡，她更为凄惨的命运还在后面。

《李师师外传》这样描写：金兵攻破北宋都城，烧杀掳掠，无恶不作。金兵主帅还点名索要李师师，声称金国君主也听说了她的名声，一定要得到活人，以进献金主。然而追查了几天，都没有线索。奸臣张邦昌为讨好金兵，帮助搜寻李师师的踪迹，终于将她献到金营。金营摆出宴席为李师师接风。而李师师对张邦昌骂道："你们得到高官厚禄，朝廷哪点对不起你们，为什么事事帮敌人来危害国家？我蒙皇帝眷宠，宁愿一死，别无他图。"乃脱下金簪刺喉自杀，没有马上咽气，又折断金簪吞下才气绝身亡。此结局，李师师不甘凌辱，颇有侠士风度，得到后世通俗小说和一些文人的称道。但是，一些史学家却对此持有异议，如邓广铭《东京梦华录注》称其"一望而知为明季人妄作"。虽然描写的历史背景是真实的，如《靖康纪闻》载：那些被官府搜捕到并送往金营的各色妇女，对着这些卖国的官吏斥骂道："尔等任朝廷大臣官吏，作坏国家至此，今日却令我辈

塞金人意，尔等果何面目!”但是，李师师的这个结局是否真实，已经无从考证，但写作这篇传奇小说的作者，至少是在借李师师之死来鞭挞奸臣的罪恶，以抒发亡国之感慨。

也有人说，李师师被金兵俘获后，押解北上，一路上受尽折磨，苦不堪言，容颜憔悴，求死不得，只能嫁给一个病残的老军士为妻，最后凄凉悲惨地死去。清人的《续金瓶梅》等书都采用了这个说法，这一说法有没有根据呢?

汴京失陷后，金人除大肆掳掠外，还乘机要挟，大量索取金银、宫女、乐工，乃至妓女。而开封府官员竟也可耻地追捕宫女、妓女，捕至教坊选择后押送往金营，络绎不绝，哭声遍野，惨不忍闻。

《靖康要录》卷十五记：金人“胁帝传旨取……教坊乐工四百人……又取内人、街巷子弟、女童及权贵戚里家细人……凡千余人，选端丽者。府尹悉捕诸娼于教坊中，以俟采择，里巷为之一空……粉黛盛饰毕，满车送军中。父母夫妻相抱持而哭，观者莫不嘘欷陨涕。”最后，金兵在汴京掠走成千上万名各色俘虏。在这种情况下，金人很可能会指名追索李师师，官府也会帮助搜索，然而她是否被官府捕着，却很难下结论。许多人认为她并没有被官府捕住，也没有被押往金营。

按照一般的逻辑推理，李师师在被抄家后，其自身的地位与国家的势态都已经非常不妙了，这时李师师唯一的出路只有藏匿于民间，随着难民离开京城，从而开始了她历尽艰辛的南方流浪生涯。

中州词人朱敦儒也逃难到了南方，他曾在一次宴会上听到李师师的歌声，激动而感慨地写下了这首《鹧鸪天》：

唱得梨园绝代声，
前朝惟有李夫人。
自从慷破霓裳后，
楚奏吴歌扇底新。
秦嶂雁，越溪砧，
西风北客两飘零。
尊前忽听当时曲，
侧帽伫杯泪满巾。

其“李夫人”就是对李师师的尊称，同在异乡为异客，“忽听当时曲”，怎能不令人“泪满巾”呢。南宋张邦基《墨庄漫录》中也有记载：靖康年间，李师师与同辈赵元奴等人，流落到浙江，“士大夫犹邀之以听其歌，然憔悴无复向来之态矣”。宋人评话《宣和遗事》中也说，李师师南下流落到湖湘，最后嫁作商人妇，过着寂寞无闻的日子。宋刘子翚《汴京纪事诗》也有“辇毂繁华事可纷，师师垂老过湖湘。镂金檀板今无色，一曲当年动帝王”的诗句。所以明代梅鼎祚在《青泥莲花记》中说，“靖康之乱，师师南徙，有人遇之湖湘间，衰老憔悴，无复向时风态。”清人陈忱《水浒后传》记述了李师师来到临

安（今杭州），仍操旧业的故事。沿袭上述说法，应该说李师师晚年在南方的说法较为合乎情理。

当然，富于传奇色彩的李师师，由于其身世在正统史籍之中无从考证，而笔记小说中的传闻难免有讹传和臆测之处，因此她的晚境究竟是如何度过的，恐怕永远是一个谜。

8. 千古疑案：起义将领李顺的结局如何

北宋太宗时期，四川王小波、李顺领导的农民起义在坚持了一年多时间后，被官军残酷镇压了。起义失败后，义军将领李顺的下落不明，这一问题自成都被官军占领时起就不得而知，此后歧义丛生，一直没有弄清楚。那么，他的结局到底如何呢？

淳化五年（994）正月，宋太宗赵光义任命他的亲信王继恩为四川招安使，率军去镇压起义。由于起义军在战略调整上出现错误，使宋军入川后进军顺利，且一路上屠杀起义军与民众。起义军在川北的州县不断丢失而全线撤退，宋军尾追至成都。

当时成都驻有起义军十几万人，在李顺的指挥下奋起抵抗，战斗异常激烈。但起义军毕竟缺乏大规模作战的训练和经验，五月七日，宋军突破坍塌的城墙，冲进城内，起义军经过街市内的浴血奋战，终不敌官兵，殉难者有三万多人，重要领导者八人被捕，后被宋军解往开封途中杀害。惟独李顺的下落，各种传说扑朔迷离。

第一种观点，被俘杀说

起义失败后，官军向朝廷报告“斩获贼首李顺首级”。据《宋会要辑稿·兵》载，淳化五年四月，王继恩派使者奏报：乱贼已平息，斩获李顺首级，并俘获其他首领。《宋朝事实》卷一七载，淳化五年五月，宋军破贼兵十余万，斩首三万级，俘获李顺及伪官甚众。《宋史·太宗纪》也说宋军在成都镇压起义后，俘获李顺，后杀李顺党八人于凤翔市。时人对其不验明正身，也不押送京都就处死的做法就已产生疑惑。王明清《挥尘后录》载，李顺之乱平定后，有军官张舜卿密奏说：“臣闻李顺已逃走，诸将所俘获的不是李顺。”太宗说：“讨平乱贼才几天，你怎么知道的？是妒忌众将之功，而想害他们吗？”太宗怒叱之，甚至想杀了他，最后免其官职。说明统治者不愿正视李顺逃脱的事实，宋太宗确认李顺已被捕杀，并定下调子，不允许有其他说法。但也正反映了当时的确可能存在这一事实：李顺并没有被官军俘获和被杀。所以如《东都事略》的记载就已比较模糊，其卷三云：淳化五年五月，“破贼十万，遂克成都，李顺之党并伏诛”。

第二种观点，死于乱军说

这种观点认为李顺在成都陷落时，被乱兵杀害的可能性较大。杨升庵《全蜀艺文志》卷四五，有淳化五年时任四川随军转运使的工部郎中刘锡的一篇歌颂太宗的文字《至道圣德颂》，其中在述及宋军攻陷成都及李顺的最后下落时说：“李顺力屈势穷，藏于群寇，乱兵所害，横尸莫知。既免载于槛车，亦幸逃于枭首。”刘锡是亲身参加了这场镇压起义军活动的官员，深悉内幕情况，所以他说李顺并没有为官军所俘获，应是有确凿根据的；然而说李顺在战乱中被杀，由于没有找到尸体和首级，也只能是一种猜测。

第三种观点，剃度出家说

这种观点认为李顺在破城之时，就已失踪，后去向不明。陆游《老学庵笔记》卷九云：在宋军进攻成都，即将破城之际，李顺忽然召来数千僧人，以菜饭招待，以念经祈福。又招儿童数千，皆就府第削发剃度，穿好僧衣。早晨天微亮之际，这些僧人分东西两门出去，一直到走完，李顺也不知去向，估计是剃度后混在僧人队伍中逃遁了。第二天，宋军入城，逮捕得一位有美髯之壮士，相貌颇似李顺，遂杀之，其实不是李顺。当时川人的确有传言，说李顺逃至荆渚一带，入一僧寺。

那么，李顺逃脱后的结局如何呢？据《续资治通鉴长编》记载，天禧元年，判决广州居民李延志黥面发配安州。咸平年间，四川王均兵变，延志时居益州（今四川成都），与王均裨将崔麻胡较熟，兵变平定后，延志回广州。与当地怀勇许秀等饮酒常谈及王小波故事，许秀怀疑他就是李顺，便到当地官府告发，又叫其他营卒来作证。官府把李延志逮捕并扭送到京都开封。御史审讯此案后认定，此李顺是假的。所以判李延志发配，许秀等杖脊而遣回。开始，枢密院以为俘获真李顺，而向朝廷称贺。然而御中台审问的结果却不是，枢密院大臣还是趋向于以假当真，结案上报。知杂御史吕夷简反诘道：“可以这样欺骗朝廷吗?”最后以事实上奏，而忤大臣之意。

上述故事在《宋史·吕夷简传》中也有相同记载，就是说元禧年官府所抓捕的李延志，御史台审讯的结论是假李顺，为这事御史吕夷简与枢密使王钦若之间还产生过争执和矛盾。然而陆游《老学庵笔记》却说：“及真庙天禧初，（李）顺竟获于岭南，初欲诛之于市，且令百官贺。吕文靖为知杂御史，以为不可，但即狱中杀之。人始知舜卿所奏非妄也。”陆游的文中并没有捕捉到的是“假李顺”之含意。吕夷简的“以为不可”应是不可公开杀害之意，因为早在淳化五年朝廷就宣布李顺已处极刑，此时若再“诛之于市”，无疑是不妥的，但可以秘密杀害，所以“即狱中杀之”。

那么，《长编》与陆游哪个正确呢？不过它至少证实了李顺的确没有在淳化五年成都攻破后被官军俘杀。

沈括《梦溪笔谈》卷二五说：仁宗延祐年间，有人报告李顺尚在广州，后被巡检使臣陈文琏捕得，年已70多岁，推验正身，乃真李顺。于是用囚车押送京城，复审此案，皆得实情。朝廷因平蜀将士功赏已行，李顺也早已宣布斩首，所以不欲再公布此事，只在狱中暗中处死李顺，赏陈文琏升官二级。还说：文琏是泉州人，与自己认识，文琏家有李顺案卷。本末甚详。李顺虽失败了，人们还颇怀念，所以李顺得逃脱30余年。

沈括治学较为严谨，有人还说他富有科学研究精神。他所处时代也较南宋诸书作者离李顺生平为近，且又称认识逮捕李顺的巡检使臣，估计沈括还可能看见过文琏家的有关案卷，否则不会说得如此凿凿有据。20世纪30年代，张荫麟先生就明白肯定沈括之说，指出："盖沈识案中主要人物，而陆游但凭二百余年后父老之传说耳。"因此近几十年来，许多学者都倾向于沈括之说，就是主张李顺死于北宋景祐年间（1034～1038）。

近年，也有学者认为陆游的"天禧说"更可靠。一者，沈括说李顺得逃脱30余年。而从景祐元年上溯到淳化五年，足有40年。二者，二人所记都从广州捕得嫌疑犯，押送京城后在狱中秘密处死，远离四川数千里外的广州，是不会在20年时间里出现两桩李顺案的，估计是一件事记成两个时间。此假设如能成立，那天禧说较为可靠，当时吕夷简任知杂御史，王钦若为枢密使。如到景祐年间，吕夷简已为宰相，而王钦若早已作古。三者，《长编》所记是朝廷所玩弄的欺骗手段，意在以伪乱真，障蔽人们的眼睛，好把真相隐瞒过去。

真实的情况应该是：宋真宗采纳了吕夷简的建议，一面否认捕获真李顺，判此案不过为诬告，故布疑阵；一面阴险地将这位农民领袖秘密杀害，所以李顺应死于天禧年间，而不是延祐年间。

9. 崖山皇陵：南宋少帝的陵墓之谜

在宋元最后一战时，南宋最后一个皇帝赵昺与陆秀夫一起跳入崖山海中。赵昺的陵墓，有人说在深圳的赤湾，但还有人认为赵昺的尸体其实最后是被元军得到了，赵昺的坟墓其实就在崖山的海边。那么，这位南宋少帝的陵墓到底在哪里呢？

南宋少帝赵昺是宋度宗的儿子，宋端宗的弟弟，曾先后封为信王、广王、卫王。元军围困临安的时候时，

大臣陆秀夫等人保护端宗逃亡到福建，年幼的赵昺也和自己的母亲杨淑妃暗暗出城，逃到了泉州。南宋小朝廷在广东与元军打了几仗之后，宋端宗于景炎三年（1278）四月病死，赵昺被陆秀夫、张世杰拥立为帝，继续维持着赵宋政权的血脉，抵抗元兵。同年五月，赵昺改年号为祥兴；六月，南宋朝廷迁到广东崖山（今广东省新会县南）。其时赵昺年仅9岁。几乎与此同时，南宋右丞相文天祥在五坡岭（今广东海丰）被元军统帅张弘范的弟弟张弘正所俘，其统领的督军府分崩离析。小朝廷的最后屏障已经瓦解。

祥兴二年（1279）正月，元朝将领张弘范率水陆两路元军进逼崖山。面对元军的层层包围，张世杰、陆秀夫等下令焚烧岛上行宫军屋。又命令人马全部登船，然后依山面海，将一千多条战船用绳索连接在一起，排成长蛇阵，又在船的四周筑起城楼，船上涂上一层厚厚的湿泥，缚上一根根长木。将皇帝的座船安置在中间，诏示将士与舰船共存亡。

张弘范见宋军战船集合在一起，行动不便，就用小船载满了浇了油的柴草，点火后乘风攻击宋朝水军。但宋军船上的湿泥阻止了火势蔓延，长木又顶住了火船，使元军的火攻无功而返。于是，张弘范又封锁了海口，以阻断宋军水源。没有了补给的宋兵饥渴交加，处境越来越艰难。这时候，张弘范又派人劝降张世杰，但被严词拒绝。

同年二月六日，元宋的最后一战打响了。元军被张弘范分成四路大军，向南宋军队发动猛攻。宋军正在拼命抵抗时，忽听得张弘范所在的指挥船上奏起了音乐。宋军以为这是元军将领在举行宴会，战斗就松懈了一下。不料此乐声是元军总攻的信号，张弘范的指挥船直扑而来，箭如暴雨。元军在乱箭掩护下，攻陷了宋军的七艘战船。各路元军又一齐猛扑过来，从中午到傍晚，海战进行得异常激烈。忽然，张世杰见到一条宋船降下了旗帜，停止了抵抗，其他战船也降下旗帜。

这时候，他知道大势已去，便一面将精兵集中到中军，一面派出一只小船和十多名士兵去接应皇帝，准备突围。赵昺这时正由左丞相陆秀夫守护着，呆在一艘大船上。小船来接赵昺，陆秀夫不知这是真是假，又担心皇帝如突围不成而被元军截获，坚决拒绝。他知道君臣都难以脱身了，就连忙跨上自己的座船，仗剑驱使自己的妻子投海自尽。然后，换上朝服，回到大船礼拜皇帝，哭着说："陛下，国事至今一败涂地，陛下理应为国殉身。德佑皇帝（恭帝）当年被掳北上，已经使国家遭受了极大的耻辱，今日陛下万万不能再重蹈覆辙了！"

赵昺吓得大哭不止。陆秀夫说完，将黄金国玺系在腰间，背起9岁的赵昺奋身跃入大海，顷刻间君臣二人就沉没得无影无踪。船上其他的大臣、将士听到这个噩耗，顿时哭声震天，几万人纷纷投海殉国。

张世杰率领水军余部突围而出，来到海陵山脚下。不久，有人带来了陆秀夫背负皇帝共同殉国的噩耗，张世杰悲痛不已。此时，飓风刮来，部下劝他上岸暂避。张世杰俯视着在风雨中飘摇的宋军残船，拒绝暂避，绝望地回答："无济于事了，还是与诸君共甘苦吧。"又说道："我对赵氏也算竭力了，一君身亡，复立一君，如今又亡，我在崖山没有殉身，这是希望元军退后，再立新君。然而如今国事发展到如此地步，难道这是天意啊？"说完坠身入海。赵宋王朝历经320年以后正式消亡。赵昺的尸体到底下落如何，也成了后人纷纷猜测的一个谜案。

传说赵昺投海的几天之后，他的尸体漂到了深圳的赤湾村。当时尸体的面目已经腐烂，但是身穿龙袍。当天，附近的天后庙突然倒塌掉地，庙祝及当地父老赶紧去找人算了一卦。算卦的说"漂来之尸乃赵昺之骸，天后娘娘特献栋梁为棺"。于是，当地的父老便将倒地的栋梁做成棺材用来装殓赵昺，并把他葬在了天后庙西山脚处。当然，天后娘娘显灵之说肯定是迷信的说法，但传说中赵昺的葬处似乎已经有了定论。

但是，有人不同意赤湾墓就是赵昺墓的说法，认为最简单的一个问题，是崖山跳海处离赤湾东西相距两百余公里，中途珠江水系各入海口水势十分湍急，沿海岛屿无数，一个小孩的尸体无论如何是不可能漂流到赤湾的。不要说尸体会腐烂，就是躲过鱼鸟之腹也没有可能。那么赤湾的墓是谁的，难道与宋朝皇室没有丝毫关系？

有些学者认为，这座墓葬其实是宋端宗赵昰的墓。元军攻占南宋都城临安以后，俘获了宋恭帝。逃出城的陆秀夫、张世杰等人在福州立8岁的赵昰为帝，他就是宋端宗。不久小朝廷战事失利，端宗与大家一起逃到广东。文天祥在粤东战败时，赵昰乘了战船在惠州甲子门、井澳海面遭遇到飓风，战船翻沉，赵昰差一点溺死。这次翻船，把这个小孩子吓得半死，不久他死于硇洲的船上，具体地点大概就是今天深圳蛇口和香港元朗、大屿山一带的海湾。小皇帝的尸体，人们只能草草地埋在赤湾的海边山上。时间一长，当地人只知道这里埋过一个南宋小皇帝，到底是哪一位就搞不太清楚了。

那么，赵昺的陵墓又在哪里？有人认为，这位小皇帝的尸体为元军所得。《崖山新旧志》记载："陆秀夫抱帝昺赴海死，元军求得帝之尸，得诏

书之宝。杨太后闻昺死也赴海死。”这本书当然是后人的追记，但后人认为元军是见到了死去的小皇帝，元人当然是想得到明确的答案，证实宋朝皇帝已死，战争才告全面胜利。至于元人对小皇帝的尸体是怎样处理的，由于史料的缺乏，很难讲个一清二楚。

自古以来，广东崖山附近的村民就认为，帝昺死后其实就葬在了当地。在慈元庙故址附近濒海的地方，有一座荒坟，墓大约一丈见方，用灰沙圈作圆形，与广东当地的坟墓形制相同，当地人说那是帝昺墓。经过学者们调查发现，当地沿海一带村庄的居民有很多人姓赵，估计就是宋元最后一战遗留下来的宋军后裔。这样看来，帝昺死后葬在崖山当地的可能性应该是最大的！

第七章

元朝历史谜案

1. 扑朔迷离：一代天骄葬于何处

成吉思汗，大元王朝的开国之君。在所有成吉思汗的谜团中，他的安葬地是最大的一个谜。近年来，由于阿尔寨石窟一幅丧葬图的发现，使这个谜团的某些争论达到了极点。成吉思汗究竟安葬在了哪里？是怎样安葬的？近年来，一些人在极力探寻这个谜底。有人认为，找到了成吉思汗的安葬地，一定会找到无数的金银财宝。但果真会如此吗？

700多年前，蒙古族出了一位伟大的英雄人物铁木真，一度使整个世界为之惶恐万分。他数以万计的蒙古骑兵纵横驰骋于亚欧大陆，建立了历史上规模空前的蒙古大帝国。统一了蒙古族的铁木真，被蒙古人尊奉为“成吉思汗”，意为至高无上的君主。铁木真的孙子忽必烈后来建立了元朝，被称为元太祖。

蒙古太祖二十一年（1227）八月，成吉思汗率军进攻西夏，回师途中病逝于六盘山清水的行宫里。之后，他的遗体被运回蒙古大本营安葬。那么，他具体葬在了哪里呢？《元史》说葬在了起辇谷，但没有其他情节和过程。《多桑蒙古史》也没有详细说明，只说葬在了斡难、怯绿连、秃剌三水发源之不儿罕·合勒敦诸山中的一座。

按照汉人的想法，这样伟大的人物，死后必定要建造一座规模庞大的帝陵，这才对得起他活着时候的丰功伟绩。但蒙古皇帝却不这样，不但成吉思汗的陵墓我们不知道在哪里，包括忽必烈在内的所有元朝皇帝的陵墓至今也没有找到。那么，作为蒙古人的大汗，他的陵墓为什么没有一个明确的地点呢？这就得从蒙古人的宗教信仰说起了。

历史上，蒙古人都信奉萨满教，人死以后，都是按萨满教的仪式安葬的，无陵寝。成吉思汗和他的子孙也不例外，以信奉萨满教为主，死后按萨满教的方式安葬。《元史》云：“国制不起坟垄。葬毕，以万马蹂之使平，弥望平衍，人莫知也。”埋葬皇帝的地方，派群马一踏，如平地一般，时间一长，青草树木一片绿油油，就谁也不知道了。

据《元史》记载，自成吉思汗开始，元朝的所有皇帝死后都埋葬在一个叫起辇谷的地方，这个地方至今还没有找到。成吉思汗以下的各即位者，死后安葬的地点也十分秘密。如元至元三十一年（1294），忽必烈病逝于大都，同样葬到了起辇谷中，具体方位依然难以确定。

波斯人拉施特丁的《史集》说成吉思汗的幼子拖雷及孙子蒙哥合罕、忽必烈合罕、阿里·不哥以及其他后裔都埋葬在成吉思汗的周围。但他又说，靠近薛灵哥河之不答温都儿有成吉思汗的大禁地，除忽必烈外，唆鲁永帖尼别姬及所有其他宗王均葬于此。

后代的《历代陵寝备考》说："起辇谷在漠北，元诸帝皆从葬于此，不加筑为陵，无陵名。"由于蒙古民族的安葬习俗和保密传统，要弄清楚元朝帝王葬地的确切地点便成为十分困难的事情。随着时间的推移以及地名、地貌的变化，语言翻译的局限，使元朝皇陵的地点成了永远的历史之谜。

也许有人会说，在今内蒙古鄂尔多斯高原的伊克昭盟伊金霍洛旗，不是就有一座成吉思汗陵墓吗？

其实，这是一座明朝建造的象征性陵寝。这座规模宏大、款式别致的蒙古式宫殿，其主体是一个仿元朝城楼式的门庭和三个相互连通的蒙古包式大殿，正殿的八角飞檐下写着"成吉思汗陵园"蒙汉文金色大字。在正殿的中央，一尊高5米、神态威严的成吉思汗汉白玉雕像令人肃然起敬。后殿内分别供奉着成吉思汗、大皇后勃儿帖和另两位皇后以及两位胞弟的灵柩。东殿内供奉着成吉思汗的第四子，也就是元世祖忽必烈的父母的灵柩，西殿陈列着表现成吉思汗文治武功的战刀、马鞍等。

《蒙古源流》中记载，成吉思汗埋葬以后，因为不能再请出金身，但为了便于祭祀，在葬地附近的高地上建起了八白室，也就是八座白色的毡帐。明英宗天顺年间（1457—1464），鄂尔多斯守陵部众进驻河套地区，八白室也随之迁来。清初在鄂尔多斯高原设立伊克昭盟，八白室就移到伊克昭附近，后来又移至今伊金霍洛旗，至今已有三百多年历史了。如此说来，今天的成吉思汗陵是假的。那么，真正的成吉思汗陵墓到底在哪里呢？

拉施特丁的《史集》对成吉思汗死后的情况记叙颇为详细。该书谈到成吉思汗死后，大臣们秘不发丧，在抵达达斡耳之前，将一路上遇到的人畜全部杀死。蒙古有一座名叫不儿罕·合勒敦的大山，成吉思汗曾在那里选定了自己的坟墓。有一次，成吉思汗出去打猎，见到一棵孤树。他下了马，心情喜悦，说："这个地方做我的墓地倒挺合适。在这里做个记号吧。"举哀时，诸王和大臣就按照他的命令选择了此地。如今那里森林茂密，那棵树和他的埋葬地已经辨认不出了。如果按照这种说法，成吉思汗的埋葬地应该是在合勒敦山的一处谷地里。

《马可·波罗游记》也可以证实上述说法是可信的："一切鞑靼人的大罕和成吉思罕——他们的第一个主

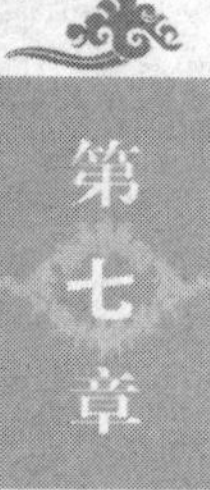

人——死后，按例应该葬在一座名叫阿尔泰的山上，无论他们死在什么地方，甚至相距100天的路程，也要把他的灵柩运送到阿尔泰去。这已经成为鞑靼皇族一种不可更易的传统风俗。还有另一种风俗，在把君主的灵柩运往阿尔泰的途中，护送的人要将沿途遇到的一切人均作为殉葬者。他们对这些人说：'去阴间吧，去服侍你们已经驾崩的领主吧！'他们完全相信这些被杀的人，在阴间真正会变成他们君主的奴仆。他们又将最好的马杀死，供给领主在阴间享用。当蒙哥罕驾崩后，遗体运往阿尔泰山的途中，护送的骑兵一路上把遇到的人全部杀死，至少杀了将近两千人。"

还有一种说法认为，成吉思汗葬在了阿尔泰山阴、肯特山之阳，名为大鄂托克的地方。伊朗志费尼的《世界征服者史》虽然没有写到成吉思汗的葬地，但是却具体写了成吉思汗死后一年，各地的王公和亲属纷纷"聚会于怯绿涟河"的斡耳朵，举行忽邻勒台大会，一方面对成吉思汗祭祀，一方面推举窝阔台继承大汗。

元明之交的汉族学者叶子奇写的《草木子》中是这样记的：蒙古皇帝死后，将两块木材的中间凿空，如人体形状，然后将遗体放入，上面涂漆，用三圈金绳绑住，送到克鲁伦河与土拉河上游的肯特山中，再挖一个坑埋人。这与汉族皇帝用棺椁和殉葬品完全不一样。葬毕，使万马蹂踏，使泥土平整。然后再在上面杀死一头小骆驼，周围布置千余骑兵守护。第二年春天草一长，骑兵就移帐撤去。如果想祭祀，以所杀小骆驼的母亲为向导，看到老骆驼踯躅悲鸣的地方，就是埋葬皇帝的地方。

综合各种史料，我们可以推测，成吉思汗被葬在三河水源的不儿罕诸山某处谷地——起辇谷中，但具体葬地由于当时的保护做法，至今仍无法找到，是一个历史之谜。

不过历代人们从未放弃对成吉思汗墓的寻找。20世纪90年代初，日本曾派出了以考古专家加滕进平为队长的"探寻成吉思汗墓考察队"，在蒙古进行了为期3年的探寻，最后无功而返。

近年来，有一个寻找成吉思汗陵墓的美国考察队宣布，他们在蒙古首都乌兰巴托东北322公里的地方发现了一座古墓，其中可能葬有成吉思汗的遗骨以及价值连城的宝藏。这个"成吉思汗地理、历史探险队"在蒙俄边境附近一个偏僻的地方发现了这座古墓。古墓部分被森林覆盖，三面有围墙。围墙高2.7～3.6米，总长3.2公里。考察队声称，这里离历史学家认为的成吉思汗出生和封汗的地方已经不远了。

也许，人们寻找到成吉思汗墓的时间的确为期不远了。

2. 瘟疫夺命：元宪宗的死亡真相

公元1258年，元宪宗蒙哥命忽必烈进兵鄂州，塔察儿进兵荆山，兀良哈台在交州、安南附近挥师北上，元宪宗则亲率四万大军进攻西蜀。在进攻合州钓鱼城的战役中，蒙哥大汗突然死去。他到底是怎么死的？后人对元宪宗的死因众说纷纭：中箭说、中炮石说、中炮风说、淹死说、染疫说。那么，元宪宗的真实死因，究竟是哪一种呢？

元宪宗蒙哥以善战骁勇著名。公元1251年，在拔都的帮助下，蒙哥继承了大汗，结束了蒙古自贵由后三年无君的局面。上台不久，他让皇弟忽必烈率军南侵。次年蒙古大将汪德臣、火鲁赤率大军再次犯蜀，进逼嘉定。间断了六年之久的战火重新燃起。公元1258年，蒙古在远征云南、吐蕃、西南夷成功后，意欲亡宋。蒙哥命忽必烈进兵鄂州，塔察儿进兵荆山，兀良哈台由交州、安南附近挥师北上，蒙哥则亲率四万大军进攻西蜀。

蒙哥率领军队渡嘉陵江至白水，进兵围长宁山，攻克了隆州、阆州。公元1259年初春，蒙古大军到达重庆的北边门户合州。

合州的州治在钓鱼城，四周峭壁悬崖，易守难攻，成为屏蔽重庆、支撑四川战局的主要据点。宋朝知州王坚在城内加强防御，组织百姓进行抗战。从二月至四月，蒙古军屡次展开猛攻，但宋军凭借钓鱼城的天险从容防守。虽然蒙古军有精良的大炮、弓弩，但由于钓鱼城“石邑入云”，蒙军“炮矢不可及也，梯冲不可接也”。蒙古军虽有几次攻上城头，但被宋军击退。前后围攻五个多月，钓鱼城还在宋军手里。

时值六月，天气十分炎热，“山中从前无此热，早禾焦死晚禾枯”，蒙古军中开始流行疫病。由于蒙古军士马匹不耐其水土，军心涣散。汪德臣单骑进逼城下说降，城上飞石抛过来，差一点击中他，以致感疾，不久死于军中，蒙军士气十分低落。七月，元宪宗蒙哥死。蒙哥死后，征蜀的蒙军陆续北撤。后人评价说：“如果没有钓鱼城，四川早就没有了。没有四川，也就没有江南，宋朝也不可能要到崖山之战才被灭亡。”当代的一些史书由此称钓鱼城是“上帝折鞭处”。

不过，这里有一个疑团令后人十分不解，蒙哥大汗为什么会死得如此突然？他到底是怎么死的？后人就此开始进行研究探索。大体上说，元宪宗的死因有这样几种看法：中箭说、中炮石说、中炮风说、淹死说、羞愧说、染疫说。下面，我们依次为您揭

开疑团。

中箭说出现得较早。公元1264年出版的叙利亚人阿部耳法刺底的《世界史节本》认为，元宪宗是被宋军流矢射中而死。守城的宋军见到蒙古一个大官出现，据高射冷箭，其中一箭射中蒙哥要害。现今保存在四川省合川市钓鱼山忠义祠内的明正德十二年（1517）的《新建二公祠堂记》碑，也说蒙哥是中飞矢而死。这种说法为许多史学家采纳，如著名史学家翦伯赞在《中国史纲要》中也赞同此说法。

中炮石说最早出现在明代的《重庆志》认为：元宪宗是中炮石受伤而死。此后在一些当代的史书中采用了这种说法，认为蒙哥在先锋汪德臣死后，亲率大军攻城，为炮石所伤，回营后因伤势过重死于军中。有人推测，今钓鱼城脑顶坪就是当年蒙哥中炮石之地。

中炮风说也是一种重要的说法。据无名氏的《钓鱼城记》说，蒙古军当时没有办法强攻取胜，但又不愿弃城撤军，只好加强对钓鱼城的封锁与监视，以等待时机。有一天，蒙古军在南城外筑高、建楼桥，楼上还接了桅杆，修成一座嘹望台，想探知城中虚实，看看究竟有无水源。宋军不慌不忙，等哨兵攀至桅杆末端，正要抬头张望时，突然发炮袭击，把哨兵抛至百步以外，当场毙命。在一旁督战的蒙哥汗“为炮风所震”，生起病来。蒙古军坚持不下去了，急忙将前军南调，围攻重庆。元宪宗感到自己急需调养，行至金剑山温汤峡，便病重而死。据说蒙哥临死时有遗言：“我是因此城而病，我死后如攻克此城，一定要把城中男女杀光。”蒙古军最终没有打下钓鱼城，但在撤军途中，杀害了两万多南宋百姓，以泄愤恨。这种说法得到了明四川巡按谢士元《游钓鱼山诗序》、民国《合川县志》的支持，后代也有很多史书采纳这种说法。不过总体上看，这种说法与上面的中炮石说比较相近。

淹死说也是出现得较早的一种观点。公元1307年，小阿美尼亚海屯口授的东方史《海屯纪年》认为：蒙哥在进攻宋军时，乘坐的战船被宋军潜水者凿穿，因此被淹死。这种说法没有其他史料的支撑，因而后人很少采用。

羞愧说最早出现在南宋末年黄震的《古今纪要逸编》中。该书认为蒙哥是因屡攻钓鱼城不克，羞愤而死的。《钓鱼城记》也说，王坚为了刺激蒙古军，向城外抛扔了两条各重三十斤的大鱼和几百个蒸面饼，附上一封信，上面写道：“尔北兵可烹鲜鱼、食饼，再攻十年，钓鱼城也不可能得到手。”蒙哥见到后，羞愧难当，一激动就发病而死。

染疫说是最为流行的一种说法。这种说法认为：早在钓鱼城之战刚开始阶段，蒙哥命纽磷赴涪州，切断由荆湖西上的南宋援军。纽磷所部因不

适应四川气候而流行疫病，“士马不耐其水土，多病死，纽磷忧之”。进攻合州的蒙古军也为疫所困，史天泽部“军中大疫”，士兵一个个病倒死去，一度想班师退兵。由于蒙古人从未预料会得疫疾，军中也没有准备防疫措施。但蒙古人知道喝一定数量的酒可以抵抗疫病，而在实际使用过程中又有一定作用，所以蒙哥决定在部队中推广。《元史·月举连赤海牙传》云：月举连赤海牙随蒙哥汗攻合州，奉命修曲药。酒曲做出后，分发给士兵，“以疗师疾”。1307 年，波斯政治家剌施特哀丁的《史集》第二卷记载，当时元宪宗也染上了疾病。他下令全军喝酒来对付疾病，自己也坚持饮酒，但不久健康状况进一步恶化，驾崩于军中。

从目前掌握的资料来看，最合理的说法应该是染疫说。但不管怎么说，蒙哥死后，蒙古军只得全军北撤，川中的形势顿时缓和了下来。可以这么说，蒙哥之死影响了宋蒙关系的历史进程。

3. 迁离故地：忽必烈定都“大都”因何故

公元 1260 年，元世祖忽必烈在开平称帝，至元八年（1271）建国号为元，次年迁都大都，从此大都开始了作为元代唯一正都的历史。究其迁都的原因，有人说是他丧失了对漠北的控制力，有人说是他为了方便统治南方。到底是什么原因使他在即位十多年后决定正式迁都呢？

元世祖忽必烈是成吉思汗的小儿子拖雷的第二个儿子。他的母亲唆鲁忽帖尼深受汉文化的影响，常征召儒士到漠北去为她的孩子们讲学，因而忽必烈从小就受到儒家思想的熏陶。20 多岁时，忽必烈与燕京大庆寿寺的海云禅师过从甚密，海云将他的弟子子聪推荐给忽必烈，而他也经常向其请教。子聪俗姓刘，名侃，后改秉忠。后来，忽必烈又召纳了赵璧、郝经等众多儒学名师在身边。

公元 1251 年，忽必烈的哥哥蒙哥接大汗位。忽必烈因为在蒙哥争夺汗位的斗争中推戴有功，受到器重，总领漠南汉地军国庶事，统领陕西和河南地区。他接受刘秉忠的建议，在漠南大兴汉法，试行仁政，取得了较大的效果。这一切引起了元宪宗蒙哥的猜忌，一部分宗亲大臣也进行挑拨，认为忽必烈在拉拢中原人心。

公元 1257 年，蒙哥借口忽必烈腿疾而收回了他的兵权，同时设立钩考局，派人到陕西、河南检查财赋，借机铲除忽必烈的下属党羽。儒臣姚枢对忽必烈进言说：“大汗在国是君，在家是兄，你难与之抗衡。不如将妻子儿女送归朝廷，表示自己没有异志，或许可消除大汗的怀疑。”忽必烈依言将妻女送到和林，自己又去亲见蒙哥，说明自己在漠北的所作所为。

公元1260年，蒙哥率军进攻南宋四川钓鱼城时，病死在军中。这时忽必烈正率军在渡淮攻打鄂州。消息传来，许多人认为他应撤兵北归，夺取汗位，而忽必烈认为不能无功而返，仍渡过长江，进围鄂州，与宋军贾似道对峙。

这时，忽必烈得到妻子的密报，他的弟弟阿里不哥正在谋继汗位，他就采纳郝经的意见，接受贾似道求和的要求，率师北归，于年底回到燕京。

公元1260年，忽必烈不顾蒙古传统惯例，在开平自行召开忽里勒台选汗大会，在塔察儿等一部分王族的支持下，登上大汗宝座。蒙古大汗的产生要经过忽里勒台会议推选，而且要有成吉思汗家族各支系、诸王贵族参加，在鄂嫩河、克鲁伦之地举行才算合法，被推选人必经过一番形式上的推辞，才能继承汗位。而忽必烈的上台，仅召集了自己的亲信诸王，没有给予有选举权的其他各系诸王们时间和机会来行使权力，因此他的即位被许多蒙古贵族认为是不合法的。几乎同时，阿里不哥在和林也召开大会，受到另一部分贵族的拥护，宣布即大汗位。于是蒙古国出现了两个自称合法的大汗。

总的来看，支持阿里不哥的蒙古贵族更多，但忽必烈发挥了自己在军事上的才能。他迅速发兵控制了川陕地区，亲征和林，封锁了运输线，使阿里不哥无法从汉地获得粮食而陷于困境。之后，阿里不哥多次战败，财力、物力越来越贫乏，渐渐众叛亲离，西北诸王纷纷倒向忽必烈。阿里不哥最后不得不到上都向忽必烈投降。

战胜阿里不哥之后，1261年8月，刘秉忠建议忽必烈定都燕京，他马上赞同，下诏修建宫室城池，作为中都。这时的中部事实上已成为忽必烈的政治中心。那么，忽必烈为什么放弃原来的汗廷而迁都呢？

击败阿里不哥，其实并没有消灭贵族内部的隐患。忽必烈有生之年，北方诸王叛乱此起彼伏，从未停止。先是海都等一些守旧的蒙古藩王主张蒙古旧俗，反对忽必烈行汉法，多次兴兵问罪，一度占领和林。之后昔里吉和乃颜等也先后叛乱。这些事件说明忽必烈作为蒙古大汗的权威在逐渐减弱，他在征服中原的过程中，也在丧失对漠北的控制力。

阿里不哥虽然已经被击败，但不能保证他不会东山再起，东北、西北诸王也不可能全部消灭。在这样的政治背景之下，忽必烈觉得定都和林有冒险的成分，而把它作为中原的屏障，

作为缓冲地带来抵御北方不断的叛乱，是再好不过了。所以在战胜阿里不哥之后，忽必烈决定迁都。

同时，北方政局略为稳定后，忽必烈开始进攻南宋。1267年他再度攻宋，占领襄樊后，灭亡南宋的时机也告成熟。接下来的问题是如何统治宋地，如何有效地对西夏故地和大理、西藏等地进行管理，忽必烈及其身边的智囊团自然而然地想到了迁都。那么，忽必烈迁都的想法是从什么时候开始的呢？

早在元宪宗时期，忽必烈就经营漠南，培植了强有力的汉族政治、军事和经济力量。还未登位时，大臣霸突鲁就说："幽燕之地，龙蟠虎踞，形势雄伟，南控江淮，北连朔漠。且天子必居中以受四方朝觐。大王果欲以营天下，驻跸之所，非燕不可。"所以迁都之议从忽必烈即位不久即已开始。之后由于自己在蒙古贵族中的威望减弱，而从有效控制中原之地考虑，忽必烈决定于1272年正式迁都。他自己也说："朕居此以临天下，霸突鲁之力也。"说明迁都是考虑了很长时间的。

至于一些观点认为忽必烈迁都是北方少数民族封建化的结果，迁都是考虑到了经济上的因素，这些恐怕是迁都的原因之一，但肯定不是主要原因。

4. 前朝遗子：元顺帝身世的故事

元顺帝是元朝的末代皇帝，按《元史》记载他是元明宗的长子。不过元明宗的弟弟元文宗却说顺帝不是明宗亲生的，而且还将他流放到边疆。在明朝人的一些作品中，对顺宗是南宋恭帝赵㬎的儿子、元明宗养子的说法得到了充分肯定，这到底是怎么回事呢？难道元顺帝真的是宋恭帝赵㬎的儿子吗？

据《元史》记载，元顺帝妥欢贴睦尔生于延祐七年（1320），是元明宗的长子。至顺四年（1333），只有13岁的妥欢贴睦尔，被权臣拥立为帝，成了元朝的最后一个皇帝。

顺帝的生母是罕禄鲁氏，名迈来迪，居于金山之北，明帝到北方时，见到了貌美品端的她，就收纳为妃子，之后生下了顺帝。照理说，关于元顺帝生父母的记载是比较明确的，不该有什么疑问。然而，从元朝开始，许多人对元顺帝的出生表示出了极大的兴趣，并且提出了一些令人意想不到的看法，这到底是因为什么呢？

首先提出顺帝不是元明宗儿子的是元文宗图帖睦尔。泰定五年（1328）七月，元泰定帝死以后，权臣们把9岁的泰定帝皇太子阿速吉八

抱上皇帝的宝座，改元“天顺”，史称天顺帝。但仅仅三个月后，天顺帝就被左丞相倒剌沙杀害。图帖睦尔在权臣燕铁木儿等人的支持下，自江陵入居大都，被立为帝，即元文宗。但文宗考虑到他的哥哥和世㻋是武宗的嫡长子，应让位于他，所以派人到漠北迎和世㻋还京师，即皇帝位，是为明宗。

明宗即位几个月之后，就被燕铁木儿投毒害死。这样，文宗第二次在上都继皇帝位。次年四月，明宗皇后八不沙被谋杀，妥欢贴睦尔被迁徙到高丽，居大青岛中，不与人接触。在这样的一种皇位争夺背景下，至顺二年（1331），文宗诏告天下，说元明宗在生前一直声称妥欢贴睦尔不是他的亲生儿子，因而将妥欢贴睦尔移到广西静江（今广西桂林）去了。这件事由于影响较大，所以宫廷史册《脱卜赤颜》和明初修的《元史》均有详细记录。不过就事实来看，文宗说妥欢贴睦尔不是明宗的儿子，主要的意图恐怕是为了保住皇位，因为明宗的长子应是皇位最有力的竞争者。

自文宗提出后，再加上顺帝是元朝最后的一个皇帝，历代文人对他的出生就格外关注。元末明初有个叫权衡的人在《庚申外史》一书中，从文宗的诏书着手，将顺帝的出生妙笔生花成一个带有传奇色彩的故事，顺帝的父亲变成了宋恭帝赵㬎。

书中记道，德祐二年（1276），元军入临安城，幼帝赵㬎、皇太后全氏与宗室、宫人、文武官员及太学生等数千人被俘北上。这年五月，赵㬎来到上都，忽必烈封他为瀛国公。之后赵㬎在白塔寺中为僧，天天念经吃斋，后又奉诏迁居甘州山寺。有一位赵王可怜赵㬎上了年纪，但仍孤身一人，遂将一个回回女子送给他作为侍妾。延祐七年（1320），这位女子生下一子。当时元明宗正好前往北方路过此地，突然见到寺庙上面有五色云气缓缓上升，像一条龙的形状，遂走上前来察看。他来到赵㬎的居室，得知他刚生下一个儿子，一看，很招人喜爱，就收为养子，并将母子二人都带进了宫内。

权衡《外史》的传说，引起了后人对顺帝生父的探究，各种各样的传说猜测越来越多。细节越来越清晰，内容更加丰富，故事也特别生动。在明朝人的一些作品中，对顺宗是赵㬎的儿子、明宗的养子的说法得到了充分肯定，并且进一步搜集资料加以丰富论证。明朝史学家谈迁更是将这则故事当做史实载入他的名著《国榷》中，余应、何乔新、程敏政、钱谦益等人对此也津津乐道。

与此同时，明朝也出现了一种稍有不同的说法，称元顺帝确实是赵㬎的儿子，但却是个遗腹子。元明宗北上见到赵㬎的妻子时，十分喜欢，强行将她纳为自己的妃子。赵㬎的妻子此时已有身孕，嫁给明宗不久就生下

了顺帝。这种说法见诸于袁忠彻《符台外集·纪瀛国公事实》中。从所述内容来看，这种说法实际上是在将前面的传说进行修正，以使它与《元史》的记述互相没有矛盾。

清朝及近代的一些史学家仍然认同顺帝是赵㬎儿子的说法，万斯同、全祖望及王国维等都有专门文字进行考证。北方的一些少数民族如辽、金等都有收继养子及外姓人入族的习俗，元人也同样是如此。元明帝收养赵㬎的儿子在当时是符合蒙古人的风俗习惯的，因此可能性较大。至于说顺帝是赵㬎的遗腹子，从出生年月上看，有许多地方不相符合，这种说法很难使人确信。

当然更多的人并不相信上面的传说是真的，他们认为元顺帝的生父确是元明宗，根本不可能是赵㬎。

毕沅的《续资治通鉴》是一部重要的编年体史书，在谈到这一问题时他认为文宗的诏书并不足信，《庚申外史》和明朝余应之等的诗文是“委巷俚鄙之谈”，根本不足为据。

《四库全书总目提要》卷五二对《庚申外史》这本书评价较高，但对其中称顺帝是瀛国公赵㬎的儿子这一条进行了辨证，认为是无稽之谈。指出明朝袁忠彻、权载之、程敏政、钱谦益、余应之的诗文中谈到的这件事，都发端于《庚申外史》。经过对事实核查，“渺无可据，实为荒诞之尤，非信史也”。之所以出现这样的传说，主要是直到元朝中叶，仍有一些宋朝遗民对元朝灭宋十分愤恨。当他们见到元文宗说顺帝不是明宗的儿子，就乘机编造故事进行发泄。明人恨元朝蒙古人，于是也附和上去加以渲染流传，使这件事传播得很广，影响较大。

《四库全书总目提要》的观点得到了许多人的认同，所以清末民国初年的一些有关元朝的史书，如魏源的《元史新编》、柯劭志的《新元史》等，都没有将赵㬎是顺帝的生父作为信史采用。

这样看来，明人提出的赵㬎是顺帝的生父，从目前所拥有的史料来看，还难以使更多的人相信。因为正像《四库全书总目提要》所说，所有的观点其实是来自同一出处——《庚申外史》，因而资料并不充分。

5. 积重难返：“破罐破摔”的元顺帝

元顺帝统治后期，不理朝政，整天沉溺于淫乐之中，花天酒地，嫔妃成群，长夜宴饮，不理朝政，战备松弛，成了昏庸不堪的一代亡国之君。不过元顺帝并不是从登上帝位开始就昏庸不堪的，那么，他到底是怎样变成一个昏君的呢？

元朝最后一个皇帝——顺帝妥欢

贴睦尔，作为一代亡国之君，常被认为是昏庸不堪的帝王，时人评价他是怠于政事，荒于游宴。翻开史书，确也如此。

元顺帝是元明宗的长子，元朝末代皇帝，蒙古语乌哈笃皇帝。元文宗时，他先后被流放高丽和静江（今广西桂林）。至顺四年（1333）六月即位。初期受制于文宗图帖睦尔和燕铁木儿家族势力，“深居宫中，每事无所专”。至元间又被权相伯颜挟制。

在顺帝的身边，我们可以看到一些无耻之徒极尽谄媚，尽力投其所好，引导着他一步步走向堕落。有一位叫哈麻的官员，原是一个小小的侍御史，因宰相脱脱的推荐，深受顺帝宠爱，这时他向顺帝推荐西方和尚的揲儿法，说这种叫“大喜乐”的练功法能使人身上的气流或消或长，或伸或缩，可以达到延年益寿。顺帝听后大喜过望，每天与哈麻等人一起练功。哈麻的女婿秃鲁帖木儿也是一个极尽巴结能事的心术不正分子，他迎合顺帝所好，向他举荐了西蕃僧伽磷真，说这个和尚特别擅长“秘密法”。秃鲁帖木儿开导顺帝说：“陛下虽位居万乘天子，富有四海，但不过就是保有现世而已。人生能有多少长？你要延长寿命，必须学习秘密大喜乐法练习禅定。学习这种禅定法后，才真正会感到其乐无穷。”想不到头脑发昏的顺帝竟然会深信不疑，任命了秃鲁帖木儿等十人为“倚纳”，天天与他们一起演习大喜乐法。

为了在练功时不被打扰，顺帝在上都还修建了庞大的穆清阁，连延数百间房子，每间内都安排一个女人在里面，说是为了练习大喜乐必须这样做，练功时还不忘看女人的艳舞表演。顺帝还特地挑选了宫女三圣奴等16人天天在宫内演出，起了个名字叫16天魔舞。在他的倡导下，宫中兴起了演习大喜乐和跳天魔舞的热潮。每天看这些天魔舞女的演出十分过瘾，但又害怕大臣们知道后劝谏，顺帝就让人挖了地道把天魔舞女藏于其中，每天秘密到地道中和舞女们鬼混；男女裸体，聚众淫乐，白天连着黑夜，至于国家大事，这时早不知抛到什么地方去了。

顺帝还独出心裁，不断翻新花样，自己设计。在内苑造龙船，长120尺，宽20尺，船的上部有五个大殿，全部用五彩金饰装饰，水手24人，皆穿了金紫的衣服。船一动，船头的龙首、龙眼、龙口、龙爪和龙尾都会跟着动起来。每天他都和嫔妃、宫女们乘坐这只龙船在后宫至前宫的湖中往来游戏。

他爱看舞蹈，在厚载门高阁建起了舞台，经常通宵达旦地在阁里观赏。这时他的心中已没有国家这个概念了，大臣们上朝，他不问政事，却为大臣设计房屋的模型，亲自“削木构宫”。尽管他所做的模型只有一尺来长，但里边栋梁楹槛，样样俱全。他还选了

108名僧人，大搞游皇城活动，每次涉及的人数多达数万人，所费财力和国力不可胜数。所以有人说他是一位优秀的建筑师、设计师、发明家。他精通木工设计、制作，通晓机械，极富于智慧和创造力，因此京城人称他为鲁班天子。

在这样一位荒淫腐朽的皇帝统治下，整个国家已是凋残败落，各地起义反抗风起云涌。宰相脱脱认为哈麻是引诱顺帝走向荒淫的罪人，希望顺帝将他革职查办。顺帝听后很不高兴，说当年哈麻是你举荐的，现在又要撤他的职，到底是为了什么？接着他又说："撤职大可不必。人生几何，及时行乐为是。军国大政，有卿主持，朕可放心，你少讲几句，我就能长久地快乐，如此人生知足矣。"说完还哈哈大笑，气得脱脱两眼发直。

脱脱对他说外边的形势十分紧张，各种灾害变异不断，农民土匪到处都在造反，顺帝于是就派脱脱总管各路人马南征。至正十四年（1354），哈麻诬陷脱脱，顺帝不辨真假，先是下诏撤了脱脱的兵权，安置淮南，后又命他去云南，所有家产没收充公。最后，一代名相脱脱终于被害死在云南。

脱脱死后，元军迅速解体，政府中的矛盾也开始激化，各地农民起义乘机蓬勃发展。最终为躲避兵锋，元顺帝率三宫后妃、皇子太妃等仓皇北逃沙漠。几年后，因痢疾死去，年51岁。

这样一个昏庸的帝王，将元朝大好江山拱手让人，按理来说，是丝毫不值得我们同情的。不过有人指出，元顺帝的腐朽昏庸并不是他的本质，刚登上帝位时不是这种样子，他可以称得上是一个颇具改革精神的好皇帝。这到底是怎么回事呢？

顺帝即位时只有十三岁，当时拥立他上台的是权臣伯颜。所以从感恩的角度，他提拔伯颜为中书右丞相，主管朝中大政。但伯颜执政后，利用手中大权，扩展自己的势力，打击异己，势焰熏灼，顺帝成了他的傀儡。随着年龄的增长，他对伯颜的专横跋扈日益不满，逐步产生了改变自己无权的地位和按照自己意志处理朝政的愿望。至元六年（1340），他在脱脱的帮助下，乘伯颜外出游猎，关闭都城大门，巧妙地驱逐了伯颜。

从至正元年（1341）开始，顺帝任命脱脱为中书右丞相，大刀阔斧地进行社会整顿和改革。他上台后接受了脱脱等人的建议，恢复了科举制度，并亲自考试进士，不问出身和民族。从选拔人才的角度考虑，他还加强对人才的培养，为此大兴学校，提倡文化教育，单是蒙古、回回和汉人的三监就招收了贵族子弟三千多人。学校里的学习内容，他规定以儒家经典为主，还多次派人到曲阜去祭祀孔子。伯颜专权的时候，官吏腐败，不务政事，贪污受贿。顺帝明察到了这些情况，就加强了对官吏的考核，对地方

秩序的整顿。同时，他对农业生产十分重视，在开设屯田和修筑水利工程方面花费了不少精力。顺帝和脱脱在政治、经济和思想文化等方面对社会进行的全面改革和整顿，当时的史书上评价很高，称之为“至正更化”。

不过我们也可以清楚地看到，所谓的这些“更化”措施，其实并不见很大成效，社会积弊很深，官吏腐朽并不是短时期内造成的，所以脱脱和顺帝推行的改革并没有收到预期效果，各地也没有认真执行。这时的顺帝一筹莫展，他再也拿不出救世良方来了，失去了治理社会的信心，不再考虑采取更好的办法去治理，相反变得十分消极。哈麻之类人的引导，对心态极不稳定的顺帝诱惑力极大，他的思想急剧地向相反方向发展，整天沉溺于淫乐之中，花天酒地，嫔妃成群，长夜宴饮，不理朝政，战备松弛，成了昏庸不堪的一代亡国之君。

这样说来，和列朝的末代皇帝相比，同样是昏庸，元顺帝与他们还是有所不同的。

6. 乱国宦官：中国历史上唯一的外籍太监

太监制度是中国封建王朝宫廷的特有产物，这种制度充分反映了封建统治阶级极端残忍、极不人道的本质。太监大都出身贫苦，他们为了生存，不惜割掉生殖器以进入皇宫去侍奉皇室成员。可是，中国历史上还曾有过外国籍的太监。那么，这是怎么回事呢？

在元朝文宗时代，出现了中国历史上第一位外籍太监，他就是高丽人朴不花。那么，他是怎样进入元朝宫廷而成为一名太监的呢？

朴不花 7 岁的时候，因为家庭贫苦，为了生存只能净身进宫去当太监。刚进宫的时候，他只是一个专门负责端茶倒水、扫地擦桌子的小太监。在此期间，他结识了一个与他同时进宫的小姑娘奇洛，这个小姑娘在皇宫里负责做针线活，没事的时候，两个人常聚在一块说说话，诉诉思乡之苦，二人相互关怀、相互照应着，从此他就和奇洛成了儿时的玩伴。

光阴荏苒，随着时间一天天过去，两个孩子也都长大了。风吹不着、雨打不着的宫廷生活，让当年的小姑娘奇洛出落成一位粉面娇容、鲜嫩可爱的美人。后来，元文宗的儿子妥欢贴睦尔在宫中游玩的时候看见了美丽的奇洛，并把她收进了自己的府中。奇洛不仅人长得漂亮，更难得的是性格极为乖巧温柔，很快就得到了妥欢帖木尔的宠爱。不久之后，元文宗驾崩，太子妥欢帖木尔登基当了皇帝，这就是元顺帝。就这样，当年的小宫女奇洛成了元顺帝的二皇后。

奇洛成了母仪天下的皇后，自己

过上了锦衣玉食日子，但她并没有忘了自己儿时的玩伴朴不花。她把朴不花调到了自己居住的兴圣宫内，并任命他为荣禄大夫，并让他去当了资正院使。要知道资政院可是元朝专门管理全国财政的部门，这可是个能捞银子的肥缺。奇洛二皇后把如此实惠的事交给了朴不花，朴不花当然不能辜负了她的好意。就这样没过几年，当年的小太监朴不花就逐渐地蓄存了万贯家资。

朴不花虽然贪污了国库的大量钱财，但动作十分小心，朝廷大臣们都没有察觉，再加上朴不花是太监出身，所以对于人际关系很在行。他把自己贪污的钱财经常送给朝中的权臣和皇亲国戚们，这就使得当时的宫内宫外称赞他是个大好人，赞扬声不绝于耳。

天天听到这样的话，朴不花开始慢慢地变了，这时钱财已经不能填满他那不断膨胀的私欲。他又开始觊觎权势，再加上元顺帝也非常喜欢朴不花，经常派他外出检查、赈灾之务。

奇洛二皇后生的儿子被立为皇太子后，朴不花又把心思都扑在了太子身上，太子的吃喝玩乐全由朴不花亲自打理。这时元顺帝开始厌倦了处理政务，整天沉迷于声色犬马之中，他不但把军国大权都交给了太子，而且还任用了朴不花推荐的搠思监为宰相。这时的朴不花已经是权倾朝野的人物，不管是官吏的升迁任免，还是国策的制定颁布，都任凭朴不花来决定。他把朝中与自己关系不好的大臣们都赶出了朝廷，发配到边远地区。

因为元顺帝的昏庸和他对朴不花、搠思监等人的放纵，致使他们更加变本加厉地擅权枉法，朝野内外动荡不安，大元王朝的末日就要到来了。不久之后，国内的军阀势力都趁机起兵造反。军阀们为了扩大势力，纷纷参与了宫廷权力的争斗，一时之间天下大乱。

这时候，太子见国家局势动荡，便想趁机逼迫元顺帝禅位给自己，而朴不花、搠思监、奇洛二皇后都站在了太子一边，几个人开始策划颠覆元顺帝的活动。就在他们商量着如何篡位的时候，元顺帝发现了他们的阴谋。而且几人在朝中无法无天的行为也引起了朝中大臣的一片愤慨之声。于是，顺帝下旨把朴不花、搠思监等人关入天牢。

不久之后，平时就与朴不花有仇的孛罗帖木儿趁太子出京的机会，斩杀了这两个乱国的奸臣。就这样，中国历史上唯一的一位外籍太监走完了他的一生。朴不花死后不久，元朝就灭亡了。

第八章

明朝历史谜案

1. 隐居西南：建文帝遁入佛门苟全性命

明朝有十六个皇帝，除了吊死煤山的末代皇帝崇祯之外，现在只有十四处皇陵，这其中唯独缺少第二代皇帝建文帝的陵墓。这是因为建文帝被朱棣篡权而失去皇位，不知是死于战乱还是逃亡，最后不明下落的缘故。那么，作为一代帝王的建文帝最终的结局到底如何呢？

明洪武三十一年（1398），明太祖朱元璋驾崩，大明王朝的皇位传给了皇太孙朱允炆，这就是明惠帝，因为国号建文，所以后来大家都称他为建文帝。朱允炆品性仁孝，优柔寡断。朱元璋在位时，为了给中央政权建立屏藩，曾经把24个儿子分封到各地为王。但是到了建文帝登基的时候，因为各地的藩王势力越来越大，这引起了建文帝的警惕，于是他决定削藩。建文帝的四叔燕王朱棣便以此为借口，起兵叛乱。这场战争历时三年，史称“靖难之役”，此次叛乱祸及河北、山东、安徽、江苏数省。建文四年(1402)，朱棣最终以胜利者的身份登上皇位，而建文帝在位仅四年。

南京城陷之后，当时攻城的大火一直烧到了皇宫，皇后也被烧死在这场大火中。另外还有一具已被烧成焦炭的死尸，朱棣以为那就是是建文帝，假惺惺的对着焦尸大哭了一场，但是心里其实一直有所怀疑。朱棣连续在皇宫内寻找了好几天，也没有找到建文帝的身影。那么，建文帝真的是被烧死了吗？

明末清初，人们对建文帝的下落就已经有所怀疑了。有人认为建文帝被攻城的大火烧死了，但更多的人则认为建文帝并没有死，而是趁着大火逃出了京城。建文帝的下落引起人们的种种猜测，其实这都是因为史籍上对其记载各不相同，互相矛盾所致。

《明史·成祖本纪》和《明史·方孝孺传》都说建文帝见回天无力，于是下令烧毁皇宫，然后携皇后跃入火中自焚而亡。朱棣进入皇宫之后，听了宫女们的叙述，并从灰烬中找到一具面目全非的焦尸，“以天子礼葬建文皇帝”。

而根据《明史·恭闵帝本纪》载：“宫中火起，帝不知所终。燕王遣中使出帝后尸于火中，越八日壬申葬之。”这里只提到了建文帝下落不明，并没有肯定的说被烧死了。而《补本》等其他一些史籍则说：“棣遣中使出后尸于火，诡云帝尸，越八日壬申，用学士王景言，备礼葬之。”“上入宫，忽火发，皇后马氏暴崩，程济奉上变僧服遁去。燕王遂入宫……因指烬中后骨以为上。”可见朱棣将灰烬中随便一具死尸诈称是建文帝，葬之而后自己称帝，至于建文

帝其实早已换上僧人衣服逃脱了。当代的研究者们也都认为建文帝没有死于大火，而是在城陷之际逃了出去。

《明史纪事本末》成书早于《明史》，所记载的资料更加原始，可信度也更高。根据《明史纪事本末》的有关记载，燕王军队攻入南京金川门后，建文帝见大势已去，痛哭流涕，曾想一死了之。此时，翰林院编修程济提出逃亡计策，太监王钺也跪奏说，太祖朱元璋驾崩时曾留下一个铁箧，吩咐遭大难时交给建文帝，铁箧现藏在奉先殿。建文帝赶紧命人取来，程济打开铁箧一看，里面有两张度牒（僧人的身份证明），还有袈裟、僧帽、僧鞋、剃刀等工具，白银十两以及逃跑线路图，度牒上标明法名：一张是应文，一张是应贤，一张是应能。毋庸置疑，“应文”是建文帝，“应贤”是监察御史叶希贤，“应能”则是吴王教授杨应能。铁箧内还有一纸书，上写：“允炆从鬼门出逃，其余人从水关御沟出逃。”于是，建文帝按照朱元璋遗书的指引，换掉龙袍穿上袈裟，从地道逃出了京城。为了避免朱棣斩草除根，他后来还将自己的名字改为“让銮”，暗示逊国退帝位之意。那么，建文帝出宫后究竟逃向了何处呢？

对于这个问题，研究者说法不一。第一种说法认为他逃到了湖北武当山，第二种说法认为他逃往了苏州穹隆，第三种说法是逃到了云南浪穹，第四种说法是贵州安顺，而第五种说法则认为建文帝逃到了青海瞿昙寺。

民国《创新渭源县志》卷九《艺文志》中“五竹寺记”载：“建文于夏六月庚申十三日未时，由癸门出，比时愿扈驾车二十二人……君臣奔窜崎岖，昼伏夜行。历滇南、巴蜀，建文至乐都瞿昙寺……”这可以作为一项参考资料，表明建文帝有可能逃亡到了青海瞿昙寺。

台湾出版的《明惠帝出亡考证》一书称，奉朱棣命外出查访的官员一直没有查出结果，为了交差，就谎称建文皇帝跑到了西洋一带。于是朱棣又派自己的亲信宦官郑和下西洋，表面上是为了通商，实则是为了暗查建文皇帝的下落。

根据史籍中提供的线索，以及多年来先后发现的疑为建文帝流亡避难或隐居过的故址综合分析，建文帝逃出京城后流落在西南地区为僧，曾到过湖北、湖南、四川、云南、贵州一带。其中较为确切的大概要数近年发现的蜀北广元青川县青溪镇华严庵遗址，经考古专家实地勘考，已经确认是建文帝在蜀时的避难地。

青溪古镇处川、陕、甘“鸡鸣三角地”，特别是三国以来，阴平古道、褒斜道、景谷道、金牛道等经过或紧邻这里，陆路连接秦陇十分方便，青溪水路可经白龙江入嘉陵江通达各地。华严庵就在镇南约七公里处的莲花山上，占地面积超过百亩，东西两面是草木丛生的山沟，西侧山沟内有巨石垒砌的双层中空明代石墙。庵内有明

石碑、石佛、九五方圆塔、清皇历书等遗址和遗物，其中两块古碑“广佛碑”和“华严庵重建碑”中都有关于建文帝于宣德六年到此的记载。这与《明史纪事本末》卷十七“建文逊国”中“宣德六年，文帝由西安入蜀”的记载正好吻合。

“广佛碑”立于清康熙八年，高1.7米，宽0.90米，上有《鼎建华严庵碑志序》：“有古刹名曰华严庵历稽典籍启自元时又为明初建文皇上隐跸之所……”

“华严庵重建碑”立于康熙五十八年，碑高1.70米，宽0.92米，上有《重建华严庵碑记》：“华严庵之设也，其说有二，一曰肇自建文隐跸之时……盖建文钟其意于始玉峰径其口事于后也。”两碑为建文帝入蜀避难提供了实物佐证。

华严庵所处的位置颇有龙脉之象，周围簇拥着座座山峰呈莲花形状，华严庵所在的山顶却像一把巨大的椅子，两边的陡峭山脊就像椅子的扶手，庙后荫翳蔽日的丛林遮盖的龙洞岩则像椅背。同时，华严庵深藏于海拔1200米的山峰上，峰下藤缠棘绕，易守难攻，是藏身的绝好地方。庵的四周有建于明代的石墙包围，从庵内有地道与石墙相连。庙的右侧后方一座2.75米高的石塔，从上至下用大大小小五圆四方共九块石头垒成，顶上还竖着一块高帽子一样的尖石。石塔后边丛林掩映着一个占地700多平方米的大土堆，明显系外移堆积而成。专家推测，这个土堆应该是一座坟墓。联系到五圆四方的石塔，让人不能不产生这样的大胆联想：它是象征“九五之尊”吗？如果真是这样的话，那么坡林内的坟墓就很有可能是建文帝的陵寝了，也就是说，建文帝颠沛流离，最后死于华严庵。

然而，一切都必须等待发掘后才能得出确切的答案。但愿扑朔迷离的建文帝下落之谜会有一个令人信服的证明。

2. 腥风血雨：胡惟庸和蓝玉谋反案的真相

洪武十三年（1380），大明王朝发生了一件震惊天下的大案，丞相胡惟庸谋反，这个案件前后被株连的多达三万余人。十多年之后，战功赫赫的名将蓝玉也以谋反罪伏诛，受此案牵连被害的也有一万五千多人。这两次大案，使明朝的开国功臣几乎全部被诛杀，那么，胡惟庸和蓝玉真的要谋反吗？果真有那么多开国功臣参与他们的谋反吗？

胡惟庸案、蓝玉案是明初影响最大的谋反案件。当年随朱元璋打天下的文臣武将受这两大案件的牵连而惨遭屠戮的达几万人之多，朝中大臣几乎全部被诛杀。

朱元璋能够当上大明王朝的开国皇帝，这与他身边有一批才智过人、

英勇善战的文臣武将是分不开的。朱元璋称帝后曾经对这些有功之臣论功行赏，而一些功臣便也从此居功自傲起来，这其中以李善长、胡惟庸等所谓的“淮西帮”势力在朝廷中影响最大。这对有着强烈权力欲望的明太祖来说，显然是不可接受的，他对此一直不太放心，恐怕“淮西帮”图谋不轨，危及自己的皇位。

胡蓝“谋反案”成为朱元璋清算这些功臣的大好时机，无论胡惟庸、蓝玉是否真的谋反，但如此大规模的株连显然是朱元璋有意为之的。从此之后，明太祖不仅将相权和兵权牢牢掌握在自己手中，还将他不放心的开国功臣们一网打尽，可以说是最大的受益者。

关于朱元璋大兴杀戮的原因，目前史学界还没有定论。比较流行的说法主要有两种：一种观点认为：朱元璋为加强中央集权，保证自己的皇帝地位，而故意找寻藉口，大兴狱案，以达到铲除功臣的目的；另一种说法认为：胡、蓝等人居功自傲，目无法纪，并觊觎天子宝座，所以遭致杀身之祸。那么，真相究竟是怎样的呢？

胡惟庸案的主角胡惟庸，早年随朱元璋起兵，颇受朱元璋的宠信。在同乡李善长的提携下，最后官至左丞相，位列三台。其实，胡惟庸这个人不学无术，并没有多少才能，但溜须拍马、欺上瞒下倒是很有一套。《明史》中记载说：“帝以惟庸为才，宠任之，惟庸亦自励，尝以曲谨当上意，宠遇日盛。独相数岁，生杀黜陟，或不奏径行。内外诸司上封事，必先取阅，害己者匿不以闻。四方躁进之徒，及功臣武夫失职者争走其门，馈遗金帛名马玩好，不可胜数。”随着官职越来越高，胡惟庸也日益专断独行起来，这当然是朱元璋所不能接受的。朱元璋从元朝灭亡的教训中，认识到朝中大臣的权力过大，有可能使自己的皇位不保，心中就有了“除之而后快”的想法。

胡惟庸非常了解朱元璋这个人，朱元璋对他有所察觉，他当然也没闲着，他为了保住自己的权利，也开始在暗中有所准备。就这样，双方的矛盾因一个偶发的事件被激化了。据史书上的记载：有一次，胡惟庸的儿子乘坐马车在街上一路狂奔，结果掉下了车摔死了。胡惟庸一怒之下就把驾车的奴仆给杀了。这一下惹恼了朱元璋，他大骂胡惟庸，还让他偿命。虽然胡惟庸表示愿意重金赏赐奴仆的家眷，但皇帝仍然不依不饶，坚持要求他偿命。胡惟庸知道朱元璋想对他下手，与其被动等皇帝来宰杀不如先下手为强，于是便计划发动政变，杀掉朱元璋。

作为封建王朝的丞相杀死家中的一个仆人，并不是什么大不了的事情，但朱元璋偏要对此不依不饶，胡惟庸认为这是朱元璋故意要将他置于死地，所以只得铤而走险，准备谋反。但事发之前，他的同党涂节向朱元璋告发了此事。朱元璋大怒，洪武十三年

(1380)，他以“擅权植党”、“枉法诬贤”、“蠹害政治”等罪名，将胡惟庸处死。

胡惟庸死后，此案并没有因此结束，反而愈演愈烈，其罪状逐步升级。洪武二十三年，也就是胡惟庸被杀10年之后，罪状又升级为“通倭通虏”的“谋反”罪，说他勾结明朝的死敌蒙古和日本，这可是罪大恶极、十恶不赦的重罪。

这个案子牵涉到许多洪武朝的重臣，就连已经退休在家的开国丞相李善长也没能幸免，他家中的恶奴向皇帝告发，说看到李善长和胡惟庸在一起密谈谋反大计。于是这位在朱元璋打天下时一直跟随身边为其出谋划策、被朱元璋赞为“萧何”的80多岁的李善长也难逃被赐死的厄运。除朱元璋的亲生女儿临安公主的丈夫（李善长的长子李祺）及他们的两个儿子外，李氏一家男女老少70余口，被满门抄斩。

为进一步加大打击力度，朱元璋还特地颁布《昭示奸党录》，凡是他心存疑虑的大臣都被加上“胡党”的罪名。据记载，因胡惟庸案“诛者三万余人”，并“株连蔓引，迄数年未靖”。胡惟庸被杀后，朱元璋从此不再设丞相一职，并严格规定嗣后不得再立丞相；臣下敢有奏请说立者，处以重刑。自此，秦汉以来实行了一千多年的宰相制度被废除，中央集权得到进一步加强。那么，胡惟庸是真的想要谋反吗？

对于胡惟庸到底是不是谋反，历史上一直存在争议。明朝史学家郑晓、王世贞等皆持否定态度，认为其实是朱元璋想借此案来除掉让他不放心的开国功臣。事实上因“胡党”而受株连致死或已死而追夺爵位的开国功臣就有李善长、赵庸、郑遇春、朱亮祖等一公、二十一侯。另一个让人对胡惟庸谋反说心存疑惑的地方，是朱元璋对告发胡惟庸谋反的御史中丞涂节的处理。

正常来说，涂节告发胡惟庸谋反，应该是有功之人，即使不封赏也不应该降罪，但朱元璋在诛杀胡惟庸后不久就将涂节处死，理由竟然是涂节告发太迟，这就让人不得不怀疑他是否有杀人灭口之嫌了。

胡惟庸案才稍稍平息，那些幸免于难的功臣们刚刚松了一口气，朱元璋又兴蓝玉大狱。蓝玉是开平王常遇春的妻弟，素以英勇善战而得重用，洪武二十年（1387）升为大将军。由于战功显赫，蓝玉被朱元璋喻为汉代名将卫青和唐代名将李靖，并封他为凉国公。蓝玉因此日益骄傲起来，侵占民田、鞭打来执行公务的御史、广蓄庄奴、仗势欺人。虽然蓝玉为朱家天下出生入死，立下汗马功劳，但看到朱元璋在京城内大开杀戒，心中也感到非常惧怕。他说：“本朝官员，哪个有始终？”果不其然，灾难终于降临到了自己的头上。

洪武二十六年（1393），锦衣卫指挥蒋献诬告蓝玉“谋反”。在严刑拷打之下，蓝玉不得已承认与景川侯曹震、鹤庆侯张翼、吏部尚书詹徽等人企图趁朱元璋出宫举行“藉田”仪式时，发动兵变，结果蓝玉等人被处以极刑。蓝玉案虽然只持续两个多月，但连坐被族诛的人达一万五千人，其中不少是军中勇猛刚强之将。为了使这一屠杀名正言顺，避免引起群臣激愤，朱元璋特地下手诏，颁布了《逆臣录》向天下诏告叛逆之臣的罪名。

然而有人提出，从保留下来的《逆臣录》可以看出蓝玉谋反的罪名是被捏造出来的。陈四益曾在《罗织的证据》一文中指出：据一个名叫蒋富的招认，说蓝玉出征回来请他吃酒，在酒席间蓝玉对他透露要“谋大事”的计划。而据考证，这个姓蒋的只不过是蓝玉家一个打渔网户。另有一名叫张仁孙的供称蓝玉曾对他们说要“成大事”，要求张仁孙等各置军器，听候接应，如日后事成时都与大官做。这个张仁孙是谁呢？其实他只是乡里的一个染匠。据常理推断，蓝玉如果真的想造反，自然应当十分谨慎，怎么会随便和这些无足轻重的人说呢？因此不少人认为蓝玉案中的《逆臣录》和胡惟庸案中的《昭示奸党录》一样，不过是朱元璋大开杀戒、滥杀无辜的遮羞布而已。

无论是功臣持功自傲、意图谋反，或者是朱元璋有意削夺将相之权，这种历时如此之长，株连人数如此之巨的大屠杀在历史上实为罕见。到朱元璋死时，明初的元功宿将几乎被屠杀殆尽，朝廷因此元气大伤，以至于燕王朱棣起兵时，建文帝不得不面对朝中无可用之臣的窘境。朱元璋本想为自己的皇太孙扫清称帝的隐患，结果却将建文帝送上了不归路。

3. 杀人如麻：明成祖滥杀宫女因何故

明成祖朱棣是个有作为的封建君主，但他又是一位暴君，他刚愎自用、杀人如麻。永乐年间，他大肆屠杀宫女、宦官，在两次大屠杀中，就有近三千名宫女被杀，这成为明朝后宫最大的惨案。那么，明成祖为什么要如此滥杀宫女呢？

明成祖（1360～1424）朱棣是朱元璋的第四个儿子，原来被封为燕王，后通过“靖难之役”从侄儿建文帝手中夺取了皇位。1402～1424年在位，年号“永乐”。他登基之后五征漠北，南下安南，浚通大运河，七次遣郑和下西洋，其文治武功在历史上各朝封建帝王中也是很有作为的。

但是他的名字不仅和治理国家、开疆扩土等等丰功伟绩联系在一起，也和“诛十族”“瓜蔓抄”的残暴行为联系在一起。永乐末年的“怒斩三千宫女”就是其性格固执、刚愎自用、猜忌多疑、杀人如麻的最好罪证。那么，明成祖究竟为何要将三千宫女

杀死呢？对此，很多人都感到困惑。一些人认为，明成祖之所以动此大怒是为了两个女人。

永乐初年，随着大明王朝的逐渐强大，明成祖也开始有了安逸享乐的思想，后宫美女逐渐多了起来。皇后徐氏病死之后，他将所有的宠爱都给予了两个女人——王贵妃和权贤妃。尤其是来自朝鲜的权贤妃，这个女人倾国倾城，聪明过人，能歌善舞，尤其是善吹玉箫，因此明成祖对她倍加宠爱。

永乐八年（1410），明成祖率大军出征，特地带权贤妃作为随侍嫔妃，随军出塞。没想到的是，这位独得天宠的妃子却在大军凯旋回宫的时候死在了临城。她的死让明成祖悲痛欲绝。

就在此时，宫中发生了两名姓吕的朝鲜宫人与宦官相好之事。这原本是件极其平常的事情，历代宫中都有这种事情发生（宫中的很多宫女、嫔妃，因得不到皇帝的宠幸，便和宦官相好，虽然宦官不能行夫妻之事，但多少可以给予一些心理上的慰藉和生活上的照顾，这种现象宫中称之为“对食”，与宦官对食的宫女称为“菜户”）。对此，皇帝一般是睁一只眼闭一只眼，采取听之任之的态度，有的皇帝还亲自撮合宦官和宫女结为对食。这种现象虽然在永乐年间并不盛行，但此举还不至于丢掉性命。但是这件事却使宫中遭受了一次大地震，数百宫女和宦官被杀。那么，这又是为什么呢？

有人认为明成祖痛下杀手的原因可能是：一方面明成祖朱棣正经历丧失权贤妃之痛，心情本来就不好，而别人却在这时候风流快活，出于嫉妒而杀人；另一方面是因为当时宫中有人散布谣言，说权贤妃是被宫女吕氏下毒致死的，明成祖闻后大怒，于是将有关人员一起诛杀。那么，究竟是谁和宫女吕氏过不去，出来散布的谣言呢？

其实，吕氏就是这次相好事件的主角，另一个叫贾吕的宫女对吕氏倾慕已久，想与其交往。但是吕氏对贾吕的为人很是不屑，拒绝与她结好。贾吕心存不满，于是散布谣言说，在北征凯旋回师途中，服侍贤妃的吕氏在贤妃的茶中下毒药。所以，明成祖迁怒于宫女，便大开杀戒。

这件事情过去没几年，又发生了另一件让朱棣大开杀戒的事，这真可谓“一波未平，一波又起”。永乐十八年（1420），成祖宠爱的另一个女人王贵妃也死了，朱棣再次经历丧妃之痛，而此时又发生贾吕和宫人鱼氏私下与小宦结好之事。成祖大发雷霆，贾吕和鱼氏非常害怕，便上吊自杀了。谁知明成祖竟以此为由，亲自审讯贾吕侍婢，不料这次审讯却牵出这一班宫女要谋杀皇帝的口供。朱棣极为恼怒，亲自下手对宫女们动用酷刑，受株连被杀的宫女近2800名。

据朝鲜的《李朝实录》记载：当

宫中宫人被惨杀之时，正好赶上宫殿被雷电击震，宫中的人都很高兴，以为朱棣会因害怕报应而停止杀人，可是他全然不惧。两次屠杀事件，被诛的宫女及宦官达三千人之多。

对于上述明成祖怒斩三千宫女的缘由，一些学者从病理学的角度来剖析明成祖的异常行为，认为朱棣之所以如此残杀无辜，可能和他晚年所患的疾病有关。据官修的《明史》及《实录》记载，明成祖晚年患疾病，容易狂怒，发作难以控制，甚至歇斯底里，再加上他生性残忍好杀，所以更加狂暴异常，这可能是目前最合理的解释了。

4. 闻之色变：神秘的明朝厂卫

提起厂卫，人们立即想起明朝的“鲜衣怒马”锦衣卫。厂卫到底是什么组织，为什么人们谈起厂卫就会谈“虎”色变呢？事实上，厂卫并非一个组织，而是数个组织的合称。除了锦衣卫外，还包括东厂、西厂、内行厂等。这些组织有一个共同之处，这就是无论是锦衣卫还是东厂、西厂、内行厂，都是手段毒辣、无孔不入的特务组织，这也是人们对厂卫谈“虎”色变的重要原因。那么，神秘的明朝厂卫究竟是怎样的组织呢？

在厂卫的历史上，锦衣卫建立最早，是皇帝贴身的禁卫军。明初的军制比较简单，其基层单位是“卫”和“所”，每卫管辖正规军士约5000人，其下设所，分为千户所和百户所，京城的禁卫军所辖卫所为48处。洪武十五年（1382），朱元璋决定改革禁卫军，建立了十二个亲军卫，其中最重要的就是“锦衣卫”。

锦衣卫的首领称为指挥使，通常由皇帝的亲信武将担任，很少由太监担任，其职能是“掌直驾侍卫、巡查缉捕”。负责执掌侍卫、展列仪仗和随同皇帝出巡的锦衣卫，基本上与传统的禁卫军没什么两样。例如锦衣卫中的“大汉将军”，明初约有1500人，明末则达5000余人，所谓“将军”的主要工作就是负责在殿中侍立，传递皇帝的命令，同时承担宫中的保卫工作，而这些都是传统禁卫军的基本职责。至于“巡查缉捕”，则是锦衣卫区别于其他各朝禁卫军的特殊之处，也是它能为人们牢牢记住的原因。

其实朱元璋建立锦衣卫的初衷也只是用来行仪仗和侍卫之职，然而生性猜忌多疑的明太祖在向明初的开国功臣们举起屠刀后，越来越感觉司法机构并不可靠，于是便将身边锦衣卫的职能进行调整，原本只是负责宫廷保卫，后又拥有了侦辑、刑讯的职权，变成超越正常司法体系的御用特务机构。

负责侦缉刑事的锦衣卫机构是南

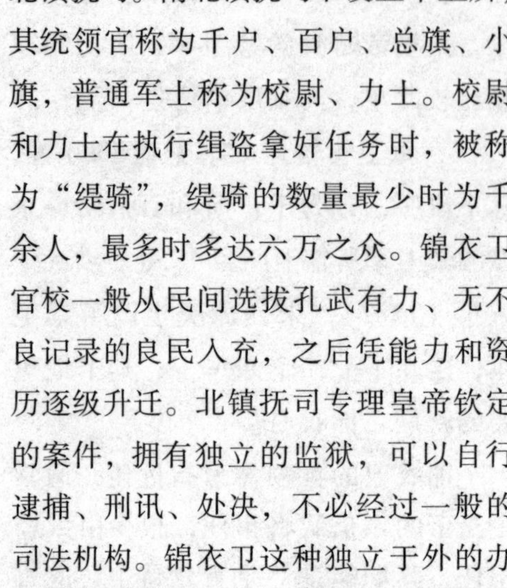

北镇抚司。南北镇抚司下设五个卫所，其统领官称为千户、百户、总旗、小旗，普通军士称为校尉、力士。校尉和力士在执行缉盗拿奸任务时，被称为“缇骑”，缇骑的数量最少时为千余人，最多时多达六万之众。锦衣卫官校一般从民间选拔孔武有力、无不良记录的良民入充，之后凭能力和资历逐级升迁。北镇抚司专理皇帝钦定的案件，拥有独立的监狱，可以自行逮捕、刑讯、处决，不必经过一般的司法机构。锦衣卫这种独立于外的办案体系使其蒙上了一层神秘的色彩，也使自己成为恐怖的象征。

有人认为，由于明初两代皇帝朱元璋、朱棣的权力合法性危机一直存在，二者对皇权的维护和巩固有着其后继者所没有的强烈欲望，这就使得锦衣卫“巡查缉捕”的职能被无限度扩大了。按规定，锦衣卫的工作主要是侦察各种情报、处理皇帝交付的案件。由于他们直接向皇帝负责，因此正常的司法机构都没有能力干涉、限制他们的活动，于是便常常出现缇骑四出，上至宰相藩王，下至平民百姓，都处于他们的监视下，对他们的命令只要稍有拂逆，就会被抓进大牢严刑拷打，导致全国上下笼罩在一片恐怖气氛之中。

在明朝二百多年的统治时期，北镇抚司大牢中经常关满了各种无辜的人们，死于锦衣卫酷刑之下的人士更是不计其数。在中国绵延数千年的专制统治历史上，特务统治并非明朝首创，恐怖气氛也时有出现，“道路以目”便是历史上恐怖时局的真实写照。然而，前朝历代的恐怖统治大多都仅限于某一特定的历史时期。然而，明朝的特务恐怖统治几乎从未间断，这种无节制的滥捕极大地影响了皇帝与官僚机构之间的关系，使百官、民众、军队与皇帝离心离德，难怪有人说明朝不是亡于流寇，而是亡于厂卫。

锦衣卫另一项臭名昭著的职能就是“执掌廷杖”。廷杖制度始于明朝，是皇帝用来教训不听话的士大夫的一种酷刑。一旦哪位倒霉官员触怒了皇帝，就会被宣布加以廷杖，立刻被扒去官服，反绑双手，押至行刑地点——午门。在那里，司礼监掌印太监和锦衣卫指挥使早已经严阵以待。受刑者被裹在一块大布里，随着一声“打”，棍棒就如雨点般落在他的大腿和屁股上。行刑者为锦衣卫校尉，他们都受过严格训练，技艺纯熟，能够准确根据司礼太监和锦衣卫指挥使的暗示，掌握受刑人的生死。如果这两人两脚像八字形张开，表示可留杖下人一条活命；反之，如果脚尖向内靠拢，则杖下人就只有死路一条了。杖完之后，还要提起裹着受刑人布的四角，抬起后再重重摔在地上，此时布中之人就算不死，也少了半条命。廷杖之刑对士大夫的肉体和心灵都是极大的伤害，但明朝的皇帝却乐此不疲，锦衣卫对它更是情有独钟。

说完了锦衣卫，让我们再来看看东西厂到底是怎么回事吧！

一般认为，东厂的发明者是明成祖朱棣。在发动“靖难之役”夺取了侄子的皇位后，朱棣一直面临皇位合法性的危机，一方面建文帝生死不明，复位威胁并未彻底消除；另一方面，朝廷中的很多大臣对新政权并不十分支持。

为了用强力巩固皇位，明成祖迫切需要一个强有力的专政机器。由于锦衣卫设在宫外，调用不便，于是他就新组建了一个特务机构。当初在朱棣起兵举事的过程中，一些宦官、和尚如郑和、道衍等人出过大力。所以在朱棣的心目中，觉得宦官比较可靠，而且他们身处皇宫，联系起来也比较方便。所以，东厂的大权基本上都掌握在亲信太监的手中。

后来，到了明宪宗时期，又设立了一个新的内廷特务机构——西厂，由太监汪直负责主持。西厂从禁卫军中选拔军官，然后再由其自行挑选部下，不足月余，西厂人员便得到极大扩充，其势力曾显赫一时。

有人认为，宪宗皇帝设立西厂的初衷，本来只是为了让其侦探消息，但小太监汪直为了快速建立“功业”，大肆制造冤假错案，以遂其讨好主子之心。从西厂设立之初，经其手办理的案件数量之多、速度之快、牵扯人员之众均大大超过了东厂和锦衣卫。西厂的侦缉网遍布全国，其打击对象主要是被认为有不轨之言行的官员，一旦怀疑某人便立刻加以逮捕，而且通常事先不必经由皇帝同意。

西厂成立半年后，由于其手段恐怖，弄得朝野上下人人自危。大学士商辂等辅臣集体上书，向宪宗举报以汪直为首的西厂所做的不法之事。宪宗闻言十分震惊，遂废置西厂。但不到一个月，失去安全感的宪宗又将西厂恢复，并复用汪直。在接下来的几年中，西厂权势达到了巅峰。但由于汪直权力的极度膨胀，也逐渐引起了皇帝的警觉。不久汪直遭皇帝冷落，在与东厂、锦衣卫等组织的权力角逐中惨遭大压，西厂随之解散。

除东厂、西厂外，明朝宫内特务机构中还有一个不太为人所知的组织——内行厂。明武宗时，由大太监刘瑾掌权，宦官势力一度十分强盛，西厂再次设立，由太监谷大用负责统领。但东厂、西厂两家由于权力争夺，关系一度相当紧张。在此情况下，刘瑾便又设立一个内行厂，由其本人直接指挥。内行厂的职能与东西厂相当，但其侦缉范围却更广，甚至包括对东西厂和锦衣卫的监督。一时间，宫内宫外四大特务机构并存，缇骑四出，天下骚动。直到5年之后刘瑾倒台，明武宗才将西厂和内行厂一并废止。而东厂则一直坚持到了明王朝的灭亡。

5. 魂归何处：郑和葬地何处寻

“三宝太监”郑和到底葬在了何处，这一直是史学界的一个谜案。

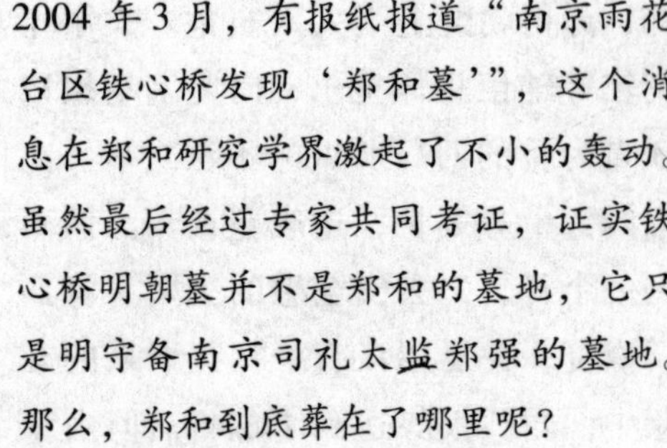
2004年3月，有报纸报道“南京雨花台区铁心桥发现‘郑和墓’”，这个消息在郑和研究学界激起了不小的轰动。虽然最后经过专家共同考证，证实铁心桥明朝墓并不是郑和的墓地，它只是明守备南京司礼太监郑强的墓地。那么，郑和到底葬在了哪里呢？

关于郑和的卒年，一般通行的看法是宣德九年（1434），理由是这一年跟随郑和出使的王景弘单独出使苏门答腊国，因此推测当时郑和可能已死。20世纪30年代，法国人伯希和在《郑和下西洋考》一书中便采用了这一观点，而且他还认为当时国外流行的关于郑和死于1431年的看法是错误的。不过也有人坚持认为，郑和的卒年应该是宣德十年（1435），根据是宣德十年正月，南京守备出缺，以黄福参赞南京机务，九月司礼监出缺，以王振为司礼监太监。他们之所以能够继任这些职位，正是因为郑和已经去世。

另外还有人认为，郑和死于宣德八年（公元1433年）。因为根据明朝天顺年间的《非幻庵香火圣像记》记载，郑和于“宣德庚戌（五年），钦奉上命，前往西洋，至癸丑（八年）卒于古里国”。而祝枝山在《前闻记》里也记载道，郑和的最后一次下西洋是在宣德七年到达古里，宣德八年回国，当年七月六日回到南京，而他就是死在回国途中。

那么，郑和去世后究竟葬在哪里呢？20世纪30年代，罗香林在《牛首山之行》中说“郑和墓在牛首山西南三里狮子山乌石村”。朱楔则在《金陵古迹图考》中谈到他曾经在南京南郊遍访郑和墓而不得。解放后，南京市文物工作者经过多年考察，于1964年公布了郑和墓的确切位置，是在今天江宁的牛首山风景区。该墓位于牛首山南麓谷里乡，当地群众称之为“马回回坟”。整座墓坐北朝南，北对牛首山顶古塔，南望长江，风水极好。据传说当年墓区还有神道石刻、巨石碑座等等。

不过根据清康熙二十二年（1683）所修的《江宁县志》所载，则郑和墓又在牛首山西麓，而且由于郑和“卒于古里国”，因此该坟墓只不过是郑和的衣冠冢。南京的郑和后裔曾经提到过，回民的风俗是人死了以后三天内必须加以埋葬，并且以白布裹身，深埋而不附棺，如果死在海上，那么必然举行海葬。而且在当地还有这样的谚语：“三宝下西洋，自身难保”，可见郑和多半是死在海外，而遗体则不可能运回安葬。当时他的随从中有一个叫“黑大人”的，很

可能就是古里当地的土著，是他把郑和的发辫以及衣物等等带回南京，葬于牛首山，因此牛首山墓就是一个衣冠冢。

还有一种看法是，郑和的墓址是在牛首山弘觉寺塔的地宫。这是一个融佛教和伊斯兰教丧葬制度为一体的坟墓，出土文物十分精美，证明墓主生前具有较高的地位。不过根据墓中

铭文记载，该墓主名叫李福善，是宫中御用太监。有专家认为，李福善就是郑和。那么郑和为什么用李姓呢？他们给出的解释是因为牛首山还有明太祖李贤妃的墓，李贤妃是回族人，郑和原本也是穆斯林，他追随回族王妃，并冒用李姓，希图借此得到荫庇，这是完全可以理解的。

不过，关于郑和墓地最吸引人的一个说法是说郑和死于古里国，而葬在南洋爪哇的三宝垅。今天印尼爪哇还有三宝垅、三宝洞，并且供有郑和像，三宝洞旁还有三宝墩，相传即为郑和墓。但也有人提出，郑和葬在三宝垅的说法仅仅是一个传说罢了，不足为信，而现在的三宝墩其实是郑和的副手王景弘的坟墓。

国外学者威尔莫特在《三宝垄的华人》中也有这样的记载：“郑和下西洋时，舰队行至印尼爪哇北岸，副手王景弘病得很严重，郑和下令舰队在一港湾下锚（即今三宝垄湾），把王景弘安置在靠岸上不远的一个山洞里疗养，并留一艘船和十名随从照料。王景弘在休养期间，指挥随从开荒种地，建房居住，直至完全复原。他未回中国，他用他的船来往贸易。他的部下也和印尼妇女结婚，这个华人区逐渐繁盛起来，许多印尼人也在他们附近建立农庄，成为华人区的一部分。王景弘像三宝一样，是一个虔诚的回教徒，他在洞中置一尊郑和塑像按时率众礼拜。这个地区越来越繁荣，人们把这个地方称为‘三宝垄’，把那个山洞称为‘宝洞’。王景弘87岁才死，丧葬采用回教仪式，他死后被称为‘三宝可敬的航海家’，按照爪哇历规定的日期，印尼和华人共同进行礼拜……三宝垄城终于建立起来，人们就把三宝作为保护神来祀事。”显然，他也不认为郑和的墓地就在海外。

以上说法林林总总，各有道理，但从目前看来，郑和死在古里国的可能性最大，如果按照伊斯兰的宗教习俗，他也应该是葬在了古里国或者海上。

6. 疑云重重：明初巨富沈万三浮沉史

沈万三是元末明初的时候江南的天下巨富。他的发迹极富有传奇色彩，从一个普通的自耕农迅速成为天下首富，拥有亿万家财。明初，朱元璋定都南京之时，沈万三曾出资修建都城，朱元璋为此还封了他两个儿子为官。更具有扑朔迷离意味的是，沈氏的衰落也如他早年发迹一样，不明不白地就家破人亡了。如此传奇的经历使沈万三的一生笼罩着一种神秘的色彩，他到底是一个怎么样的人？他是如何摇身变为天下首富的呢？又是如何衰败的呢？

沈万三原名沈富，字仲荣。人们称他“沈万三”，是因为他是富甲一方的大富豪的缘故。明朝初年沿袭元

朝的制度将百姓分为奇、畸、郎、官、秀五等，秀为最上等，“秀”中又按照财产再分等次，“富者，谓之万户”，沈富在“万户”中排在第三等，所以大家把富有的沈富称为“万户三秀”，简称沈万三，这个名字后来竟然取代了沈富这个真名，广为人知。

沈万三自幼随父兄流落到苏州长洲，居于东蔡村，以垦荒为业。经过数十年的苦心经营，沈家已成为当地的大户。当然，这些财产显然不足以让沈万三富甲天下，因此沈万三的发家史便成为一个难解的谜。那么，沈万三到底是如何暴富的呢？

关于沈万三发家致富的原因，前人有多种说法。有人说他得到了密授的点金术，可点石为金；有人说他家有聚宝盆，《挑灯集异》称沈万三曾将百余只青蛙放生，结果青蛙报恩，让沈万三得到了一只聚宝盆，家里因此大富。后来沈家被抄时这只聚宝盆被搜出，埋在了南京城下，南京有个城门名为聚宝门（今中华门）就因为这个原因；也有人说他在吴淞江打鱼，发现了大量乌鸦石（黑宝石），又夜观北斗，第二天早上即得到北斗七星所化的马蹄金等等。当然这些都是后人附会的无稽之谈。目前史学界比较被认可的说法，主要有以下几种。

一说是垦殖富家。一些史料上记载了沈家广为垦荒，至“田产遍于天下”。事实上，沈万三家族乘着元末明初的乱世之际，将一部分失去业主和佃户的土地占归己有，加以改良，并兴修水利，遂拥有了良田数千顷。沈万三从“躬稼起家”，继而广辟田宅，富累金玉，以至成为豪富，号称江南第一。

其二是得到贵人分财。沈万三早年曾助人为商，因其精明能干，颇得商贾青睐，得富商大贾资助想必也是可能的。《周庄镇志》记载：“沈万三秀之富得之于吴贾人陆氏，陆富甲江左……尽与秀”。也有人说“元时富人陆道源，皆甲天下……暮年对其治财者二人，以资产付之……其一即沈万三秀也”。

另外一个比较盛行也较为可信的说法是其贸易海外、交通四方而致富。元朝自1282年始行海运漕粮，因官船和人手不够，便雇私人船户运送，遂有多人靠此发了大财。据元学者虞集《道园学古录》说：船户中以富豪船户获利最多，他们常夹带商品船和小快船，“交通海外诸番，博易以致巨富”，也就是假公济私，靠走私发洋财。

元延祐元年（1314）开放私人对外贸易，下海商船大增。至正三年（1343）江苏沿海“下番”船只多达三千余条，主要贸易对象是高丽、日本和琉球，也有去南洋等地的。这是发财的大好时机，正值青壮年又有商贸经验的沈万三当然不会错过。他从周庄白蚬江经大运河由刘家港出海非常方便，再加上江、浙丝绸、茶叶、陶器、工艺品等特产又深受海外欢迎，因此他后来居上，发了大财。《吴江

县志》也曾透露：沈万三“富甲天下，相传由通番而得”，“通番”就是与外国有交往。著名历史学家吴晗也说苏州沈万三之所以发财，是由于从事海外贸易。这说明不少学者都认为沈万三是在发展海外贸易之后才一跃而成为巨富的。

但好景不长，沈万三成为江南巨富后，其灭顶之灾也就随之而来。这要从朱元璋攻苏州城说起。当时，面对朱元璋的猛攻，张士诚固守苏州城，让朱元璋付出了沉重的代价。张士诚所以能固守苏州达八月之久，其重要原因之一是得到苏州富民在财力上的大力支持，而作为富民之首的沈万三，自然出力不小。城破之后，朱元璋对苏州富民记恨在心，采取了一系列打击措施以做报复。作为精明的商人，沈万三当然看到了形势的变化，于是从支持张士诚对抗朱元璋转变为投靠朱元璋便成为必然的选择。

于是在朱元璋大兴土木建筑都城之际，便出现了沈万三出巨资助修南京城的举动。当然，他助修南京城的真相，史籍上也是众说纷纭，疑云重重。首先是沈万三修南京城的起因。有的记载是沈万三自恃富实主动提出助修南京城；也有人认为是朱元璋对沈万三富可敌国的巨额家财心怀忧虑，为消耗他的钱财而逼令沈万三助修南京城，沈万三是不得已而为之。其次是助修的范围，有的说朱元璋令沈万三修洪武门至水西门一段，有的说是朱元璋让沈万三修南京城的东南部分，自修西北部分。而助修的总量大多数野史中称沈万三是与朱元璋对半而筑，而《明史》则记载沈万三助筑都城三分之一。

沈万三做的另一件拍马屁的大事就是想出资犒军。史载朱元璋有一次要犒军，沈万三主动提出代出犒银。朱元璋说：“我有百万大军，你能全部犒赏吗?”沈万三说：“我可以每人犒赏一两。”朱元璋闻听后冷冰冰地回答：“你虽然是好心，但犒军这件事不用你出钱。”

无论是助修南京城还是想出资犒军，沈万三的目的无疑是想讨好朱元璋，然而结局显然是他没有想到的。史载沈万三与朱元璋同修南京城，结果沈万三比朱元璋先完工三日，朱元璋表面上给沈万三敬酒，说“古代有白衣天子，号称‘素封’，你就是这样的人啊。”还以沈万三修城有功为名封他的儿子为官，但生性多疑的朱元璋显然是不会容忍在他之外还有一个白衣天子存在的。

早完工三日，沈万三既显示了自己的实力，也为自己埋下了祸根。而他主动提出犒军更是让朱元璋心中大怒。史载朱元璋在拒绝了沈万三犒军要求后，曾恨恨地说：“匹夫犒天下之军，乱民也，宜诛之。”幸得马皇后代为求情，劝道：“其富敌国，民自不祥。不祥之民，天将灭之。陛下何诛焉!”沈万三这才没有即刻遭诛杀，但此时朱元璋铲除沈万三的决心已经难以改变了。沈万三可以说是马屁拍在马脚

上，他在想用巨资讨好朱元璋的时候，却没想到自己富可敌国的巨额家财也会给他带来杀身之祸。

沈万三最终没有逃过朱元璋的手心。《明史》记载在马皇后的求情下，朱元璋没有处死沈万三，而是将他发配云南，最后客死他乡。不过，沈万三的最终结局如何，历史上有许多不同的记载，有人说沈万三因为修筑苏州街用茅山石为心，被朱元璋认为有异谋，结果将沈万三杀了；也有人说沈万三意识到情况不妙，逃到岭南去了。

7. 为子所害：明仁宗死亡真相

明仁宗朱高炽即位还不到十个月就突然死去，只活了四十八岁。史书记载，在他过世的前三天，还在处理朝政。后来明人黄景昉在《国史唯疑》中提出，明仁宗是无病而突然死去的，这不能不引起众人的争议和猜疑。因为作为一个正处于壮年的皇帝，刚刚登基不到一年怎么会无病而亡呢？可是在《明仁宗实录》《明史仁宗纪》等正史中又只字不提他的死因，就更让后人对他的离奇死亡感到疑惑。那么，朱高炽到底是怎么死的呢？他真的是无病而死的吗？

明仁宗朱高炽是明成祖朱棣的长子，他的生母徐皇后是明朝开国功臣徐达之女。据史书记载，朱高炽幼年的时候就聪明好学，深受祖父朱元璋的喜爱。

据说在洪武年间，有一次朱元璋让秦王、晋王、燕王的嫡子进京接受考察。派他们去检阅部队，结果朱高炽回来得最晚。朱元璋就问他为什么这么晚才回来，朱高炽说："天气很冷，我想等士兵吃完饭再检阅。所以，就回来迟了。"朱元璋听了之后感到非常高兴，认为他有体恤臣属的慈悲心。

又有一次，朱高炽奉命批答奏章，批好后给朱元璋看。结果奏章里有一些错别字和小毛病没有改，朱元璋就问他是不是没有看到，朱高炽回答说："小过不足以上渎天听"，这使朱元璋很开心。接着问他在尧舜时，百姓如遇水旱灾害怎么办？朱高炽回答说需要圣人采取恤民的政策来解决这些困难，朱元璋对他的回答感到很满意。

因此，朱元璋对朱高炽非常赞赏。《明史》中说朱元璋夸奖朱高炽"有君人之识也"。当然，当时朱高炽毕竟还不是皇位的继承人，这种溢美之词有可能是后人在他当皇帝后附会上去的。但种种说法都表明朱高炽深受朱元璋喜爱，因此在洪武二十八年（1395）被册封为燕王世子。

但是深受祖父喜欢的朱高炽，却始终得不到父亲朱棣的欢心。首要的一个原因是朱棣和朱元璋一样，江山都是马上得来的，特别是朱棣上马能

开弓，下马能治国，他非常尊崇唐太宗，因为自己和李世民一样都不是长子，又都是马上得天下。他认为皇帝应该是那种能够君临天下、震慑万民的人。而朱高炽却太过老实仁厚，再加上他身体不好，既多病又肥胖，走路很不方便，朱棣非常不想让他做接班人。

而与此同时，朱棣却非常喜欢二儿子朱高煦，因为他很像朱棣本人，是明初数一数二的猛将。在靖难之役中，朱高煦曾随朱棣兴兵南下，带领军队做先锋，战功赫赫，并几次冒死救护朱棣。朱棣曾对朱高煦说过："世子多病，勉之！"公然向他暗示，想要将皇位传给他，但最终却未能如愿。那么，这又是什么原因呢？

等到朱棣即位以后，朱高煦要求兑现承诺，朱棣就征求众大臣、亲信的意见，结果多数赞同朱高炽，不赞成他。当时隆平侯张信是朱棣的救命恩人，朱棣非常敬重他，朱棣问他能不能换了太子，张信说这是天理人伦，不能随便更改，就连朱棣最信任的大臣道衍和尚、兵部尚书金忠、杨士奇、杨荣、金幼孜等人都不同意。大学士解缙还写了一首诗：虎为百兽尊，谁敢触其怒，唯有父子情，一步一回顾。看到这种情况，朱棣只好放弃了改立太子的想法。朱高炽最终能够继承皇位，除了因为他的嫡长子身份以外，还有一个重要的原因。那就是：人们认为朱高炽娶了个好老婆，又生了个好儿子。那么，这又是怎么回事呢？

原来，朱棣很喜欢仁宗朱高炽的长子朱瞻基。朱瞻基出生时，朱棣当时还是燕王，据说他梦见父亲朱元璋送给他一个白圭，并且说了一句："传之子孙，永世其昌！"后来，他起兵靖难，夺得皇位，正好应了这个梦，所以他最疼爱这个孙子。他想，这皇位最终还是传给孙子的。朱棣生前曾一再明确向臣子表明将来继承朱高炽皇位的，只能是长孙朱瞻基。而朱高炽的皇后张氏，据说有朱元璋的马皇后、朱棣的徐皇后之风，见识远大而乖巧伶俐，是个贤内助。据《明通鉴》记载，张氏嫁给仁宗后，很得明成祖和徐皇后二人的喜爱。明仁宗还在当太子的时候，朱棣曾经几次想要废掉他，但最终都因为张皇后的缘故而作罢。

《明宫词》中记载，张皇后是朱棣手下第一功臣张玉的女儿，张玉死于靖难，被追封为河间王，朱棣对儿媳妇很好。有一次朱棣和朱高炽夫妇一起吃饭，为了一点小事，朱棣大骂儿子，儿媳不好说什么，就退到厨房做了几样朱棣爱吃的菜肴端上来。朱棣一见，怒气全消，就指着儿媳对朱高炽说："如果不是你的老婆，我早就把你太子的位子给废了。"当然这是传言，不足采为信史。

事实上，生长在复杂的皇室家庭，

朱高炽本人也不像一般人们认为的那样毫无能力，从一些事件和经历上来看，他还是很有魄力的。首先一点是他非常能够忍耐，可谓坚忍不拔。在永乐年间，曾有过四次大规模的打击朱高炽太子地位的活动，但都没有成功。

他登上皇位以后，采取了减轻民困、调整统治阶级内部关系等一系列措施。首先平反冤狱，释放夏原吉等因谏阻北征而入狱的老臣，释放东宫旧臣并复官，特别是赦免了建文帝时期的许多旧臣，同时废除苛政，停息从明成祖开始的大规模用兵，天下百姓得到了休息，文化得到了复兴，读书人的待遇比洪武、永乐两朝要好，这些都有利于维系人心和稳定统治秩序。他还调整统治机构，使内阁成为协助皇帝决策的重要机构。

在他当政期间，褒奖直言，虚怀纳谏，开始了中国历史上有名的“仁宣之治”。因此，仁宗虽然在位时间很短，但后世对他的评价很高。那么，朱高炽到底是怎么死的呢？

对于仁宗的暴卒，很多人认为死得很蹊跷，而且不光彩，是死于纵欲过度。从史实来推测，这是很有可能的，因为朱高炽的贪欲好色众人皆知。曾有个大臣李时勉在仁宗刚即位不久，就上奏劝皇上禁欲，说成祖的守孝期还没有结束，皇后也没有正式确立，皇帝就从远方的建宁选侍女是不可取的，结果惹怒了仁宗，差点被处死，甚至仁宗在临死之时还恨恨地说“时勉廷辱我”。

后来朱瞻基（宣宗）即位后曾为此御审李时勉，问他为什么要触怒仁宗。李时勉说是为了劝仁宗皇帝不要过于亲近妃嫔，疏远了太子。宣宗叹息称李时勉是忠臣，并恢复他的官职。由此可见，宣宗也知道李时勉所说的是事实。《病逸漫记》中也曾有这样的记载，说内廷太监雷某亲口说皇帝得了“阴症”（就是行房后误吃冷饮或者被阴风侵袭而染疾）。《明史·罗汝敬传》则认为，导致仁宗死亡的直接原因是服用治“阴症”的金石之方而中毒不治。

当然也有学者经过精心考察各种蛛丝马迹，提出仁宗是被其长子朱瞻基，即宣宗害死的。那么，这种说法又是从何而来呢？

前面说过，明仁宗不受朱棣的喜欢，他只是因为“礼教”和“祖训”的关系，才被立为太子，但朱棣一直有废朱高炽储位之心。

而仁宗的长子朱瞻基却与父亲相反，他善骑射、谙武事，热衷权利，工于计谋，深受成祖赏识。因此在朱高炽和儿子朱瞻基之间因为朱棣而形成了隔阂。朱高炽讨厌其父，也由此讨厌被其父宠爱的儿子朱瞻基，他最喜欢的儿子是封为襄王的五儿子。有史学家说，如果朱高炽不是死得早的

话，太子朱瞻基必然被废。

由此推断，是朱瞻基密谋加害了仁宗。因为朱瞻基在四月十四日离开北京城，当时随侍仁宗的宦官海涛是朱瞻基的亲信，他按预先密谋加害仁宗，五月十三日仁宗暴卒。而朱瞻基离京后，不按照预定的日子前进，而是直奔南京。而在他离开南京前，南京城中已“传言仁宗上宾”，要知道当时北京还未发丧，当时也没有现在这样的传播手段，可见仁宗的死是在一些人预料之中的。

当朱瞻基六月三日返回北京后，有大臣劝诫说人心汹汹，不可掉以轻心，朱瞻基却回答说：“天下神器非智力所能得。况祖宗有成命，孰敢萌邪心！”显示出一切皆在其掌握之中的自信和自得。因此这一说法也并非空穴来风，恐怕是史有隐笔。

当然，两种看法孰是孰非，谁也没有确凿的证据加以证明。今后，随着人们掌握的史料不断增多，相信最终会给出一个满意的解释。

8. 失而复得：明英宗“南宫复辟”重登帝位

在封建王朝，皇帝与太子、皇子皇孙之间经常会为了权力而生死相搏。帝王家庭内，经常上演父（母）杀子，子弑父，或兄弟相残的悲剧。如在隋朝有杨广弑父杀兄；唐朝有李世民“玄武门之变”；明朝有朱棣“靖难”之变等等。发生在明朝的“南宫复辟”同样是兄弟之间为了权力而演绎的一幕惨剧。那么，这其中的疑团又是怎么回事呢？

明宣德十年（1435），明宣宗病死，9岁的太子朱祁镇即位，即明英宗，年号正统。因为他年龄太小，朝中大事都是在禀报皇太后以后才能施行。当时司礼太监王振在朱祁镇小时候陪同其玩耍，天长日久就得到了朱祁镇的欢心。朱祁镇做了皇帝后，尊其为“先生”，并要公侯们尊他为“翁父”，又把一切军国大事交给他统管，朱祁镇落得在一边做个逍遥皇帝。

而此时的北元势力在不断扩大，屡犯明朝边境。北元政权是由元朝残余势力逃回蒙古后建立的。随着势力的不断壮大，他们开始侵犯大同。而掌管军国大权的王振想借此机会来显示威风，于是就怂恿英宗御驾亲征。年轻的英宗也想率50万大军到塞外去转转，于是两人一拍即合，决定出兵。

明正统十四年（1449），明军很快到达了大同，王振得知前线战事惨烈，又怂恿英宗退兵，结果部队大乱，北元的将领也先趁机追击。撤退时，王振想绕道家乡蔚州显示威风，走了40里，又担心军队会对其家乡的产业造成破坏，又命部队改道向东。当部

队退到了土木堡的时候，因为他的1000多车财物还没有到，又强行命令部队在没有水源的土木堡驻扎，结果几十万军队被也先包围歼灭。王振被明朝愤怒的将士们打死，而英宗皇帝成了中国历史上绝无仅有的战地俘虏，这就是著名的“土木之变”。

皇帝被俘一事传到京城，立即引起了轩然大波。一些大臣听到消息后，惊惶失措，吓得六神无主，有的大臣则主张立即南迁，整个王朝处于动荡不安之中。就在这生死存亡之际，时为兵部侍郎的于谦从国家大计出发，力主“国不可一日无君”。最后，孙太后懿旨令英宗的弟弟朱祁钰为皇帝，这就是明代宗，年号景泰（故代宗又称景帝）。他遥尊英宗为太上皇，又下令立英宗的儿子朱见深为太子。

明代宗即位后，升于谦为兵部尚书，授予重任。在于谦等人的主持下，明军顽强抵抗，屡败蒙古也先部队于北京城下，北元大军被守城的明军斩首万余，九万多溃散逃亡，也先被迫撤兵。北元大败后，势力大大减弱，再加上内部出现矛盾，因此开始向明中央政府求和，并主动提出送还明英宗。这时候，朝中大臣大多主张将英宗迎接回朝，代宗心中虽有千万个不愿，可是又不便说出口，最后只好派于谦等人将英宗接了回来。

英宗回来后，代宗完全不顾骨肉亲情，立即将其软禁在南宫并加强防范，杜绝英宗和任何人联系。英宗所住的居室十分简陋，除了一些生活必需品外，一切从简，哪怕是纸笔都很少提供。这时的英宗名义上是太上皇，其实和阶下囚并无多大差别。

过了几年，相安无事。但是明英宗的儿子仍然为太子，这成了代宗的一块心病。于是他欲废太子朱见深，立自己的独子朱见济为太子。易储举措立即引起朝廷内部大臣的不满，就连自己的皇后汪氏也反对，可是代宗一意孤行，最终在景泰三年（1452）五月，下诏废朱见深为王，令其出宫居住在王府，而将自己的儿子立为太子。可是这朱见济偏偏是个短命鬼，在被立为太子后不久便暴病身亡。

朱见济一死，太子之位该由谁来继承？立储一事再次被提上了日程。有的大臣力主恢复朱见深太子名分，代宗听后大怒，对提出复储的官员进行打击报复，所以立储之事被耽搁下来。

景泰八年（1457），代宗病危，而皇位继承人尚未确立．而代宗自己又没有儿子，谁来即位呢？有人提出恢复朱见深东宫名分，有人则表示反对意见。就在争论没有结果之时，石亨、曹吉祥、徐有贞等几个在朱祁钰当政时不受重用的人趁机发难，把英宗从南宫中接回金銮殿。群臣得知太上皇复位，面面相觑，无人敢反对，这样明英宗在做了七年的太上皇后，

终于重登大位。这就是历史上的“夺门之变”。

明英宗复辟后，立即将还未断气的代宗迁往西山，朱祁钰几天后死去，享年29岁。关于代宗朱祁钰的死，有着较大的争议，有人说他是看到皇位被夺，受刺激而死；有人说，代宗可能是被英宗派太监蒋安用帛勒死的。代宗死后，并没有葬在生前选好的皇陵，而是被葬在西山。他也成为中国历史上第一个没有葬在皇陵的皇帝。为区别于第一次当皇帝，明英宗改年号为天顺，这也使他成为明代历史上唯一拥有两个年号的皇帝。

9. 绝世荒唐：明武宗糊涂执政丢性命

在明朝的历史上，昏君屡见不鲜，几乎成了大明王朝的特色，在明朝的众多昏君中，明武宗可称得上是其中的“佼佼者”了，他是中国历史上绝无仅有的将自己任命为将军的皇帝，还年纪轻轻就把自己的命也玩完了。明武宗究竟是怎么样一个人呢？他又是怎样乱政的呢？

明武宗名朱厚照，年号正德，是明朝历史上最著名的荒唐皇帝，其贪玩程度在中国的上百位皇帝中无人能出其右。明武宗生来就贪玩好武，从小就对各种各样的游戏和运动十分入迷，幼年时就常到宫中的蹴园亭玩蹴鞠，年岁稍大后又醉心于骑马射箭，每日不得消停。不过他的父亲明孝宗非但不予以制止，反而还大加赞赏，以为他有尚武精神，“安不忘危”，却没想到这只是小孩子贪玩罢了。

明朝的皇帝大多短命，这与他们为追求长生不老而大量服食丹药有关，孝宗也不例外，36岁就死了。于是明武宗14岁时便已经登基当上了皇帝。这个14岁的少年有了君临天下的权力，玩起来便也更加放肆。当时的大臣就常看到退朝后的少年天子在大批带刀披甲、臂架猎鹰的宦官簇拥下，从皇城疾驰而出的场面。

不久，武宗又对市民的生活大感兴趣，于是传令在皇宫内设立市场，建了许多商店，让宦官扮成买卖人模样，端着算盘，极认真地在那里讨价还价，还特意派出市正做调解工作，而自己则扮成富商，买进卖出，以此取乐。也许是觉得富商的生活应该更加丰富多彩，武宗又让宦官在市场中开设了许多的酒肆、妓院，让宫女扮成妓女。自己则挨家进去喝酒、听曲。当然，既然是进了妓院，淫乐也是必不可少的。于是，皇家后宫就这样让明武宗改造成了“红灯区”。

随着年龄的增长，武宗开始觉得皇宫里还不够好玩，便带着宦官溜出皇宫，到民间微服私访。他经常在夜

间闯入百姓家中逼女子作陪，遇到中意的还要带回宫去，搞得百姓怨声载道。少年天子的微服私访竟然变得与采花大盗的所作所为没有区别。

身为明朝最能玩的皇帝，每日眠花宿柳仍然远远不能让武宗感到满足，于是他索性在皇宫内玩起了军事训练的新把戏，弄得皇宫中炮声震天，把京城里不明原委的老百姓吓得半死。中国的皇宫都是土木结构，武宗为了放炮竟在皇宫中贮藏了大量火药，结果百密一疏，终于把皇宫点着了，竟将皇帝的寝宫——乾清宫烧得干干净净。皇宫着火时，让人感到不可思议的是，当明武宗看着乾清宫的冲天大火和火药不断爆炸激起的火花，竟然对身边的人说："是好一棚大烟火也!"朱元璋如果地下有知，听到这句话，大概也会被这位不肖子孙活活地再气死一回。

武宗的胡闹自然引来大臣们的不满，他们纷纷上书劝谏。武宗玩兴正浓，哪里听得进这些规劝。为求耳根清净，他建立了豹房，在里面安置了许多的乐户和美女，自己三天两头住在豹房，日夜淫乐。至于上朝，则每月去一两次应付一下，开始跟大臣玩起了消极怠工。

自幼便醉心于骑马射箭的武宗长大以后依然乐此不疲，打猎是他展示自己才华的大舞台，不过这还无法让他过瘾，战场是他最向往的。为了让自己有机会率军出征，武宗实施了中国历史上最荒唐的任命。

明武宗正德八年（1513），武宗下诏任命朱寿为"总督军务威武大将军总兵官"。到宣府、大同、延绥去巡查西北部边境。正当朝中大臣丈二和尚摸不着头脑，搞不清哪里冒出个朱寿时，武宗却以总督军务威武大将军总兵官朱寿的身份大摇大摆地率军出京了。

这次出巡还真让武宗体会了一次战场的感觉，正当他出巡时，鞑靼小王子带领五万大军南下骚扰，心血来潮的武宗急忙亲自带兵赶到应州去迎战。不料没等他赶到，鞑靼就退兵了。心有不甘的武宗督军穷追不舍，总算追上了一小股鞑靼兵，结果以死伤数百人的代价杀死了十六名鞑靼士兵。武宗认为打了大胜仗，心满意足地命令金鼓齐鸣，凯旋回京。

回到京城，他神气活现地对百官说："朕在前线亲自斩杀了一敌兵，卿等知道吗?"这时，他还要让吏部加封朱寿为太师，并要再次派朱寿到京郊和山东巡查。大臣见武宗如此胡闹，皇帝不当竟化名当将军，太有失体统，便联名一百多人上奏劝谏，试图阻止武宗的胡闹行为。武宗听说大臣联名劝谏，不由大怒，下令将这些大臣撤职的撤职，廷杖的廷杖。不过，大臣们的屁股没有白白挨打，他们的劝谏总算扫了武宗的兴致。

正德十四年（1519），由于武宗荒于政事，宁王朱宸濠便趁机起兵发动叛乱。对于国家内部发生叛乱，武宗不仅不着急，反而大喜，因为这正好给了他一个南巡的机会。于是他又打起威武大将军朱寿的旗号，率兵出征。不料大军才走到半路便接到叛乱已经被王阳明平定的报告，不过这个消息丝毫没有降低武宗的兴致，他又亲自导演了一出闹剧。他下旨将朱宸濠释放，然后再由自己亲自将他抓获，然后大摆庆功宴庆祝自己平叛的胜利。

其实武宗南巡的真正目的是要到江南游玩，南下平叛只不过是一个幌子。现在既然平叛成功，武宗便心安理得地留在江南肆意玩乐。一天，他亲自驾着渔船在江上打鱼，正玩得兴起时不慎跌入江中，差一点被淹死。随从们七手八脚地将他从江中捞起，才没有命丧江南。但是，受了这一次的惊吓，再加上当时已经是九月天气，江水寒冷，而武宗又早已被女色耗尽了身体，自此便开始生病，而且这一病就再也没有痊愈。

没了玩兴的武宗匆匆离开江南。然而回到京城之后的他仍不收敛，照旧纵情荒淫，身体日益虚亏，虽然太医们尽心治疗，还是没有挽回武宗的生命。数月之后，武宗病死于豹房，年仅30岁，荒唐皇帝的短暂一生就这样结束了。

10. 后宫阴谋：“壬寅宫变”的真相

嘉靖二十一年（1542）十月的一天夜里，紫禁城内发生了一起惊天大案：嘉靖皇帝当晚夜宿在宠爱的妃子端妃曹氏的宫中，宫女杨金英等人乘着皇帝熟睡之时，想把他勒死。可是匆忙中，宫女们将绳子结成了死扣，只是把嘉靖皇帝给勒晕了。这时，有一个宫女认为不能勒死皇帝是因为有神灵的佑护，就偷偷跑出去告诉了方皇后，嘉靖皇帝被救下。这一年是农历壬寅年，所以这起凶案又称为“壬寅宫变”。由于涉及皇宫内的隐私，所以明朝统治阶层极力掩盖此事，史书中很少有详细的记载，而在民间则议论纷纷，说法很多。那么，这件事到底是如何发生的呢？原因是什么呢？主谋又是谁呢？

“壬寅宫变”震惊了皇宫上下，人们实在难以想象宫女竟然有谋杀皇帝的胆量，于是追寻作案动机、擒拿幕后黑手便成为案发后的首要任务。事发之后，杨金英等16名当晚值班的宫女全部被抓起来，并受到严刑拷打。她们很快就供出了试图弑君的主谋元凶。宫女们一致指认是宁嫔王氏为策划者。那么，一个妃子为什么会谋杀皇帝呢？

说到底，根源仍在嘉靖皇帝本人身上。这里必须简单介绍一下嘉靖皇帝。嘉靖皇帝名朱厚熜，是武宗朱厚照弟弟兴献王的长子。正德十六年(1521)，朱厚照因为长期的荒淫无度而死，死时仅30岁，没有留下子嗣。于是就在皇太后和当时的内阁首辅杨廷和的商议下，立朱厚熜为帝，史称明世宗。

嘉靖皇帝登基之初颇有作为，革除了很多正德年间的弊政，并诛杀了朝中的奸臣钱宁、江彬等人。当时朝廷上下都认为碰到了少有的圣君，可以大有一番作为。但是好景不长，很快嘉靖皇帝和大臣们之间就产生了严重的矛盾，这就是有名的“大礼议”之争。

原来，嘉靖皇帝是以明武宗嗣子的身份当上皇帝的，因此他继承的是武宗的江山和血脉，这是中国封建正统伦理所十分讲究的名分问题。可是，嘉靖皇帝在即位六天之后就变了卦，下诏让大臣们讨论如何才能给自己已故的亲生父亲兴献王封上皇帝的尊号。

对于这件事，朝中大臣认为是关系天下的根本问题，所以内阁首辅杨廷和等百官都极力反对，并出现了60多位大臣联名抗议的事情，对此皇帝一概残酷对待。事情僵持得不可开交，大臣们虽然对抗不过皇帝，但也因此导致君臣之间的不和，此事一直闹腾了20多年才消停。

经过此事，嘉靖皇帝开始荒于朝政而沉迷于荒淫之事，纵情于女色之中。特别是他即位近十年后，仍没有生下儿子，让他很着急。恰巧在这个时候，有个叫张孚敬的大学士说古时候的天子在立皇后的同时，还要建六宫、三夫人、九嫔、二十七世妇、八十一御妻，这样才会有很多的后代。他向嘉靖皇帝建议说，“皇上年富力强，更应该广求淑女，为将来有更多的后代打算。”

这正对了嘉靖的心意，既可以满足他的色欲，又提高了生子的几率。所以他就下旨广选天下的淑女，使得后宫佳丽越来越多。只是红颜易老，随着皇帝的喜新厌旧，后宫妃子之间不断发生各种各样的冲突，这当中就涉及了“壬寅宫变”中的几个女人。那么，这些人都有谁呢？

嘉靖皇帝前后共有过三位皇后，第一位皇后陈氏在嘉靖帝还没有即位时就是王妃，只是为人性情冷僻、不苟言笑，受到了冷落。有一天，已经怀孕多日的陈氏与嘉靖坐在一起闲聊，张氏、方氏两个妃子走了进来。嘉靖对张妃十分喜爱，惹得陈皇后吃醋，将杯子投到地上，结果触怒了皇帝，被大加呵斥。结果，惊吓过度的陈氏流了产，大病一场死去。

第二位皇后就是那位张氏。陈皇后死后，张氏被立为皇后。后来张氏红颜渐老，皇帝开始渐渐疏远。嘉靖

十三年（1534），明世宗找了个借口废掉了张氏。

第三位是方皇后，她与前两位皇后一样都没有生育。可以想见，随着岁月的流逝。嘉靖皇帝很快对方皇后也渐渐产生厌倦，这很自然引起方皇后对其他妃子的怨恨。这也将酿成了下面的端妃曹氏蒙冤而死的悲剧。

而事变的主谋宁嫔王氏曾为嘉靖帝生了一个儿子，按惯例她应该由嫔晋为妃，但不知为什么，她并没有受到晋封。因此有人在分析此案的起因时提出，王氏就是由此而心怀不满才策划谋害皇帝的。

受“壬寅宫变”牵累的端妃曹氏，长得非常漂亮，深受嘉靖皇帝的宠爱。可以说，自从有了端妃，皇帝就连每天的早朝也不上了，整日在后宫与端妃饮酒寻欢。而端妃因受皇帝的独宠而受到了王氏的嫉恨。所以，当王氏被招供出来之后，出于报复端妃，王氏便将她也拖下水，硬说端妃是此事的同谋。而事情发生后，嘉靖皇帝本人一直处于昏迷之中，宫中的事务都由方皇后处理，于是方皇后就代替皇帝下令，将一贯与自己不和的端妃还有王氏等 20 余人统统处以凌迟。据说在临刑的时候，端妃曾经大声呼喊冤枉，骂王氏诬陷自己。那么，这次事变的主谋真的是宁嫔王氏吗？

后世史学家们对“壬寅宫变”发生的主要原因，持有不同的意见。对于王氏主谋加害皇帝的说法，就有人提出不同的看法。认为王氏没有理由指使宫女们杀死嘉靖帝，因为作为一个生有皇子的妃嫔，为了争宠而冒这么大的风险是没有必要的。而十几位宫女为争宠而不顾生死谋害皇帝，这种可能性也不大。那么，“壬寅宫变”的真相到底什么呢？

于是有人提出，“壬寅宫变”的发生是由于嘉靖帝为炼制长生不老的丹药，酷虐宫女所致。因为嘉靖皇帝十分嗜好修道，自号“天池钓叟”，每日不是与后宫的美女鬼混，就是与道士混在一起炼丹求仙。

当时，南阳有一个方士叫梁高辅，自称有养生的法术，道士陶仲文将他介绍给了嘉靖皇帝。梁高辅入宫后就教皇帝如何炼制春药，制作春药的方法十分残忍，据说要用七七四十九个童女初潮的经血精心炼制成丸，服后一夜可御十女。嘉靖皇帝大喜，立刻按照道士的话去炼制这种药丸。为此，他曾先后从全国征选了一千多名八至十四岁的幼女进宫供其炼制春药。

在“壬寅宫变”前的两年中，宫内炼丹之风达到了极点，为了采得足够的炼丹原料，皇帝强迫宫女们服食催经下血的药物，造成失血过多甚至血崩，许多人因此丧命。此外，为了防止泄漏炼药的秘密，他甚至残忍地将取过血的宫女杀死灭口。

所以后来有人推测，杨金英等宫

女正是由于亲眼目睹宫女们饱经残害，自知这种灾难早晚会降临到自己头上，才决定拼死一搏的。还有人则认为此次宫变很有可能是一场政治斗争的结果，因为“大礼议”之争刚刚才以嘉靖帝的胜利宣告结束，就发生了“壬寅宫变”，因此不排除这是政治斗争的失败者利用妃嫔意图除掉嘉靖帝。

从已掌握的史料来看，“壬寅宫变”的发生应该与嘉靖帝炼丹不无关系。但真相到底如何，还有待于更有说服力的证据来证明。

11.“红丸”夺命：明光宗“红丸案”真相

明光宗朱常洛的皇位得来着实很不容易，他从出生后，始终处于战战兢兢、如履薄冰的境遇之中。然而，命运对朱常洛又开了个不大不小的玩笑：泰昌元年（1620），在他当上皇帝仅仅一个月的时候，因为吃了鸿胪寺官员所进的红丸而一命呜呼。这就是有名的“明末三案”之一的“红丸案”。明光宗为什么会忽然病倒呢？红丸又是什么样的药呢？“红丸案”是不是有什么不可告人的内幕呢？

明光宗朱常洛在未登基之前长期担惊受吓，使得在他摆脱威胁之后自然开始放纵自己的欲望，尽情享乐。按照惯例，这位年纪已经39岁的新皇帝除了自己东宫原有的妃子外，还可以占有父亲留下的妃子，并新立妃子。因此，朱常洛在刚即位几天内，就放纵地贪恋女色，虽然史书中没有明确记载具体情形，但从有关的史书记载中却能反映出，光宗的病倒确实与纵欲相关。

对于光宗在登极后不久就病倒的原因，《明史》中有较详细地记载。据说当时京城里盛传，前朝万历的宠妃郑贵妃与光宗宠爱的李选侍相勾结，向皇帝进献了八个美女，致使皇帝过度纵欲，然后郑贵妃又暗中指使以前的贴身太监崔文昇给皇上服下大黄类泻药，结果弄得光宗一天之内腹泻三四十次，躺在床上不能动弹，这也为明光宗日后病死埋下了祸根。

再说郑贵妃，她虽然未能如愿让自己的儿子朱常洵当上太子，但仍然费尽心思想维持自己的地位，“明末三案”都与她有纠葛就说明了这一点。在朱常洛即位之前，郑贵妃已经发现长期处于被排挤处境中的太子有着贪色纵欲之心，便想用美人计来实现自己的目的。于是她唆使自己的贴身太监崔文昇去侍奉光宗，并献八名美姬。这一招确实收到了效果，光宗很快就忘记了这是一个想害自己的女人，还十分感激郑贵妃，并让礼部议封其为皇太后。这时候，又掺和进了一个李选侍（“选侍”是晚明时代的特产，明朝后期称入选宫内的侍女为选侍）。李选侍很受朱常洛的宠爱，

并为他生了个儿子，她因此梦想被封为皇后。为了达到各自的目的，郑贵妃与李选侍勾结在了一起。

两人勾结起来意图左右朱常洛的野心很快就被朝中的大臣们注意到了，因此光宗一病倒，很快便有人上奏劝谏皇帝。兵科给事中杨涟首先进奏折说，崔文昇给皇上乱用药罪该万死；而对于郑贵妃想当太后，皇上自己既有嫡母，又有生母，如果封郑贵妃为太后，那么如何安置嫡母和生母呢？结果，三天后光宗就召集大臣宣布驱逐崔文昇，并停止封太后。

但是，官员们对郑贵妃等人的打击并不能抑制朱常洛自身的纵欲之心。据《明史·周嘉谟传》记载：泰昌元年（1620）八月二十六日，吏部尚书周嘉谟劝皇帝不要过度纵欲，皇帝注视他很长时间，才向宫外宣旨说那些都是传言不可相信，这也可见皇帝纵欲之事是众人皆知的事情，光宗本人还试图掩盖有关自己的传闻以维护帝王尊严。可是纵欲的严重后果毕竟已经显露出来了，这之后光宗的精神状态变得越来越差。泰昌元年（1620）八月二十九日，朱常洛自觉病情越来越重，便召集大臣考虑自己死后寝宫的建设之事，而大臣们则要求皇上尽快定下太子的名位，以免来不及。也就是在这一天，鸿胪寺官员李可灼向皇上进献了一种红色的药丸。这个红药丸据李可灼的说法，是由得到道士传授的“仙方”炼制而成，吃下去就可以治愈皇帝的病。在场的大臣们心存疑问，但皇帝本人却要吃。实际上李可灼并不是医生，而是负责朝廷庆贺礼仪的官员，相当于今天的司仪。李可灼上午向皇上进献了一粒，下午又献了一粒。两粒红药丸吃过之后，据说当时皇帝确实感觉好了些，但到了夜里情况如何，史书没有明确记载。而到了九月初一的早上，宫中就突然传出皇上驾崩的消息。

一个不到40岁的一国之君突然死去，在宫廷内外引起了轩然大波。那么，明光宗为什么突然死去呢？

人们首先怀疑的就是这个红色的药丸，因为皇上才吃过它就突然死去，这确实让人怀疑。《明史》中只说这是道士提供的“仙方”，但语之未详。有学者提出，红丸跟汉代的春恤胶属同类药，主要功能是刺激男性的性欲。想想皇帝本来就因为纵欲而致病，再服这种药加以刺激，更是火上浇油，结果过量了，就导致了死亡。明光宗死后，他的儿子朱由校即位，这就是明熹宗。

不管这种红丸是什么药，吃死了皇帝可是不得了的事情，因此红丸一案的主要后继情节就是追查害死皇上的凶手，谁知这却演变成了朝廷大臣之间争夺权力的斗争。

首先受到怀疑的就是崔文昇和进红丸的李可灼。杨涟认为，在此之前宫廷内外传言说皇上纵欲，实际上是

崔文昇用来掩盖他用药害死光宗的借口，皇帝就是被崔文昇下药毒死的。杨涟的说法得到了当时的御史左光斗等人的支持，不少正直的大臣都认同这一说法，认为崔文昇的罪比李可灼还要大。因为他懂得医药，是有意用药加害光宗，进而又指出幕后主使人是郑贵妃。但是，对崔文昇的指控很不顺利，一直到明熹宗天启二年(1622)，中间几经反复。那么，这又是怎么回事呢？

原来，除了杨涟、左光斗等人外，朝中大臣大多从一开始就把矛头指向了当时担任内阁首辅的大学士方从哲，认为是他同意李可灼给皇帝用药的，因此最有罪的应该是方从哲。这实际上掺杂了很浓重的权力倾轧。这样一来，大臣们攻击的重点就不在李、崔二人，反而是方从哲。

其实，这和方从哲本人的处置不当也有关。最初，对李可灼进红丸导致皇帝死亡应该被治死罪，大多数大臣都同意，但是方从哲却不同意，反而下令让李可灼以疾病引退，并送给他很多钱财。这样，其他敌对的官员就抓住了把柄，纷纷引经据典，认为方从哲同意李可灼进药，虽无害君之心，却有弑君之实，要求首先处置方从哲，以泄神人之愤。

一开始，熹宗还为他开脱，这应该说不无道理。有学者从与方从哲一同主政的另一大臣韩圹的叙述中发现，服不服红丸都是光宗一人决定的，确实与方从哲无关。但是，在晚明时期，朝廷之中朋党互相倾轧非常厉害，既然有这样一个很好的攻击机会，方从哲的政敌自然不会放过，于是形成了一个攻击方从哲的群体。明末著名的东林党人也支持这一立场，名士高攀龙就力主惩罚方从哲，并称其为“贼臣”。结果方从哲为了逃脱罪责，慌忙上书请求退休。即便这样，声讨他的书文仍然很多，他只好一面竭力为自己辩护，一面自请削职为民，远离中原。

而真正的涉案人李可灼只被发配戍边贵州，崔文昇也只被贬到了南京，这都是很轻的处罚。特别是崔文昇在魏忠贤掌权后又被重用，还被提拔为总督兼管河道。只是在大臣们的连连上折抨击下，明熹宗才最终判决崔文昇杖刑一百，然后发往明孝陵作杂役守卫。

从红丸一案的发生过程和处理结果来看，放过了主犯郑贵妃及崔、李二人不去重判，却抓住方从哲不放显然是不恰当的，这也正是明末政治腐败的表现。红丸一案的后果是：导致了不久之后就宦官魏忠贤集团的操控朝政。

天启年间，魏忠贤当权，又为“红丸案”翻案。结果，当初声讨方从哲的一些官员被革除了官职流放边疆，而抨击崔文昇、方从哲的东林党人也受了追罚，高攀龙被迫投池而死。

到了崇祯年间，惩办了魏忠贤，又

将此案翻了回来。再后来崇祯死后，南明王朝又一次以此为题材挑起党争，最终南明小朝廷在一片内斗之中彻底走向末途。小小的一粒红丸，却引出这么多的波折，确实是当时人难以预料的。

12. 太子菩萨：崇祯太子是否逃匿出宫

李自成率领的农民起义军攻占北京外城后，崇祯帝眼看无力回天，就下令后宫的嫔妃自尽，以免落到起义军手中，他亲手剑砍袁妃、长公主，并紧急召来太子。当时太子才16岁，崇祯命他逃出北京，他自己则与宫内太监王承恩一起登上煤山上吊自杀。经过了明清更替的大动荡，崇祯太子下落不明。虽然“崇祯太子”后来又于清朝初期几次出现，但没人能说清他的真假，很多人还为此受到株连被杀。那么，太子真的逃匿出宫了吗？逃出宫后究竟逃到了什么地方呢？

明朝的末代皇帝崇祯帝朱由检。他有七个儿子，其中四个死得较早，到明灭亡时，仅剩下周皇后所生的太子慈烺、定王慈灿和田妃所生的永王慈焕。慈烺生于崇祯二年（1629），是崇祯的长子，于崇祯三年（1630）被立为皇太子。

《明史纪事本末》中称，李自成攻下北京城后，太子慈烺与定王慈灿、永王慈焕一起被起义军所掳获。后来吴三桂引清兵入关，李自成率军与吴三桂对战，当时曾挟持太子与二王一起前去。据说，当战局不利的时候，李自成挟太子一起登上高岗观战。后来，李自成不敌战败，就与吴三桂议和，吴三桂提出用归还太子与二王并离开北京城为条件，换取停战。李自成同意了，就将太子等人交给了吴三桂。这样说来，太子就落入了吴三桂的手中。据此，有人提出太子已经遇害。

这一说法在后来的其他史书中也得到了证实。《石匮书后集》中的《烈帝本纪》及《太子本纪》记载，在李自成战败后，太子趁机逃脱，被吴三桂部下捕获，但不知道他是太子，就命他负责打马草喂马两个月。之后太子又逃出，藏在老百姓家里，后投奔外舅周奎家。周奎担心私藏太子会惹来祸端，就将太子献给了清摄政王多尔衮，经过一番辨认，最终被害。

这里所不同的是，太子并不是被李自成交给了吴三桂，而是在乱军之中被吴三桂军所获。同样，有关这一说法的细节叙述，各家也不太一致。据《国寿录·崇祯太子》中的记载：太子出逃后，先是被卖豆腐的老婆婆发现后收留下来，当知道他是太子时，就让他隐姓埋名住了三个月，因为贫困负担不起，之后送往周奎处，以下则相同。《甲申传信录》等书中也有

比较类似的记述。这些说法都认为太子最终被清廷抓获，然后遇害。

说到太子后来被杀的过程，《石匮书后集》中的记载充满波折。据说太子被送交清廷后，老百姓听说明朝太子还活着，就纷纷前去探望。多尔衮担心会引起明朝官民的反抗，就宣称太子未必是真的，同时安排人进行辨认，并事先做了些准备。所以，太子以前的老师谢升、周奎等人迫于压力，不敢承认是真太子。但有个叫钱凤览的官员却坚持说太子是真的。但无论是真是假，清廷都不会容许，最终太子和钱凤览都被杀害。另外还有人提出，李自成攻下北京后，下令搜索太子，太监栗宗周将太子献出，李自成就把太子幽禁于刘宗敏家里。后来卫士私下将太子放出，来到南明小朝廷——南京，清兵攻入南京后，太子被人献出而遇害。那么，太子慈琅真的被清军杀害了吗？

有人对太子被杀一说提出不同的看法，认为太子仍然活着。据《明季遗闻》描述，在李自成战败向西逃走的时候，有人看到李自成带着太子和二王一起出逃。对《明季遗闻》的作者邹流绮，有人做了考证，发现他是清朝顺治时人。他在书的《自序》中提到此书完成于顺治十四年（1657），那么他生活的年代距离明末的甲申之变仅仅10年左右，而且本书的写作又是在父辈记载的基础上完成的，因此认为邹流绮很有可能是甲申之变的目击者。这一提法也有一定的可靠性，因为在后来编修的《明史》中就采纳了邹的说法，认为当时交给吴三桂的太子是假的，真太子始终留在李自成营中。如果太子确实未落入清廷手中，那么随李自成西行之后，太子的下落究竟如何呢？

由于此后的历史记载中再也没有说明，所以从吴三桂营中，太子出逃的去向就成了明末清初的一大议论热点。《明季太略·太子一案》中说，太子后来被人带到皇姑寺藏了起来，又和太监高起一起潜逃到天津，然后像传言中的建文帝一样，出海南下，不知所终。《野史无文》则记载：太子曾逃往南京的南明小朝廷，清兵攻陷南京后，他被人献出后被带往北方，不知所终，有的说是被杀了。还有人说，明末清初兵荒马乱，太子后来死于乱军之中。但这些说法均无证据证实。就像前面提到，单是崇祯太子遇害于清朝刑部的说法，就有很多版本，所以太子的下落始终是个谜团。

到了南明小朝廷弘光朝时，发生了王之明假冒太子一案，引起全国轰动，使得本已扑朔迷离的太子下落一事更加错综复杂。根据邹流绮的记载，弘光朝时，有个官员突然秘密奏报，说有人发现太子在浙江出现。之后此人就被带到南京，为了弄清楚真假，还找了一些熟悉太子的人在朝堂之上

进行了一番对证，询问当年与太子相关的事情，结果发现，这个人对于太子曾经历过的重大事件一无所知。最后，经过反复的审问，这个人才承认是高阳人王之明，是假冒的太子。假太子案引发了马士英与黄得功、左良玉、何腾蛟等人之间的争权夺利，加速了明王朝残存势力内部的分裂。清康熙时期有人借崇祯太子之名举行反清起义，牵连并死了很多人，结果也被证实是假的。

后来，随着清朝统治的巩固，有关崇祯太子下落的讨论就成了一个禁区，而且随着时间的推移，人们更加难以作出定论，这一话题渐渐沉寂了下去。直到辛亥革命后，民国建立，没有了政治的压力，有关明末崇祯太子的下落在广东梅县地区又成为了人们谈论的一个话题。这又是怎么回事呢？

原来，长期以来，在这一地区都流传着这样一个故事。说在明亡以后，嘉应州（今梅县地区）的阴那山灵光寺有一个和尚十分特别，他的法号是"多"，死后一直被当地人供奉为"太子菩萨"。有人认为这就是当年下落不明的崇祯太子。经过学者考证，他很可能是被担任过太子侍读的李士淳带到了这一地区的。李士淳在明末也被李自成起义军所俘获，与太子在一起，并且受到了起义军的很好的待遇，并未被关起来，是很有可能助太子逃出去的。当地的《嘉应州志》《程乡里志》、李士淳本人所编的《阴那山志》及一些民间传说都可以证明，李士淳确曾被李自成俘虏，而且被封过官。根据这一说法，太子最终出家为僧这一猜测，可以很明显地看出是受建文帝下落的影响。

总之，崇祯太子的下落已经成为一个千古之谜，之所以会出现这么多不同的说法。如同建文帝的下落之谜一样，在某种程度上是明末清初对恢复明王朝正统统治心存幻想的士子文人们的一种希望，希望有朝一日能够集结在崇祯太子的周围，重建明朝的统治。

13. 英年早逝：扑朔迷离的郑成功之死

郑成功（1624～1662）是我国明末清初著名的民族英雄，原名森，号大木，福建南安县石井村人。他是中国历史上第一个收复祖国宝岛台湾的伟大的民族英雄。然而，正当郑成功准备在台湾进一步大展宏图之时，却猝然死去，年仅39岁。郑成功为何这么突然的死去呢？

郑成功的父亲郑芝龙，南明隆武朝时为"建安伯"，曾组织向台湾移民，积极开发台湾岛。清顺治二年

（1645），21岁的郑成功在福州受到隆武帝朱聿键的召见，颇受隆武帝的赏识，赐他国姓（朱），改名成功，因此郑成功又被尊称为“国姓爷”。永历七年（1653），永历帝朱由榔封他为“延平郡王”。

永历十五年（1661），郑成功亲率战舰120艘、将士25 000余人，在金门料罗湾誓师东进收复台湾。经过激烈的海战，郑军击沉荷军主力舰“赫克托”号，收复了“赤嵌楼”。1662年2月1日，荷兰侵略军被迫投降，被侵占达38年之久的台湾终于重归祖国怀抱。然而，身为明末清初重要的历史人物，郑成功的英年早逝自然引起人们的关注。

很多史籍都记载郑成功死于疾病，究竟是什么病呢？说法不一。有的说是“感冒风寒”；有的记载“偶伤寒”；有的描述为“骤发癫狂”；也有的说“肺结核病”；一个外国学者乔治·菲力浦甚至认为郑成功得了“疯狂病”。总之，关于郑成功致死病因的记载五花八门。从如此之多的致死病因中，我们可以看出，人们对郑成功的死因其实并不确定。那么，郑成功的真正死因是什么呢？

在众多的记载中，人们渐渐发现郑成功死得有些蹊跷，如同时代的林时对在《荷闸丛谈》中记述道：“（成功）骤发癫狂，咬尽手指死”；夏琳则在《闽海纪要》中提到：“（成功）顿足抚膺，大呼而殂”。从这些记载中，可见郑成功死前有一些异常的症状，究竟是什么病情致使郑成功在死前作出如此痛苦之状呢？

有学者根据郑成功临死前的异常症状提出，郑成功可能不是死于疾病，而是被人用毒药害死的。从郑成功死前的情状来看，完全是毒性发作的症状。除夏琳《闽海纪要》、林时对《荷闸丛谈》的记载外，其他很多史籍也描述了郑成功死前的情状，如江日升《台湾外纪》说他“以两手攀面而逝”；吴伟业《鹿樵纪闻》说他死时“面目皆抓破”；外国学者乔治·菲力浦在其所写的《国姓爷的一生》中写道，郑成功临死时曾用牙齿咬破嘴唇、咬断舌头。试想如果是因病而亡的话，郑成功似乎不应出现这样剧烈的反应，以致抓破自己的脸，甚至咬断舌头，这些反应与毒发时的症状极为相似。而且，据夏琳在《闽海纪要》中的记载，郑成功病重时，他的手下都督洪秉诚调药以进，郑成功却将药碗扔在地上，大呼而亡。郑成功为什么不喝药，反而要将药碗扔掉呢？可见郑成功已经意识到有人在给他下毒，所以对手下不再信任。此外，马信此人在郑成功死后神秘死去也是个重大的疑点。马信是清军降将，后来成为郑成功的亲信。郑成功临死前一天，马信曾推荐一医师投药一帖，当晚郑成功便死去。郑成功死后五天，他也无病而终。因此，这很有可能是马信被人收买投毒，事后，真正又被

杀灭口。如果郑成功是被人毒死的，那么毒死郑成功的幕后黑手又会是谁呢？从当时的局势看，想除掉郑成功的人还真不少。

一种观点认为毒杀郑成功的主使者是清政府。有学者提出，清政府为了根除郑成功，不惜重金收买郑成功的亲信，“用一种慢性毒药投放到郑成功的饮食中去”，最后随着毒性积聚，“郑成功毒发身亡”。这种说法有一定的合理性。因为清王朝曾收买郑成功的厨师来实施暗杀，准备在点心中投放毒药孔雀胆，但这个厨师几次动手都因为胆怯而放弃。最后经不住内心的折磨，将此事告诉了自己的父亲，他父亲得知真相后对其痛加斥责，并将他带到郑成功面前负荆请罪，最终郑成功宽恕了他。此次谋杀虽然没有得逞，可见清政府不仅有毒杀的动机，也有过实施毒杀的行动。

另一种观点认为，毒杀郑成功的主使是郑氏集团内部的某些人。有学者指出，郑氏集团本身并非铁板一块，如郑成功的兄弟子侄辈中，有不少是有职权的，他们都对郑成功政权虎视眈眈，其中以郑泰为首。郑泰长期掌管郑氏集团的东西洋贸易，握有财政大权，虽深得郑成功信任，但他早存异心，曾极力反对郑成功收复台湾。

当时台湾百废待举，财政十分困难。郑成功为财政犯愁之时，郑泰并没有拿出资金来帮助他渡过难关，反而将30多万银子存放到日本。可见他希望郑成功被各种困难击垮，然后代替他。但是他并没有如愿以偿。相反，台湾各方面的形势在郑成功的积极努力下，渐渐有了很大的起色。郑泰知道自己在背后的小动作已经让郑成功有所察觉，出于担心郑成功日后算账，他可能为了一己私利而毒杀郑成功。从郑泰在郑成功死后马上伪造郑成功遗命、讨伐郑成功之子郑经的举动来看，郑泰是幕后策划者的嫌疑很大。

另外，郑成功平时纪律严明，赏罚分明，虽然得到了绝大部分民众的信任和支持，但因此也得罪了一些人，这些人在外界的诱惑下，可能会铤而走险，参与到毒杀郑成功的活动中。

还有一种观点认为，郑成功“家族不睦，其子乱伦”是致死的原因。郑成功收复台湾后，郑氏兄弟辈便出现了裂痕，尤以郑泰、郑鸣骏为最，父亲反叛，兄弟间貌合神离，使得郑成功痛心疾首。与此同时，郑成功家中也出了件丑事，即其子郑经与乳母陈氏私通，郑成功起初不知，后经人告发，“令郎狎而生子，不闻饬责，反加赉赏，此治家不正，安能治国乎？功顿时气塞胸膛”。随即下令杀郑经、陈氏等人，郑经得知，与其幕宾相商，不但此事被他掩饰搪塞，而且还对郑成功说，若要一意孤行，准备与清军相妥协。

遭此打击，性格刚毅、崇尚礼教的郑成功终于在1662年5月8日（旧历）大呼：“吾有何面见先帝于地下

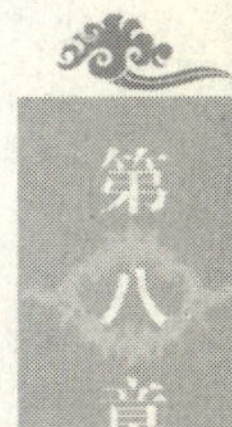

也”，“以两手抓其面而逝”。

14. 莫衷一是：闯王李自成的生前生后事

崇祯十七年（1644），“闯王”李自成攻入北京，山穷水尽的崇祯皇帝自杀身亡，李自成如愿坐上了皇帝的宝座。然而，吴三桂在山海关“冲冠一怒为红颜”改变了这一切，功败垂成的李自成仓皇逃离北京，在清军的追击下一路狂奔，不久便传出在九宫山遇害的消息。但是，有关李自成最后归宿的争论在历史上从来没有停息过。他是战死沙场，还是削发为僧呢？到底是死于何时何地呢？

有关李自成归宿的各种说法林林总总有十余种之多，但归纳起来，影响比较大的主要有两种：一是李自成死于败乱之中，二是李自成兵败后削发为僧，禅隐若干年后圆寂。据此关于李自成死亡的时间和地点也就主要趋向两种说法：一是说顺治二年（1645）死于湖北九宫山，另一说是康熙十三年（1674）死于湖南石门夹山。那么，事实的真相究竟怎样的呢？

李自成在顺治二年（1645）死于九宫山的最早记录是清朝英亲王阿济格向清廷的奏报和南明兵部尚书何腾蛟给唐王朱聿键的奏报。

阿济格是追击李自成到通山九宫山下的清军统帅。在顺治二年（1645）闰六月的奏报中，他称“有降将及被擒贼兵，俱言自成窜走时，携随身步卒仅20人，为村民所困不能脱，遂自缢死。因遣素认自成者，往认其尸，尸朽莫辨，或存或亡，俟就彼再行察访。”

南明何腾蛟曾两次向唐王朱聿键奏报。他的第一次奏报说，“斩自成于九宫山”，因长沙府通判周二南死，失首级。在第二次所上的《逆闯伏诛疏》中他又说：“李万岁爷被乡兵杀于马下，二十八骑无一存者，一时贼党闻之满营聚哭”。这是依据归附何腾蛟的原李自成部下张双喜、刘何当口述奏报的。

此后，很多记载均认为李自成是在九宫山被地主武装杀害的。费密在《荒书》对李自成被杀的经过有着很详细地记述：“李自成独行到牛迹岭，遇大雨，山民程九伯者下，与自成手搏，遂辗转泥滓中……九伯呼救甚急，其甥金姓者以铲杀自成。”在正史以及地方史中也有类似的具体记载，如《明史》《小腆纪年》《南疆逸史》《湖广通志》《武昌府志》以及《通山县志》等。

特别是后来《朱氏宗谱》《程氏宗谱》的新发现，更增加了这一说法的可信程度。建国后的众多史学家如郭沫若、李文治等人均赞成此说。一时之间，李自成死于湖北通山九宫山之说几乎成为定论。但这种说法就是

真相吗？

此论盛行不久，一些学者指出此说存在着许多可疑之处。疑点主要有：首先，他们对通山九宫山一说进行追本溯源，最早对李自成死讯进行记录的是阿济格和何腾蛟，而二人当时并没有亲眼所见李白成的尸首，而只是在奏报上提到“尸朽莫辨”。他们的消息来源主要是从降兵和降将那里得到的，连阿济格自己也不能肯定，称要再行察访，因此当时在明廷和清廷内部有很多人质疑消息的可靠性。

事实上，阿济格便因迟迟交不能为李自成验明正身而遭到上司的严加斥责，而何腾蛟也因此被冠以“谎报战功”的罪名，最终被撤职。可见当时清政府和南明小朝廷都没有确认李自成的死亡。

另外，如果李自成真的死于九宫山乡民之手，当时在九宫山的李自成部队还有十万之众，一定不会放过九宫山的乡民，但史书并没有此类记载。最令人费解的是像李自成这样一位极具影响的重要人物，其死亡竟然在朝廷的残档、朱批“红本”中都没有记载。而通山九宫山说的另一“力证”《程氏宗谱》《朱氏宗谱》都纂修于民国年间，所述当年之事并不可信。那么，如果李自成没有死在九宫山，他究竟死了没有呢？如果没死，他去了哪里呢？

随着不断新的考古发现，一些人提出李自成在夹山出家为僧之说。这一说法的依据主要是何磷所撰写的《书李自成传后》和在夹山出土的一些文物。何磷曾到实地进行考察，据山上一位老僧介绍，他曾服侍过夹山灵泉寺一位古怪的和尚，号“奉天玉和尚”。据他说，奉天玉和尚是顺治初年来寺的，说话是陕西口音，并取出一幅奉天玉和尚画像。何璜发现画中的和尚与李自成长相颇为相似，加上奉天玉和尚的法号和李自成的“奉天王”称谓只相差一字，极有可能是故意避讳的，因此他认为这个所谓的“奉天玉和尚”有可能就是李自成，也就是说李自成兵败后最终遁迹湖南石门的夹山灵泉寺，削发为僧。

在夹山附近出土的文物，更是为夹山一说提供了最有力的证据。在澧州奉天玉和尚的墓中出土了与米脂县地方传统的随葬符碑内容十分相近的符碑，可见这个和尚一定和米脂有关联。此外还在夹山附近出土了“永昌通宝”铜币，刻有“永昌元年”字样的竹制扇骨、铜制熏炉等。“永昌”是李自成在西安建立大顺政权时的年号。更引起人们注意的，是一个铸有隶书阳文“西安王”字样的铜制马铃。这和李自成家乡陕西米脂县出土的、上面铸有“自成王”字样的马铃，形制相同，字样一样，花纹相似。

这一切都表明夹山地区与李自成存在着某种联系。此外，有学者还认为当年服侍奉天玉和尚的弟子野拂是李自成义军中的将领、李自成的侄儿李过，这也证明了李自成在夹山出家的可信性。此外，夹山现存的三块石碑、出现的诗集《梅花百韵》也被认为与李自成有关。

但此说也遭到了通山九宫山说者的质疑，部分学者认为这一说法存在着诸多硬伤。

首先，学者提出何磷所述并不可靠，如奉天玉画像其实与史书中李自成像并不一致。《明史》称李自成“状貌狰狞”，且崇祯十四年（1641）他在作战时左目中箭，因此当时被称做“瞎贼”。而画像中的和尚左目并没有异样，老僧在叙述中也没有提及他眼瞎，可见与李自成无关。

其次，夹山现存的三块石碑，并不能证明李自成终于夹山，而只能证明确有奉天玉和尚其人；没有确凿证据，仅凭《梅花集韵》诗集中个别诗句的口气，无法判断诗作者就是李自成。

第三，湖南大学者王夫之与李自成是同时代的人，他撰写的《永历实录》所记李自成至九宫山“为土人所杀”有很大的权威性。同时《程氏宗谱》尽管出于民国，但关于程九伯杀害李自成之事是依据旧谱转录的，绝不可能是杜撰，而且该谱与《朱氏宗谱》以及顾炎武的《明季实录》所载一致。

总之，关于李白成逃出北京城后的生死问题，一直以来是个谜团。它吸引着众多的专家和李自成研究的爱好者的注意力，各种说法争论不休，莫衷一是。

15. 尸骨无存：史可法是否战死沙场

扬州市史可法路南端梅花岭畔，有一座史公祠，它是明末抗清英雄史可法的祠堂，祠内建有史可法衣冠冢。那么，为什么在史可法的墓中只有衣物呢？这是因为史可法殉难后，其义子史德威遍寻遗骸不得，于是只好按照史可法的遗愿，葬其衣冠于梅花岭下，这便是衣冠冢的由来。那么，史可法到底有没有战死？如果真的战死沙场，他的遗骸又在什么地方呢？

顺治二年（1645），清军在明降将许定国的引导下，抵达扬州。扬州是南京南明政府的屏障，一旦扬州被占，清兵将会沿江而上，南京必将不保。于是，正在督师扬州的兵部尚书史可法立即发出十万火急的军书，希望各路将领能率兵前来保卫扬州，不料竟无一支部队前来增援。而清军那边，摄政王多尔衮先后五次下书劝降，史可法都置之不理，还把前来送信的人抛进了护城河里。清军见劝降不成，便将扬州城围得水泄不通。史可法在外援断绝、军饷不济的情况下，率领扬州军民坚守孤城，终因寡不敌众，扬州失守。由于清军在攻城中伤亡惨

重，攻城将领多铎恼羞成怒，竟灭绝人寰地对扬州人民进行了持续十天的大屠杀，史称“扬州十日”。屠杀过后，扬州城内尸体堆积如山，史可法的部下潜入城内寻找他的尸体，但是遍寻不着。由此产生了很多传说。那么，史可法到底是不是战死在城中了呢？

有的说史可法缒城（由城上缘索而下）出走。计六奇在《明季南略》中详细地记道，阴历四月二十五日，清兵诈称明总兵黄蜚的援兵到来，史可法下命令开西门放行。清兵进城后，立即开始攻击守城的明军。史可法在城上看到这种情况以后，知道大势已去，于是就想拔剑自刎。这时候，他的手下连忙阻止。最后，他只得与总兵刘肇基缒城潜出。有的记载竟然还称史可法是跨骡出城的。乾隆《江都志》载扬州故老言，扬州城被攻破时，史可法“跨白骡出南门”。许旭还就此赋诗：“相公（即史可法）誓死犹饮泣，百二十骑城头立。瞬息城摧铁骑奔，青骡一去无踪迹。”（《汗青录》）

但也有人认为在扬州城被攻破时，史可法早就已经销声匿迹，不知去向了。一次，计六奇外出途中坐船时，偶遇一个嘉兴人。在闲谈中，这个人提到自己是扬州之战的幸存者。计六奇便向他打听史可法的下落，这个人说城破时，史可法下落不明。

除了上述两种说法之外，还有很多说法，如战死说，沉江说等。

据张岱《石匮书后集》记载，史可法自杀未遂后，与部将在离扬州城数里的宝城寺稍作休息。清军追寻至此处，双方又展开了一场激战，结果史可法战死。

沉江说则说史可法出城后，渡河时因马蹶落水溺死。也有人说他出东门遇清兵堵截，自觉逃生无望，于是赴水自尽。康熙年间孔尚任所著的《桃花扇》就采用了“沉江说”，因而此说广为流传。

不过，大多数人还是认为史可法是被俘后不屈而死的。清朝官修史籍大多如此记载。如《清实录》记载道，清军攻克扬州城时俘获史可法，并将其斩于阵前。再如《明史》也提到，扬州城被攻破时，史可法自刎未遂，被部将拥至小东门，为清军抓获，这时史可法大叫道：我就是史督师，于是清军将其杀掉了。其他如《雪交亭正气录》、《史外》等野史也都有类似记载。甚至史可法嗣子史德威在其所著《维扬殉节纪略》中也记述道，扬州城陷时，史可法自刎未遂，为清军捕获。多铎对史可法相敬如宾，口中直呼其为先生，并提出丰厚的条件来诱降他。但史可法怒斥道：“我作为大明朝重臣，怎么能苟且偷生，难道想让我做万世罪人么！今日你们可以砍掉我的头颅，但绝不会让我屈服……我将与扬州共存亡，既然扬州城已被你们攻破，我活在人世间也无

任何意义”。于是他被清军杀死。史德威的记载可谓是关于史可法下落的第一手史料，有着充分的说服力。而且，一些目击者也谈到史可法是被俘后不屈而死的，原史可法的部下杨遇蕃及清军将领安珠护就亲眼目睹了史可法被杀和被肢解之情形。其实，史可法早就抱定一死之心，他在写给母亲、夫人的绝笔信以及五封遗书中，就有“一死以报国家”之语。

第一封是写给母亲的：“不孝儿可法遗禀母亲大人：儿在宦途一十八年，诸苦备尝，不能有益于朝廷，徒至旷远于定省，不忠不孝，何颜立于天地之间！今以死殉城，不足赎罪。望母亲委之天数，勿复过悲。儿在九泉亦无所恨，得副将德威完儿后事，望母亲以亲孙抚之。四月十九日，不肖儿可法泣书。”

第二封信给夫人：“可法死矣！前与夫人有定约，当于泉下相候也。四月十九日可法手书。”

第五封信给副将史德威：“可法受先帝厚恩，不能复大仇；受今上厚恩，不能保疆土；受慈母厚恩，不能备孝养。遭时不遇，有志未伸，一死以报国家，固其分也，独恨不早从先帝于地下耳。四月十九日，可法绝笔。”

因此，一些人认为既然史可法已抱着必死的信念，所以不可能在扬州城被攻破后逃生，而且其部将刘肇基在扬州城陷前就已中流矢而亡，因而根本不可能与史可法一同“缒城潜去”。

之所以出现“缒城潜去”“不知所终”之说，可能归结于史可法死后尸骨无着。清兵破城后，屠城十日，杀百姓数十万人，而史可法又是“尸裂而死”（《乙酉扬州城守记略》）。再加上当时天热，扬州城尸骨已腐无法辨认，因而史德威便将史可法生前穿戴过的袍笏及玉带等物，葬于梅花岭旁。另一种可能便是人们心理存有不愿意史可法死去的情结，总是希望史可法能幸免于难，所以史可法未死之说一直流传。

第 九 章

清朝历史谜案

1. “天花”夺命：顺治的真实死因

顺治十八年（1661），年仅24岁的顺治皇帝在紫禁城驾崩。究竟是什么夺走了一代天子年轻的生命，这一直困惑着后世的人们，那么，年轻的顺治皇帝到底是怎样死的呢？从各种史料和迹象推断，顺治死于天花的可能性最大，但这依然不是最终的定论。

顺治十八年（1661），正月初六的夜里子时，深宫传出了一个令人震惊的消息：年仅24岁的顺治皇帝在养心殿驾崩。就在顺治驾崩后的第三天，不满八岁的康熙登上了紫禁城金銮殿的宝座。皇宫中很快恢复了平静，但是让人们迷惑的是，24岁的顺治皇帝一向身体强健，从未听说有什么疾病缠身，为什么会突然不治而亡呢？

对于顺治皇帝的死亡，《清世祖实录》中的记载异常简短：“丁巳，夜，子刻，上崩于养心殿。”为什么这种关乎生死的大事，却以寥寥数字敷衍了事呢，甚至对死因只字未提？而顺治死因存在的种种疑点，又该怎样解释呢？

作为记录顺治皇帝生平最权威的档案——《清世祖实录》中有一段关于顺治死前的最后录。顺治患病是在顺治十八年（1661）正月初二，到初六他已病入膏肓。《清世祖实录》中用了二百多字记载了顺治死前的活动，而描述他的死亡却仅有十一个字，除时间地点之外再也找不到任何的线索，这究竟是为什么呢？不仅如此，清朝皇室家谱《玉牒》中也仅仅只是记录了顺治驾崩的时间，对于其死因依然是避而不谈。

孟森在其《清初三大疑案考实》之二《世祖出家事实考》中，以大量翔实的史实考证，顺治死于天花。尤其是孟森持论所根据的是王熙自撰《年谱》。王熙是顺治时期的礼部侍郎兼翰林院掌院学士，又是顺治的宠臣，顺治临终前的遗诏就是面谕他草拟的。

王熙在《年谱》中详细记载了顺治十八年正月初一至初八这几日顺治帝及其本人的言行举止，而这几日正是顺治病死前的最后一周。如《年谱》云：“辛丑三十四岁，元旦因不行庆贺礼，黎明入内，恭请圣安，吾入养心殿，赐坐、赐茶而退。翌日，入内请安，晚始出。初三日，召入养心殿，上坐御榻，圣躬少安，命至御榻前讲论移时”，“初六日，三鼓，奉召入养心殿，谕‘朕患痘势将不起，尔可详听朕言，速撰诏书，即就榻前书写……’随勉强拭泪吞声，就御榻前书就诏书首段。随奏明恐过劳圣体，容臣奉过面谕，详细拟就进呈，遂出至乾清门下西园屏内撰拟，凡三次进

览，三蒙钦定，日入时始完。至夜，圣驾宾天，血泣哀恸。初八日，又同内阁拟上章皇帝尊谥，又同内阁拟今上皇帝即位年号，又为辅政大臣撰誓文。”王熙《年谱》翔实逼真地记述了顺治死前几日的活动，明确记载顺治是染痘（天花）病终于养心殿。

巧合的是，当时在宫中担任词臣的张宸也在其《青磵集》中记载：“辛丑正月，世祖章皇帝宾天，予守制禁中二十七日。先是初二日，上幸悯忠寺，观内珰吴良庸祝发。初四日，九卿大臣问安，始知上不豫。初五日，又问安，见宫殿各门所悬神对联尽去。一中贵向各大臣耳语，甚仓惶。初七日，释刑狱诸囚狱一空。传谕民间毋炒豆，毋燃灯，毋泼水，始知上疾为出痘”，接着张宸又记述了顺治的整个治丧过程。

王熙与张宸都是顺治病逝前后的亲身经历者、目睹者，都说顺治死于天花。从种种史料和迹象推断，顺治患天花而去世，这似乎是最接近真相的答案。但是令人费解的是顺治患病去世，应该属于正常死亡。然而清宫档案为什么对顺治的死因只字未提，讳莫如深，难道顺治死亡的背后还隐藏着什么不可告人的秘密？

中国社科院明清史研究专家王戎笙曾经发表了一篇关于顺治遗诏的学术论文，从而引发了历史学界对顺治死因的再度关注。《张氏医通》中这样描述天花的症状：痘疮成浆之时精神倦怠，神思昏沉，不省人事，呼之不应，自语呢喃，如邪祟状。从天花的病症推断，顺治临死前根本不可能神志清醒，他也就根本不可能亲自口授遗诏。那么，王熙在《自撰年谱》中所记载的，顺治临死前口授遗诏，开列自己的十四条罪状，甚至在很短的时间内解决谁来即位和辅政大臣两大难题，这些事情又究竟该如何解释呢？会不会是顺治皇帝的死亡另有隐情呢？

1992 年，厦门郑成功的后代郑万龄偶然发现手抄本《延平王起义实录》，这本书就是以日记的形式记载了郑成功的戎马生涯。该书中有一段记载：有人密报郑成功，在高崎之战中，顺治皇帝在厦门思明港被炮击没，清军将领达素不敢对外公布这个消息。此外，手抄本上还有一段关于太师郑芝龙被害内幕的文字，其中再次提到顺治帝死因：太师郑芝龙降清后，屡次写信劝儿子郑成功投降都以失败告终，但顺治并未将他治罪。顺治被炮毙于厦门后，辅臣苏克萨哈与郑芝龙有仇，向康熙建议：“郑成功可以用炮击死我们的先皇，皇上难道就不能处死他的父亲吗？”康熙采纳了他的意见，即位不久后，郑芝龙就被处死。

厦门文史专家洪卜仁认为，顺治是很有可能亲征的。而且清兵统帅达素之死也存在着颇多疑点。《延平王起义实录》中称：顺治被炮毙后，达素畏罪自杀。在今人研究郑成功的另

一部重要史料——《海上见闻录》中也有类似的记载：十月清廷调达素回京问罪，达素在省吞金而死。如果这个记载属实，那么究竟是什么原因逼迫达素选择了这条不归路呢？

清史专家何龄修仔细研究了厦门文史专家提供的种种史料，提出了质疑。他认为在记录郑成功事迹的《先王实录》里没有这种说法。而且郑成功本人在出兵恢复台湾之前的讲话中，也只提到去年打败达素军队一事，并没有提及击毙顺治之说。不仅如此，南明大臣张煌言在给永历皇帝的所有奏报中也从来就没有过关于顺治被郑成功炮毙的片纸只言。显然当时并没有这样的说法。

此外，清军与郑成功的部队激烈交战是在五月，如果顺治被炮毙的话，不能超过五月，因为五月以后已经没有战事了。但是到了顺治十八年正月，新皇帝才即位，这也就意味着皇位虚悬半年。从常识上讲，权力真空必将导致政治混乱，这种情况在极权统治的封建王朝根本不可能发生。

《延平王起义实录》带给专家们的，依然是一片茫然和疑惑。顺治是否御驾亲征来过厦门，又是不是真的死于郑成功的炮轰？除了一份家传的手抄本和一个遥远的传说，专家们再也找不到任何有力的佐证。而也就是在这个关键问题上，答案的迷失让顺治死于厦门的说法成为一个无法解开的谜。

究竟是什么夺走了一代天子年轻的生命，也许永远无法得到确切的答案。人们只能依靠着史料中的零星记载，尽可能地去还原那段历史的本来面目。从各种史料和迹象推断，顺治死于天花的可能性最大，但这依然不是最终的定论。

2. 无稽之谈：董鄂妃与董小宛的关联之谜

在清初历史上，存在着很多疑案，长期以来不仅是史家研究的热点，也是文学界、艺术界关注、演绎的重要题材。而在众多疑团中，受到顺治帝万般宠爱的董鄂妃自然也成为人们关注的焦点之一。关于她是秦淮名妓董小宛的传说，更使她渲染上了许多神秘的色彩。那么，事实的真相到底如何呢？

董小宛（1624—1651），名白，号青莲，金陵人（今江苏南京），歌妓，“秦淮八艳”之一，名隶南京教坊司乐籍。

王梦阮、沈瓶庵所著《红楼梦索隐》一文认为，顺治的皇贵妃董鄂氏就是明末清初著名文学家冒襄（字辟疆，号巢民）之妾、秦淮名妓董小宛。她是在豫亲王多铎率清兵南下江南时，被生掠至京，后来由顺治纳入宫中，享有专房之宠。对此，清史专

家孟森专门进行了考证，并作了《董小宛考》一文进行辨伪。

孟文中指出："董小宛死在顺治八年（1651）正月初二日，享年二十有八。盖生于明天启四年甲子……（崇德二年）正月三十戌时，世祖始生，而为小宛之十五岁……顺治八年辛卯正月二日小宛死，是年小宛为二十八岁，巢民为四十一岁，而清世祖则犹十四岁之童年，盖小宛之年长以倍，谓有入宫邀宠之理乎？当是时，江南军事久平，亦无由再有乱离掠夺之事。小宛死葬影梅庵坟基俱在，越数年，陈其年偕巢民往吊有诗。迄今读清初诸家诗文集，于小宛之死，见而輓之者有吴茵次，闻而唁之者有龚芝麓，为耳目所及焉。"

该文从诸多方面说明了董小宛根本不可能入宫而成为董鄂妃，尤其是二人的年龄相差太远，一个14岁的皇帝把一个长自己一倍的28岁的有夫之妇"纳之宫中，宠之专房"，听起来就令人匪夷所思。仅此一点，就可攻破董鄂妃即董小宛一说的立论依据。此外，通过冒襄自撰《影梅庵忆语》的佐证，以及当时钱谦益、吴伟业、龚鼎孽、陈维崧等人的诗文，都可以证明董小宛死后葬于影梅庵，所以冒襄才写有《影梅庵忆语》抒发心中悲恸之情。被掠之事，只是好事者的牵强附会而已。我们联系《影梅庵忆语》和有关史料来考察，可以得出董小宛与董鄂妃二人之间可谓风马牛不相及。

首先，从董小宛的生平经历来看，她嫁于冒辟疆为妾的时间是明崇祯十五年（1642）年末，当时她19岁，冒辟疆32岁，而此时清世祖才是个四五岁的孩子。直到董小宛28岁因病去世前，她始终与冒辟疆不离不弃，《影梅庵忆语》就是二人九年间弥笃爱情的见证。尤其是在顺治二年（1645）至六年（1649）间，冒辟疆大病数次，他说"余五年危疾者三，而所逢者皆死疾，惟余以不死待之。微姬力，恐未必能坚以不死也"。"余病常失性，时发暴怒，垢谇之至，色不少忤，越五年如一日"。

从这些记载可知，这五年间董小宛在冒辟疆身边照料，又怎么可能如《红楼梦索隐》所说"乃以计全辟疆使归，身随王北行"呢？

再说，董小宛死后十年之久的顺治十八年（1661），24岁的世祖才崩殂，一个14岁的小孩子如何纳小宛于宫中呢？

其次，从豫亲王多铎的挥师南下的经历来看，他根本不可能见到董小宛。多铎下江南是在顺治二年（1645）二月，五月破扬州城，六月入浙，十月班师回京，这在清史上有很明确的记载，当时顺治亲率诸王、贝勒及文武群臣到南苑迎接。自此之后直到顺治六年（1649）三月多铎36岁因天花病死，再未去过江南。

多铎下江南的顺治二年（1646），

据《影梅庵忆语》记载，这年五月冒辟疆先因避乱奉父移家浙江盐官，后依靠盐官陈梁家，并在其所栖居，此时董小宛就在冒辟疆身边。《忆语》中细致地描述了当时冒董二人的生活：“乙酉客盐官，尝向诸友借书读之。凡有奇僻，命姬手抄。姬于事涉闺阁者，则另录一（帙）。归来与姬遍搜诸书，续成之，名曰《妆奁集》”。九月冒辟疆得病，至次年春天才逐渐痊愈；冬至后“冒阻渡江，犹不敢竟归家园，暂栖海陵”。从冬到春大致一百五十多天时间，病才稍痊。在这一百五十日中，小宛仅卷一破席，横陈榻旁，“寒则拥抱，热则披拂，痛则抚摩”。可见这一期间，董小宛侍奉汤药，从未离开过冒襄，她又怎么可能被早已回京的豫亲王多铎生掠而去呢？退一步说，即使这年她被多铎掳去，而此年顺治还只是个 7 岁的小孩子，又怎么可能把一个 22 岁的董小宛“纳之宫中，宠之专房”呢？既然董小宛未曾进宫，那么明见于史，且与顺治帝闹过轰轰烈烈的爱情的董鄂妃又是谁呢？

据《清史稿·后妃传》和《清史稿·世祖本纪》载：董鄂妃系内大臣兼一等子爵鄂硕之女，在尚未正式入宫中时，便被顺治赞为“性资敏慧，轨度端和，克佐壹仪”。顺治十二年（1655）八月入宫，其年 18 岁，次年十二月册封为皇贵妃，地位仅次于中宫。

为此，顺治颁给贵妃的父母许多赏赐：有金一百六十两、银八千两、金茶筒一个、银茶筒一个、银盆一个、缎八百匹、布一千六百匹、马十六匹、鞍十六副、甲胄六副。比起聘顺治朝博尔济吉特氏皇后姐妹时的礼物来，不知要超出多少倍。

顺治十四年（1657），董鄂妃生一子，排行第四，顺治爱屋及乌，视如珍宝，可惜未及四月，顺治十五年（1658）正月二十四日即夭折而去，尚未命名。董鄂妃失去爱子后颇为悲伤。顺治帝也痛切于心，伤感非常。

为了安慰董妃，纪念皇儿，顺治十五年（1658）三月，顺治颁谕追封这个无名的皇四子为和硕荣亲王。顺治十七年（1660）八月十九日董鄂妃因病死去，享年 22 岁，这使得顺治痛彻心扉。当日，宫中传谕亲王以下、满汉四品以上，公主王妃以下命妇等齐集景运门外哭灵，辍朝五日。次日，顺治宣谕礼部，追封皇贵妃董鄂氏为皇后，谥号是“孝献庄和皇德宣仁温惠端敬皇后”。

正如孟森所言，“世祖之于董鄂，事虽过中，不失为英主钟情佳话，弥可存也”。当时在北京的耶稣会教士汤若望在其《回忆录》中曾有生动地记述：“皇帝陡为哀痛所攻，竟致寻死觅活，不顾一切，人们不得不昼夜看守着他，使他不得自杀。太监与宫中女官一共三十名，悉行赐死，免得皇妃在其他世界中缺乏服侍者。全国

均需服丧，官吏一月，百姓三日。为殡葬的事务，曾耗费极巨量的国帑。两座装饰得辉煌的宫殿，专供自远地僻壤所召来的僧徒作馆舍。按照满洲习俗，皇妃的尸体连同棺椁，并那两座宫殿，连同其中珍贵陈设，俱都被焚烧”。

由上可知，王梦阮、沈瓶庵提出的顺治皇帝与董小宛的爱情故事之说完全是道听途说、子虚乌有的无稽之谈，但是三百多年来人言人殊，聚讼纷纭，遂成为清初三大疑案之一。事实上，疑案不疑，如果把各种分散的史料加以系统地整理、分析，这个历史疑团就会露出它的真面目。

3. 疑案丛生：众说纷纭的雍正之死

一代枭雄雍正的突然死亡，死因至今是未解之谜。对于他的死因，坊间流传有三种说法：其一是官书记载因病而亡，但对暴毙的异状未作解释，令人疑窦丛生；二为剑客所刺，未经证实；三为死于丹药中毒，也只是推论。雍正帝的死因被这些说法蒙上了层层的神秘面纱，变得更加扑朔迷离，让人难以看清其中的真相。

一代枭雄雍正皇帝，在雍正十三年（1735）八月二十三日清晨突然暴毙于圆明园离宫中。当时官方的说法是：忽然发病身亡。在作为第一手资料的《起居注》册中是这样记载的：“八月二十一日，上不豫，仍办事如常。二十二日，上不豫。子宝亲王、和亲王终日守在身旁。戌时皇上病情加重，急忙在寝宫发布遗诏给诸王、内大臣及大学士。龙驭上宾于二十三日子时。由大学士宣读朱笔谕旨，着宝亲王即位。”但在这里我们并没有找到明确记载雍正的病情和死因的文字。

与“官书不载”形成鲜明对比的是民间流传着雍正之死的种种离奇曲折的故事，这些故事虽多为民间趣闻，但其中也有不少很有说服力的因素，这让严谨的史学家们也不能贸然否决。在这些故事中，遇刺而亡和中毒而亡为流传最广的故事。

关于雍正的死因，民间流传最广的说法是，雍正为吕四娘所杀。这在一些书籍中也有大量的记载。例如《满清外史》《清宫遗闻》《清宫十三朝》等，都记载是吕留良的孙女吕四娘刺杀了皇帝。吕四娘何人？她为什么要刺杀雍正呢？

有一种说法说认为吕四娘是个侠女。

雍正年少时酷爱击剑，爱结交天下剑客，与其为刎颈之交者就有十三人。登基伊始，他就控制了海内武林高手，而唯独有个和尚不听他的使唤，隐藏到山野之中，行踪飘忽，难以缉获。有一天，雍正终于得知该僧藏身处，于是命其结义兄弟三人，改扮伪

装前去缉拿，同时布精兵包围。该僧见三人到来，只是笑了笑说："你们是受主子的命令来捕获我的，我命该绝。你们的主子气数还尚旺，我现在不能跟你们强争。但是，你们的主子多行不义，屡屡以私恨杀人，虽然我今天要死了，但你们和你们的主子也必然不能幸免。一个月后，必然有人为我报仇，你们等着吧。"说完这些话，和尚就伏剑自杀了。

三个人携带着该僧的首级回去复命，并将他们听到的报告了雍正。雍正非常害怕，寝食不宁，加强了防卫。但一个月后，却还是让吕四娘用飞剑削去了脑袋。原来，吕四娘就是该僧的徒弟。

又一说是吕四娘是吕留良之孙女。

吕留良系清前期有名的文人，雍正六年（1728）因曾静案被牵涉，被雍正从墓中挖出戮尸。雍正十年（1732）十二月，吕留良的儿子葆中、毅中被处死，其亲人也被严加处置，孙辈发配边疆为奴。传说吕四娘逃脱，潜藏深山，拜师习剑，练得飞檐走壁、飞剑杀人的本领，后潜入宫内，以宫女身份混入皇宫侍奉皇上，伺机行刺。

雍正十三年（1735）某夜，她潜入了圆明园斩掉了雍正的首级，报了灭家之仇。还有人传说除吕四娘外，还有一位名为鱼娘的女子做帮手。即使下笔谨严的学者，在提到世宗雍正之死时，也会提及这些传闻。

但有些人却不认同以上的说法，他们认为这种行刺之说纯属谣言，不值得相信。首先，吕案发生后，其家人皆受罚，无漏网之鱼。其次，吕四娘根本不可能混进宫。虽然曾经也有过罪犯眷属特别是 15 岁以下女子被收入宫为奴，像株连在吕案中的严鸿逵等人，其妻妾子女即服侍于功臣家。然而吕氏的孙辈都在宁古塔成为奴隶，犯大罪的人犯多是这样下场。所以，吕四娘不可能混入宫中。另外，紫禁城内明令整肃，在雍正即位的第二年起，本已经戒备森严、连鸟都难飞入的宫廷护卫下，又设护军营，专职保护皇帝的安全。在这种情况下，很难想像一个女子能穿过昼夜的巡逻和森严的戒备，轻易地进入深宫刺杀皇帝。

其实，在满清时期，因满汉民族矛盾试图刺杀皇帝的大有人在，并且一直都在积极行动，寻找机会，但都没成功。因而，雍正遇刺身亡的说法一直是受到质疑。

还有人认为雍正既不是遇刺身亡，也不是寿终正寝，而是长期服丹药中巨毒而亡。雍正在皇子时代就直接或间接地与道士有交往，突出的一件事是他相信武夷山道士给他算的命。那时，诸皇子明争暗斗，纷纷图谋储位。雍正迷信天命，在政治厮杀中总想预知自己的前程。

炼丹是道教企求不死成仙的基本修炼方法，历代幻想长生不老的帝王大多迷恋仙丹之药，雍正是中国历史上最后一位热心烧炼服丹致死的皇帝。

据说，雍正晚年由于纵欲，染上沉疴，长期食用丹药。他曾密诏地方督抚大员为他推荐名医方士，寻长生不老之药。同时，他还罗织了一帮道士炼丹药，晚年便靠食丹药养生，结果中毒而死。

从一些史料记载看，雍正确实嗜仙道而服食丹药。在历史上，嗜食丹药而求治病或求长寿的皇帝不为少数，死在其上的皇帝也不乏其人。从已经解密的清朝宫中的档案等资料中也得出了同样的结论。

雍正生前在宫中曾蓄养了一些所谓的僧道异能之士，为其炼丹制药，雍正对这些僧人礼遇有加。在他驾崩后的第三天，也就是八月二十五日，嗣主乾隆即突然下令驱逐所有的炼丹道士出宫。新君刚登基，又因为雍正突然驾崩，乾隆一定有很多重大而紧急的事要做处理，而在这时却紧急驱逐道士，这种做法确有奇异之处，不能不让人生疑。

尽管乾隆在驱逐道士中说其父对僧道虽优待，但却未听其一言，未服其一药，这显然是在为其父辩解，不能令人信服。否则又怎会突然下逐客令？他虽又辩解说这几个道士早就该受驱逐，但为何雍正能容忍他们在宫中？乾隆如果为的是崇正道，黜异端。就应该彻底加以排斥，然而他却沾沾自喜的称自己是“崇敬佛法……朕为第一”。他还善待超盛和元日两僧，让他们来京做官。驱逐道士的当日，乾隆另下一道谕旨，谕令内监、宫女等，告诫他们不许妄行传说国事，“恐皇太后闻之心烦”，“凡外间闲话，无故向内廷传说者，即为背法之人”，要“定行正法”。此事也值得注意，“中毒身亡”论者认为此事必与雍正横死有关，否则太后为何见外间闲话会心烦。

从种种迹象表明，雍正皇帝极有可能是死于丹药中毒。在没有进一步的史料发现之前，这是目前最合理的解释。

4. 新仇旧怨：年羹尧被处死因何故

年羹尧在康熙朝时已是重臣，在雍正皇帝登基即位的过程中，他起了非常重要的作用。雍正执政初期对他委以重位，信任有加。然而在不久之后，就被雍正处死了。雍正为何要杀这位功臣呢？是他忘乎所以放纵自己，还是雍正在谋位后想灭口？这个疑问已成为几百年来的不解之谜。

提起年羹尧，人们就会想起血淋淋的血滴子（其物是一革囊，里面所贮者为一种极毒的毒药，这种毒药系用毒蛇的毒液混合一种毒树的汁液炼成，一滴就令人通身溃烂而死，故称“血滴子”）。因为在传说中，年羹尧总是用血滴子残酷地杀死对手。在他

为雍正除掉许多异己分子之后，年羹尧也没有得到好下场，最终为雍正所杀，但雍正为什么要杀年羹尧等呢？

年羹尧，字亮工，康熙三十九年（1700）进士。为人聪敏、豁达、善辞令，办事能力很强。中进士之后，他被选为翰林院庶吉士，是外戚贵族中少有的从科举入仕而飞黄腾达的出类拔萃的人物。在雍正争夺皇位时，年羹尧利用自己的精明才干，时时向主子出谋献策，奔波游说，深受器重。更使主子高兴的是，他将自己的亲妹妹献了出去，以示忠诚。

雍正帝即位后，年羹尧因为平定西藏之乱有功，被封为三等公，世袭罔替，加太保衔。雍正元年（1723）六月，青海和硕特蒙古亲王罗卜藏丹津反叛清廷。八月，雍正授年羹尧为抚远大将军前往平叛，十月得胜还朝，他被晋升为二等公。雍正二年（1724）三月，青海叛乱全部平定，他又被晋升为一等公。同年十月，雍正皇帝召年羹尧进京觐见，并赐他双眼孔雀翎、四团龙补服、黄带、紫辔及金币，奖励其用兵之功。

那时，主仆二人曾发誓，死生不相背负，从此交情更加深厚。君有情，臣有意，再加上年氏的才能，官阶越升越高，不到十年时间，前后升为四川巡抚、总督，独掌军政大权，成为雍正心腹。雍正甚至评价他为“千古君臣知遇榜样”。

但是，年氏受到雍正的宠幸是在雍正二年以前，具体说也就是七月中旬平定青海叛乱以前。之后，雍正便使出浑身解数开始置年羹尧于死地。雍正为什么转变得如此之快呢？年氏的死因又是什么呢？

一些人认为这与雍正夺嫡有关，借故处杀知情者。

不仅是稗官野史，连一向严谨的史学家、学者孟森等也认同这种说法。据说康熙临终时指定十四子嗣位，四子胤禛串通年羹尧、隆科多矫诏篡位。当时，皇十四子在四川为抚远大将军，原可挥兵争位，然而他受制于川督年羹尧，遂无能为力。雍正登基以后，为报答年羹尧的拥立之功，对他大加恩赏。然而，这不过是“迷汤”，这时雍正已经对这些知情者存了杀心。

有些人不同意这种说法，认为雍正初年，年羹尧受宠并非雍正先笼络而后杀之的理由，而是皇帝对他效忠辅佐的奖励。雍正即位时，他还在四川平乱，并未参与，何以得知内情？故上说不能成立。《清史稿》、《清代七百名人传》等作者，都认为年羹尧是恃功自傲以致被杀。

《清史稿》载：“羹尧才气凌厉，恃上眷遇，师出屡有功，骄傲……令总督李维钧、巡抚范时捷跪道送迎。……公卿跪接于广宁门外，年策马过，毫不动容。”而且年羹尧残暴对待部下，任人唯亲，引起公愤，为雍正所不容，所以才下决心处死他。雍正接他见时，他还在御前箕踞，无人臣礼。

年羹尧还结党营私，其门下趋附奔走者犹如蜂蚁。这当然是雍正帝所不能容忍的。

雍正三年（1725）四月，雍正解除了年羹尧抚远大将军之职。调其赴浙江任杭州将军。至同年九月革去其一切职衔。同年底，议政大臣、刑部衙门上奏年羹尧九十二款大罪：大逆之罪五、欺君之罪九、狂悖之罪十三、专擅之罪六……。雍正痛心疾首地："即就廷臣所议九十二条之内，尔应服极刑及立斩者共三十余条，朕览之不禁堕泪。朕统驭万方，必赏罚分明，方足以治天下，若如尔之悖逆不臣至此，而朕枉法宽宥，则何彰国家之宪典，服天下之人心乎?"遂令其自裁。

还有一种说法，认为年羹尧的死是因为他欲自立皇帝。乾隆时学者萧爽在《永宪录》中提到：年羹尧与静一道人、占卜邹鲁都曾商谈过做皇帝的事。陈捷在《年羹尧死因探微》一文中也认可这种说法，他认为"羹尧妄想做皇帝，最难令人忍受，所以难逃死"。而《清代轶闻》一书则记载了年羹尧失宠被夺兵权后，"当其幕客有劝其叛者，年默然久之，夜观天象，浩然长叹曰：不谐矣。始改就臣节，"进而认为这说明年确有称帝之心．只因"事不谐"方作罢就"臣节"而已。

到了近现代，各说众多，有的认为年羹尧被杀乃"鸟尽弓藏"之必然现象，或说是主奴间有旧怨在先，年羹尧又恃功骄傲在后，使君主生疑、畏、厌、怒之心等等。以上诸说，至今未统一。

5. 特殊"侍女"：清宫奇女子苏麻喇姑

民间传说苏麻喇姑是康熙的初恋，也是他一生唯一真爱过的女人，但有一些报章认为历史上并没有苏麻喇姑其人，甚至《康熙大帝》的作者二月河先生也说，正史上无此人，他是根据野史而编写的。其实，在《清史稿》、《宫中档康熙朝奏折》（台北故宫博物院）、《满文朱批奏折》都有对苏麻喇姑的记载。那么，历史上的苏麻喇姑究竟是怎样一个人呢?

清史研究表明：历史上的苏麻喇姑的确是一位颇具传奇色彩的人物。她是科尔沁左翼中旗人，蒙古族，出生在一个贫苦牧民之家，最初名字叫苏茉儿，或苏墨尔，来自蒙古语，意思是毛制的长口袋。顺治晚期或康熙年间改称满名苏麻喇，意思是"半大口袋"。她病逝后，宫中上下都尊称她为苏麻喇姑。

由于苏麻喇姑天生美丽聪慧，远近皆知，被科尔沁贝勒府看中，让她进府当上了贝勒寨桑的二女儿本布泰的贴身侍女。本布泰不是别人，正是后来大名鼎鼎的孝庄文皇后。对于苏

麻喇姑的具体出生年代，史书上并没有记载。但是，作为本布泰的贴身侍女，她的年纪应当与孝庄年纪相仿。由此推断，苏麻喇姑在1612年前后出生。

后金天命十年（1625），本布泰虽然只有13岁，但已出落得像一个大姑娘了，娇媚动人，令人怜爱。就在这一年，本布泰在其兄长吴克善的护送下，长途跋涉到了后金都城盛京，与后金汗努尔哈赤的第八子皇太极成婚，当时皇太极34岁。苏麻喇姑也随主人陪嫁到了盛京。

顺治元年（1644）清军入关，苏麻喇姑随已被尊为皇太后的孝庄来到了金碧辉煌的紫禁城。此时的苏麻喇姑在孝庄的指导下学习满语、满文以及宫廷生活中必备的名种礼仪等知识，逐步具备了一定的文化素养与办事能力，加上她聪颖伶俐，受到主人的欣赏与信赖。

皇太极执政时，她在孝庄后的推荐下，参加了“国初衣冠饰样”的制定。作为一名侍女，居然可以参与清开国时期这样一桩重要的工作，可见其受器程度，因而逐渐引起朝野上下的关注。

由于其出色的表现，孝庄皇太后命其充当了幼年康熙帝的第一任满文老师。嘉庆年间，昭裢在他的《啸亭杂录》中记道：“仁皇帝幼时，赖其（指苏麻喇姑）训迪，手教国书。”孩提时代的康熙，对于这位祖母派来的“侍女”十分尊敬。在史书记载中，他尊称苏麻喇姑为“额涅”（满语，即额娘、母亲之意），表明了对她的尊敬。终康熙一朝，也只有康熙的乳母瓜尔佳氏才能与苏麻喇姑共享这一殊荣。苏麻喇姑比康熙年长三十七八岁，康熙尚在童年时，她已40岁左右了，显然不可能产生恋情。

康熙二十六年（1687），孝庄病逝。这给苏麻喇姑以巨大的精神打击，使她陷入了孤独、寂寞之中。她转而更加虔诚地笃信喇嘛教。《啸亭杂录》说她“性好佛法，暮年持素”，她“愿意多活几年，为主子叩头祈祷，以尽奴才的一点心意”。

孝庄去世后，康熙对苏麻喇姑的照顾可谓无微不至，为了排解她的悲伤和孤独，康熙皇帝决定把定妃所生的皇十二子胤裪交由苏麻喇姑抚养。胤裪当时只有两岁，按清宫惯例，只有嫔以上内庭主位才有资格抚养皇子。让苏麻嗽姑抚养皇子，表明康熙帝对苏麻喇姑十分信任和重视。苏麻喇姑对于康熙帝的这一安排，感激非常，同时也感到责任重大。为了报答浩荡皇恩，她又重新振作起来，将其随后几年的全部的精力倾注到了胤裪身上。

苏麻喇姑是位能干的女性，且阅历丰富，在她的言传身教下，胤裪成年后才能卓越。康熙六十一年（1722）十一月，胤裪被任命为镶黄旗满洲都统，是康熙诸子中担任八旗

都统职位的第一人。他处事不偏不倚，善于同大多数皇子搞好关系。康熙皇帝晚年时，诸皇子拉帮结伙，在成年的皇子中，没有参与的极少，胤祹便是其中之一。所以在雍正帝即位后，他不仅没有遭到打击、排挤，相反还被封为郡王。到了乾隆朝，胤祹晋封为和硕履亲王，授为议政大臣。乾隆二十八年（1763），胤祹以79岁高龄寿终正寝。胤祹能荣列藩封，参与政务，并高寿而终，与苏麻喇姑的精心培养、指点教诲有直接的关系，因此，他对苏麻喇姑的感情也比其他皇子深。

康熙四十四年（1705）八月二十七日，苏麻喇姑终于病倒在床，不思饮食。两天后，病情更加严重。御医诊断为痢疾，如不救治，将危及生命。皇子们一面抓紧向在外的康熙奏报苏麻喇姑病情，一面令内务府总管开始准备后事。康熙四十四年（1705）九月初七日，苏麻喇姑的心脏停止了跳动，终年约90多岁。

对于苏麻喇姑的逝世，皇宫里的人都很悲痛。出殡那一天，除留皇五子、皇十子照顾皇太后，皇十四子留在紫禁城外，其余成年皇子都参加了出殡仪式。苏麻喇姑灵柩停入殡宫后，皇子们都各自回府了，唯独皇十二子胤祹提出要求："姑妈自幼将我养育，我并未能报答即如此矣，我愿住守数日，百日内供饭，三七诵经。"按照惯例，为像苏麻喇姑这样仆人身份的人办丧事，没有皇子供饭、三七诵经的先例。康熙念及胤祹的感情，在奏折上批道："十二阿哥之言甚是，著依其所请。"

康熙得知噩耗，非常悲痛。指示"朕在十五日才能回到京城。所以，遗体再存放七天，等朕到家后再来定夺。"这表明他不仅想再看一眼苏麻喇姑的遗容，还要就死者后事的等级与规格亲自作出最后的决定。由此可以看出康熙帝与苏麻喇姑之间的眷眷深情。

为了回报苏麻喇姑对大清作出的贡献，康熙皇帝决定按嫔礼为苏麻喇姑办理丧事。这对奴仆出身的苏麻喇姑来说是旷典殊荣。苏麻喇姑生前与孝庄文皇后朝夕相伴60多年，度过了不平凡的岁月，死后当然也应该让她俩长依相伴。当时，孝庄的梓宫停放在遵化昌瑞山下的暂安奉殿内，康熙皇帝决定将苏麻喇姑的灵柩也停放于此。苏麻喇姑的灵柩是于康熙四十四年（1705）十月十三日移入暂安奉殿，与其主人孝庄皇太后得以在泉壤相伴。

苏麻喇姑从一位出身贫寒的陪嫁侍女，历经清初太祖太宗世祖圣祖四个朝代，最后成为举朝敬重之人。纵观历史，她是清代绝无仅有的一位特殊"侍女"，一位富有传奇色彩的女性。

6. 心灰意冷："削发明志"的乌拉那拉皇后

乾隆朝中期，宫廷中发生了令人难解的乌拉那拉皇后削发之事。此怪事发生后，乾隆帝指责其为“疯疾”，意欲废掉她皇后之位。最终因种种原因保留了其皇后名号，但不久乌拉那拉在冷宫中死去，以皇贵妃礼办理了丧事。那么，乌拉那拉皇后是个怎样的人呢？这件怪事的真相到底是什么呢？

乾隆皇帝的乌拉那拉皇后死后按皇贵妃礼下葬，这是很少见，也是很奇怪的，其中的内幕不为人知。乌拉那拉是满洲正黄旗人，佐领那尔布的女儿，原来地位就不高，是乾隆的第二个皇后。她13岁时被选为秀女，被雍正帝赐给四阿哥弘历为侧福晋。乾隆即位之后，于乾隆二年（1737）举行册立大典时，乌拉那拉被封为妃。由于她温顺贤惠，颇受皇太后的喜欢，因此在宫中的地位不断上升。八年后，又被封为贵妃，以褒奖其温顺的品格。在册文中称她是性格婉顺，气质文才柔嘉，秉持妇德。向来服侍勤奋。

乾隆十三年（1748），乾隆的原配皇后去世，皇太后看中了乌拉那拉，欲册立为皇后，但乾隆帝因与孝贤皇后感情颇深，没有立即举行册立，便先立为皇贵妃以摄领六宫事。直到乾隆十五年（1750）八月，才正式册立乌拉那拉为皇后。此后，她先后生了两女一男，但都早亡。

既然乌拉那拉是位贤惠的皇后，又是大清国盛世王朝的“国母”，为何会削发，死后会被降等级殡葬呢？

乾隆帝在中国历史上是位奋发有为的政治强人。在位之时，承袭前期诸帝余绪，亦能乾纲独断，文治武功，开疆领土，均有可观，出现了“康乾盛世”的繁荣景象。但到了乾隆中末期，随着社会的稳定和繁荣，加上乾隆本人的好大喜功、刚愎自用，开始出现封建社会所固有的各种矛盾。然而，以“十全”功业自称的乾隆帝，仍然沉迷于自高自大之中，屡屡兴师动众、耗费巨大、劳民伤财的出巡，借以显示繁华盛世，借机风流于江南。据说乌拉那拉皇后削发就是因为乾隆皇帝的风流。

乾隆三十年（1765），当他第四次出巡江南时，伴驾而行的有皇后乌拉那拉、令贵妃、荣妃等等。二月十日是皇后的生日，虽因途中诸多的不便，但皇后的早晚膳还是都另加了佳肴。十八日，皇后还得到乾隆帝的赏赐。而到了晚上却发生了皇帝“承欢洽幸”时触怒龙颜而导致皇后削发的事件。

乾隆帝本是一位风流天子，后宫佳丽就有四十多个。在民间传说、野史当中都有乾隆的风流韵事。他一生

到处留情，欠下了众多的情债。尤其是他六次出巡江南，更是变本加厉，沉迷于酒色之中。由于乌拉那拉皇后生性耿直，平时又极尽职责，对风流倜傥的乾隆时有约束，乾隆难以为所欲为。此次出巡，乾隆便借机摆脱宫禁。他本不愿皇后在身边，但皇后以侍候皇太后的名义随行。行至杭州，乾隆携内监微服出行，在饱览西子湖畔的美景后，这位风流天子竞步入青楼，寻欢作乐。之后，一些侍臣为了讨好乾隆的欢喜，竟然挑选了一些“夜渡娘”到龙舟上，为乾隆帝吹拉弹唱，轻歌曼舞，乾隆开怀痛饮，好不快活。

生性耿直的乌拉那拉皇后听说此消息很是生气，遂奋笔疾书一道谏章，谈古论今，痛陈利害。写好之后，双手捧着登上龙舟。这时，乾隆正陪着美人就寝，皇后看见桅杆上红灯高挑，心中不由得一惊。因为清朝时候，高悬红灯是皇帝已经召幸妃嫔就寝的标志。然而，乌拉那拉皇后心急，不听太监们的劝阻，气急败坏地闯入乾隆的卧榻之处。正拥妓女入睡的乾隆一阵惊醒，见是皇后未经通报直到榻前，顿时恼羞成怒，大发雷霆，甚至还诬称皇后谋逆，并唤太监要把皇后火速拉出，严惩不贷。可怜的乌拉那拉皇后跪倒在地，声泪俱下，苦苦哀求看在多年夫妻的份上，请求乾隆看完谏章再行发落。乾隆无奈，只得恨恨地接过谏章。看完谏章后更似火上浇油，大骂皇后是大胆贱人，竟将其比作隋炀帝一般的昏君！遂将谏章撕碎扔向皇后，可怜的乌拉那拉皇后心中委屈，禁不住悲愤高呼：“列祖列宗在天之灵，可怜贱妾的一片真心!”此时的乾隆更是恼羞成怒，不由分说，命太监立即把皇后拖出。悲痛欲绝的乌拉那拉皇后跪地爬行，苦苦哀求。但乾隆根本听不进她的话，一脚把乌拉那拉皇后踢了出来。事后，皇太后又偏听了乾隆一面之词的诬告，也责备皇后失礼。因此乌拉那拉彻底失望，不愿再回深宫，情愿削发为尼。乌拉那拉皇后自行削发，被打入冷宫。

乾隆欲以乌拉那拉皇后“疯疾”为由而废之，引起文武大臣的反对。他只好保留其皇后的名号。乾隆三十一年（1766）七月十四日．乌拉那拉皇后忧愤而死。正在承德木兰围场的乾隆听到噩耗并未停止游猎，只发了一道谕旨称乌拉那拉皇后“尚无失德”。

这位大清国的一代贤后，只因触犯了风流皇帝的韵事而被“休”，忧愤而死。有关此事民间众说纷纭，其中的是非曲直大多并不为人知，以致几乎成为历史上的一个未解之谜。但就从目前所掌握的材料来分析，最主要的原因恐怕还是因为她自行削发。因为满洲有个习俗，亲人故去才“断发成服”。因此，皇后剪发，犯下大忌！

7. 起意惊驾：陈德刺杀嘉庆的主谋之谜

嘉庆八年（1803），一个叫陈德的人在紫禁城神武门内、顺贞门前持刀行刺嘉庆皇帝。这件事因为在官书上有许多话不方便说，所以记述非常简单，而且还有很多的不实之处和附会之谈，这就使这一事件至今仍为疑案。那么，这件事到底有多少不为人所知的秘密呢？

嘉庆八年（1803）闰二月二十日早晨，一个叫陈德的人带着长子陈禄儿在东安门内酒铺喝过酒后，就进入了东华门，穿过东西牌楼门，从西夹道绕到神武门，仔细观察了护卫士兵的站位和巡视路线，便隐蔽在西厢房南山墙后，等待嘉庆的到来。

没过多久，嘉庆帝乘轿进了神武门，就在轿子将进顺贞门的时侯，隐藏在南山墙后的陈德猛地冲出，手持利刃扑向了嘉庆皇帝。眯着两眼的嘉庆帝本在休息养神，这时只见一条黑影向自己奔来，知道大事不好，吓得连话都说不出来了。这时侯，一百多位守卫在神武门内东西两侧的侍卫因为从未碰到过这样的紧急情况，全都吓傻了，竟然没有人想到要冲上去护驾，只有御前大臣定亲王绵恩、固伦额驸拉旺多尔济、御前侍卫扎克塔尔、珠尔杭阿、乾清门侍卫丹巴多尔济、桑占斯塔等六人迎前拦截，将陈德包围了起来。陈德挥刀一扑，连嘉庆的轿子边也没有刺到，这时见嘉庆轿子已钻进了顺贞门内，他手挥小刀，左冲右突，想赶到轿子的前面。绵恩等六人将陈德团团围住，陈德挥舞着小刀到处乱戳，将丹巴多尔济连刺三刀，并将定亲王绵恩的袍袖刺破。几个回合下来，陈德已经没有力气了，周围的人拿了刀枪也围了上来，陈德的一把小刀也被大家打掉，最后被清军俘虏。

惊惶失措的嘉庆帝，回宫之后，急忙命令军机大臣会同刑部连夜审讯，第二天又加派满汉大学士和六部尚书会同审讯。二十三日再派都察院都御史、大理寺卿、通政使和六部尚书组成九卿会审，要让陈德先尝尽各种刑罚的折磨，再分尸毙命。深感事情重大的官员们不分白天黑夜，运用疲劳战术，不让陈德吃睡，使陈德精神上受到极大的压力。但陈德态度仍然十分强悍，审讯人员久对他大施酷刑，如掌嘴板责、刑夹押棍、拧耳跪炼等，无所不用其极。

那么，这个不怕死的陈德是个什么样的人？陈德，原名陈岳，镶黄旗人，当时47岁。青年时的陈德流落在山东，因生活困苦，就想起京城有个堂姐的儿子在内务府正白旗当护军，31岁那年他进京投靠了这个叫六格的护军，后来他在侍卫绷额布、内务府

包衣达常索、孟明等人家里打工。嘉庆七年（1802）二月，陈德老婆病死，丈母娘张宋氏已经80多岁了，摔了一跤后瘫在床上，全要靠陈德赡养。陈德有两个儿子，叫对儿的13岁，叫禄儿的15岁，原来一家住在孟明的家里，因陈德喜喝酒，而且又叫又唱，遂被孟明辞退，就暂时借住在朋友黄五福的家里。那么，到底是什么原因促使陈德要行刺嘉庆呢？

对陈德的审讯连续进行了四天四夜，最后大体搞清了行刺的原因。陈德自己说他穷苦没法过了，往后的日子是上有老下有小，工作又被辞退，心里气恼，于是想行刺嘉庆，把事情搞大，从而因祸得福。又说自己以前曾做过一个梦，一个朋友领他走到东宫的地方；后来又有梦，梦见自己躺在无水桥下，后跑到桥上，身上穿着蟒袍，因此认为东宫是皇宫之地，蟒袍是黄龙袍，在桥底上睡就是虬龙，自己将来肯定有朝廷福分。这几年来他一直胡思乱想，十六日那天知道嘉庆在二十日要进宫，于是起意要行刺。据此看来，陈德是个穷人，日子艰难，因而一直幻想要改变自己的处境。被孟明解雇后，生活没有着落，残酷的现实使他越想越气，因自己熟悉宫廷门禁、宫内路径以及皇帝护卫的情况，遂决定进宫行刺。

嘉庆皇帝为了杀一儆百，在二十四日下旨将陈德凌迟处死，陈德的两个儿子处绞刑。陈德受刑时，临危不惧，从容自若。《满清野史》对处决陈德的场面进行了详细描写，说陈德临刑前不看刽子手一眼。行刑者先割下耳鼻，再割下双乳，又从左臂呈鱼鳞形一点一点地割下肉来，再割至右臂、后背、前胸，上身的肉全部割完了，陈德突然张开双目说快点割，但刽子手凶恶地说："皇上命令，让我们慢点割，让你多受点罪。"事实是否如此，尚待查证，但陈德表现出了大义凛然、视死如归的气势，的确让人敬佩。

但有人却不这样认为，他们认为陈德行刺嘉庆是天理教反清活动的一部分，陈德是受天理教头领林清主使的。在一些野史笔记上记载陈德曾于这一年与祝现、宋进才到山东金乡县崔士俊家住了一个月。二人在后来因加入天理教而被捕，都是林清的党徒，所以陈德实际上和他们是一伙的。

对此，有人认为是绝不可能的，因陈德在嘉庆八年根本不可能到山东去。陈德二月二十五日之前一直在孟明家做工，之后又在为住房而奔波，闰二月十日向黄五福借房子。中间的半个月要到山东金乡，一千三百多里路半个月打来回恐怕是来不及的。再说，即使到了崔家，也不能说明他是林清党徒。林清自己本人于嘉庆十一年才入教，而他的手下祝现等人在嘉庆八年时很难说已是天理教的人。

陈德的行刺今天从全部审讯档案

来看，是一个人的行为，并无同谋和主使者。实际上当时朝廷也想找出主使人和同谋者，想看看是否有同党，为此用尽了酷刑，还将前几天与陈德接触过的人全部逮捕，再三推鞫，严刑究问，结果也没有问出个名堂，最后断定是陈德一人“起意惊驾”。

8. 官逼民反：天理教攻打紫禁城为哪般

满清帝国在经历了所谓的“康乾盛世”之后迅速衰败，从乾隆后期开始，人民生活困苦，社会经济凋敝，到嘉靖朝终于发生了天理教徒冲入皇宫的大事，这是“汉唐宋明未有之事”，此次事件敲响了清王朝走向灭亡的丧钟。那么，这到底是怎么回事呢？

“康乾盛世”是清王朝的最繁荣时期，从嘉庆开始，清朝统治每况愈下，一代不如一代。正如《红楼梦》里所描写的那样；“忽喇喇似大厦倾，昏惨惨似灯将尽。”社会危机日益加深，农民起义不断发生。

嘉庆十八年（1813）九月十五日，北京城里发生了由天理教首领林清指挥的农民起义军攻打皇宫的大事件。这是对清统治者入主中原以来最大的，也是最沉重的一次打击，它动摇了清朝的统治基础。

天理教又名八卦教，是白莲教的一个支派，活动在河北、山东、山西、河南一带，按照八卦图分为八区组织教徒。信奉天理教的群众主要是贫苦农民，在北京近郊加入天理教者，除农民以外，也有奴仆、雇工、小贩、贫苦旗人、朝廷杂役，甚至下层太监，等等，群众基础极为广泛。天理教的主要组织者是河南的李文成和河北的林清等人。

嘉庆十七年（1812）十二月，李文成到河北黄村，密约明年九月李文成先在河南滑县发动起义，河南、山东、河北同时揭旗造反，共向京师进军，林清在北京城内起义，与李文成率领的义军里应外合，直捣北京皇宫，推翻清朝统治。

滑县李文成起义提前发动，由于清兵的堵截拦阻，队伍未能迅速北上，而林清在北京对滑县之变一无所知。消息断绝，仍按原计划部署进行。嘉庆十八年（1813）九月十四日，二百名教徒身藏武器，乔装打扮成商贩模样，潜入北京城内，与城里的教徒包括一些下层官吏和太监取得了联络。

九月十五日，义军手持白旗，腰缠白布，兵分两路向紫禁城进发。一路由祝现、屈五率领，直奔东华门；一路由李五、宋进才率领，扑向西华门。东华门一路虽有太监刘金、刘德财（两人均为天理教徒）接应，但因事机不密，被护军发觉，只有十余人

进入东华门，其余逃散。西华门一路在太监杨进忠（天理教徒）的导引下，八十余人顺利进入西华门。义军全部入宫后，杀死看守，关闭了西华门，一路冲入尚衣监、文颖馆，会集于隆宗门外（大门已关），同皇宫护卫军展开了激烈的战斗。

皇宫墙高门坚，起义军搭人梯攀登城墙，弓箭手发箭掩护，飞箭如雨“隆宗门”匾额上至今仍留着起义军所发的箭骸痕迹。这时形势非常危急，有的起义军已经冲到了皇帝的寝宫“养心殿”前，王公贵族、皇子、格格（公主）、后妃等无不抱头乱蹿，狂呼怪叫，宫里一片混乱。

直到这时，正在上书房读书的皇次子旻宁才接到义军闯入宫中的报告。旻宁急命内监速取鸟枪、腰刀，匆匆出门临敌。只见义军战士手执白旗，正由门外廊房攀上高墙，试图进入养心殿门内。旻宁见状，忙在养心殿阶下举枪射击，连续击毙两名义军战士。另有一种说法，说宫内太监与天理教义军相通，递给旻宁的枪弹并不是实弹，旻宁举枪射击，没有命中，发现鸟枪中装的是空弹，慌急之中，取下衣服上的铜扣，充作子弹击出，才将义军战士击毙。其余义军只好退下，不再翻墙。这时，闻讯赶来的清军陆续云集，宫内才得以暂时安定。这时候，旻宁又果断地采取如下几项紧急措施：

一、急草奏章，飞报远在围场的嘉庆皇帝，奏报事变情形。

二、严命关闭禁城四门，令各路官军入宫“捕贼”。

三、至储秀宫安抚皇母，嘱绵恺小心守护。

四、亲自率领兵丁前往西长街、西厂一带访查。

五、派谙达侍卫在储秀宫、东长街布置，以防不测。

由于李文成率领的起义大军被清军阻击而未能按期赶到北京，所以攻打皇宫的天理教徒形成孤军奋战的不利局面。经过半天的激烈战斗，到了傍晚，起义军因为外援未到，敌我力量悬殊，被迫退出皇宫，攻打皇宫的斗争以失败告终。这次进入皇宫的天理教徒，英勇作战，打死宫廷侍卫护军四十多名，打伤六十多名。教徒牺牲二十一人，被俘四十一人。十七日在黄村等候消息的林清也被清军逮捕，同太监刘德财等七人一起被处凌迟极刑。

天理教攻打皇宫的时候，嘉庆皇帝正在热河行宫避暑，当他得到天理教攻打皇宫的报告以后，大惊失色，匆匆回京。他十六日回到北京城，十七日就下了“罪己诏”，并且亲自处理善后事宜。皇次子旻宁因击败起义军立下大功，晋封智亲王。

河北起义军攻打皇宫失败以后，清政府全力镇压河南滑县李文成领导的起义军。嘉庆帝撤了镇压不力的直隶总督温承惠的职，改派陕甘总督那

彦成为钦差大臣，统率直、鲁、豫清军开赴滑县，又命陕西提督杨遇春赴河北协剿，还调黑龙江、吉林的马队助战。调兵遣将，全面围剿义军，至十月中旬，滑县被四面包围。李文成率军突围，清军紧追不放，李文成因颈疾行动不便被清军阻截。起义军同清军展开了肉搏战，杀得清军血肉横飞。最后因寡不敌众，起义军首领刘国明壮烈牺牲，李文成也“举火自焚”。

李文成领导的天理教在中原地区的反清起义，尤其是河北的天理教群众攻打皇宫事件，是清统治者二百多年来受到的最大的一次打击。嘉庆皇帝惊呼，这是“汉唐宋明未有之事”，“从来未有事，竟出大清朝”。天理教徒冲入皇宫，敲响了清王朝走向灭亡的丧钟。

9. 另有所图：道光皇帝迁陵有缘由

道光即位之后，按满清王朝的定制，他应该在东陵界内选择陵地建造陵寝。几年后，道光的陵寝建成之后，他就将皇后的梓宫安放其中。谁知不久之后，道光就借口地宫渗水，把陵墓推倒重建，不过这次新建的陵寝并不在东陵，而是建到几百里外的西陵。这件事一直为史学界所关注，那么，道光皇帝到底为什么要迁陵呢？

满清王朝的新皇帝即位后，按祖制应该马上为自己选择一个风水好的地方建造陵寝。尽管清朝大多数皇帝并没有严格按照这样来做，但选择建造陵墓的适当地点都是十分看重的。

按照乾隆皇帝制定的原则，由于最初三帝已经造成了东西两陵的局面，后代的皇帝为了表明自己血统，需按昭穆分葬东西两陵，不必再去另择地方。嘉庆死后葬到西陵，他的儿子道光上台，按规定要葬到东陵。

道光元年（1821）九月二日，道光下诏说：“国家定制，皇帝登基后应马上选择万年吉地。根据嘉庆元年高宗皇帝的敕谕，今后吉地各依昭穆次序，在东陵、西陵地界内分别修建。我现在登位后，严格按照祖宗成法，在东陵界内选择绕斗峪建立吉地。”随即派出庄亲王绵课、大学士戴均元、尚书英和、侍郎阿克当阿等人办理此事。同年十月十八日，陵墓正式开工兴建。道光帝认为“绕斗峪”地名不好听，在第二年改名为宝华峪。七月份，道光召见戴均元等人，听取他们的汇报，并面授机宜，具体规定陵寝制度。道光五年三月，道光皇帝还亲自前去察看。两年后，陵寝工程正式完工。这年的九月二十二日，道光亲自护送他的孝穆皇后梓官安放到宝华峪地宫中。当时他看到地宫坚固整齐，规模宏伟，心中十分高兴，遂晋升戴均元为太子太师，英和官复一品顶戴，

庄亲王绵课原来借国家的俸银四万两全部免掉。穆彰阿、宝兴、继昌等参与建陵的官员均论功行赏，就连一些工匠也得到了赏赐。

皇后也葬了，具体负责的官员也得到奖赏，按说此事已经完成了。然而令人不解的是道光最后并没有葬在宝华峪，而是葬到西陵去了，这样的做法并不符合乾隆的规定。完工后的第二年，道光下令拆毁宝华峪陵寝，所有能用的材料全部运到数百里外的京西易县，搬不走的材料后来在修建咸丰帝的定陵时全部用上，剩下的一部分砖瓦地基材料当时认为“与风水不甚相宜”，“运出口门风水地外，择于僻静处所，妥为掩埋”。苦心经营多年的宝华峪陵寝就这样变成了废墟。至今这片道光陵墓的废墟仍可在东陵界内看到，瓦砾成堆，碎砖碎石遍地散落。这到底是怎么回事呢？

废弃的原因据道光皇帝自己讲是地宫内部出现了渗水。道光八年（1828）九月，道光帝到京郊打猎，路过东陵，顺便到自己的陵墓去视察。往地宫走了一圈，回到地面时，发现靴底潮湿，且先时曾梦见死去的孝穆皇后在海中向他呼救，便疑心地宫修建可能有问题，渗出地下水了。他当即传谕留京五大臣会同刑堂官，对选陵修陵的大臣及地官渗水原因切实根究。他脑子里一直在转悠这个问题，没几天就谕军机大臣：“朕昨亲临阅看所办工程，亦多草率，这是有关监督官员等存在着明显的偷窃侵蚀情弊。”这还不够，他派出大臣敬徽、宝兴诸人，对地宫内外“逐处履勘”，发现罩门券、明堂券、穿堂券、金券和宝床下，均有浸水现象。九月，听了敬徽等人的报告，道光觉得问题的确很大，又亲临地宫阅视，再次降谕旨：“今天我亲临阅视，金券北面石墙全行湿淋，地面间断积水。仔细看看日前积水痕迹，竟然超过宝床之上。见到孝穆皇后梓宫霉湿的痕迹。约有二寸，估计积水达一尺六七寸之多。”话锋一转，他又说：“此项工程完工之时，如果加以详慎体验，难道会一点也不能发现问题？这是绵课等人堪舆相度，漫不经心，时良负恩，莫此为甚。”他勃然大怒，接连发出十三道圣谕，大骂办事的大臣是丧尽天良，指责英和等人罪大恶极，说一定要严加根究。

有关堪舆地形和修陵的官员遭到了审讯，道光一定要查出渗水的原因。他让主审官奕绍等人将修陵监督“隔别严讯”，一定要供出开工时实际的情形。同时还要对承办工头匠役“详加开导，隔别讯问”，并且对他们说这件事与他们无关，“务力据实供吐”。审讯的内容主要是“开壤土性”“开通时有无山石夹杂泉水浸泛”和“地平以下未露明工程做法”。道光根据自己的阅视和大臣们的查勘，认为地宫浸水的原因是山水浸溢无疑。“而水势自外内注，抑从地泉涌出，总当

确切究明，以便设法修治”。在审讯这些人的时候，他还审问了建陵之前堪舆吉地的宋泗、赵佩琳、茅鸿升、姚绍基、毓庆等五人，要查清当时是何人首先看定宝华峪为吉地，其他人当时是否有不同意见，是否提出此地有泉水。

经过长达一年的审讯，地宫浸水的原因大致追查出来。道光认为主要是北面墙帮间有石母石滴水，虽然修陵时作了准备，“用工拦挡，令水旁流”，但日子一长水就滴了出来。原议在陵墓的两旁安设龙须沟出水，但英和说不用安置，所以全部停了下来。英和还认为土必甚钝，没有泉石，土地十分干洁，认为龙须沟工程可以停办，并将这些话上奏道光，这分明是欺上瞒下。英和当时还保奏牛坤具体负责建陵，认为只要有牛坤在，当没必要每天都到场。而牛坤说他自己是不管工程的，实际上两人是互相推诿，致使地宫质量出现问题。

道光九年（1829）九月十日，道光下令将英和先革去顶戴，拔去花翎，革职；戴均元革去官衔，降为三品顶戴；其他官员也受到了各种处罚。两天后，道光又亲自到宝华峪地宫查看。看到地宫内汪洋一片，不由得怒火中烧，认为对官员们的处理太轻了，于是又将戴均元革职，英和的两个儿子也被革职。几天后，又将英和等 7 个具体负责建陵的官员查抄家产，其他官员要罚赔白银 25 万两。至十月初四，他对这件事作了最后处理，认为本要将英和拟斩。但经查实在建筑工程中他并没有贪污行为，所以从轻发落，让他到黑龙江充当苦工，他的两个儿子也到黑龙江去。其他一些官员也发配到伊犁、乌鲁木齐等边境去赎罪。戴均元因为年纪太大了，免其死罪，也不发配到边疆，但要驱逐出京回到原籍，子孙俱免职。

当代一些专家认为，其实地宫漏水是正常现象，就那个时代的工程技术和建筑材料来看，出现渗水并不奇怪。即使如乾隆皇帝的裕陵地宫，里面也有积水。不过当时在地宫建造时，宝华峪地宫的确有技术问题，没有设计龙须沟、漏眼之类的排水孔，以便能及时把渗水排泄出去。但一旦发现有问题，再设法补救并不是不可能，说到底，渗水问题在当时是可以解决的。即使认为宝华峪土质不佳，不宜建陵，那么道光的陵墓当在东陵界内另外再选一个地方重建。然而，道光在惩办了修陵不力的官员后，将这座征用了数十万工匠和数百万夫役，历时 7 年才修好的陵寝，无论地面建筑还是地下工程，全行废掉拆除。他违反乾隆的昭穆规定，将陵墓建到西陵去了。

道光十一年（1831）二月二十二日，道光亲临易县新选的万年吉地阅视，并赐名“龙泉峪”。这年五月，陵寝正式开工，承修大臣是工部尚书穆彰阿。道光曾对穆彰阿等人

说："造陵中的一切都务必俭约，不许弄得太好，现在重新选择这里实在是不容易啊。"的确，我们也想知道推倒一个陵墓再建一个，道光的真实想法是什么？为什么他自己也感叹不容易？

新建造的陵墓叫慕陵，在隆恩殿前的月台左侧有一石幢，上面镌刻着道光的两首诗，主要是为自己从东陵迁到西陵作辩护。第一首云："毋谓重劳宜改卜，龙泉想是待于吾。人情可叹流虚伪，天命难谌懔典谟。郁郁山川通王气，哀哀考妣近陵区。因时损益无非教，驭世污隆漫道迁。岂敢上沿诸制度，或成后有一规模。心犹自慊增惭惧，慎俭平生其庶乎。"第二首云："吉卜龙泉工始成，永安二后合佳城。山川惬意时光遇，新故堪伤岁月更。世事看花悲既往，人情寄梦叹平生。东望珠阜瞻依近，罔极恩慈恋慕萦。"从这两首诗中，有关专家发现，道光的辩护是欲盖弥彰，迁陵的真正原因是因为他找到了比宝华峪更理想的上吉佳壤龙泉峪。怪不得他对渗水问题一惊一乍的，原来是另有所图！只可怜了当年那些承办的官员们，既罚赔钱财，又降职充军。

道光认为龙泉峪"郁郁山川通王气"，而且与他父母亲的昌陵相近。至于浪费了多少钱财他就不管了。他在两首诗的注释中说："我因为宝华峪办理得不好，规制又违反了我的本意，不得不另外找一块好地方。特地命令禧恩等人到处寻找，经历了好几年，终于找到了这块宝地。"又说："我亲自到这里来视察，眺望四周冈峦环拱，川溆潆回，建陵的规制与我的本意十分符合。我的皇考仁宗睿皇帝（指嘉庆），皇妣孝淑睿皇后安奉在昌陵，山川王气，毓瑞锺祥。这个龙泉峪在昌陵的西面，相去八里左右，五云在望，一脉相承，是我特别向往的地方，也完全符合我平素的意愿。"讲到这里，我们对道光的迁陵目的就一清二楚了。在他刚上台初期，迫于乾隆的规矩，匆忙在宝华峪建陵，后来他嫌宝华峪风水不够好，多少有点不满意，恰好碰上渗水事件，他就小题大作，干脆把陵毁了，再去找一块好地方。这样，大臣们也不便说反对的意见，他自己也顺心顺意了。

10. 真相重现：扑朔迷离的天王洪秀全之死

同治三年（1864）四月二十七日，太平天国领袖洪秀全死于天王府，年仅51岁。太平天国失去了自己的最高领导人。这是一个不可弥补的损失。根据湘军首领曾国藩向朝廷的奏章和刊刻本《李秀成自述》，洪秀全是服毒

自杀的。但随着《李秀成自述》原件的发行，关于洪秀全的死因又有了另一种说法。那么，这到底是怎么回事呢？

同治三年（1864）春天，曾国藩的湘军将太平天国的首都天京（南京）团团围住，天京城内无粮草，外无救兵，形势万分危急。这时候，太平天国的主要将领李秀成建议洪秀全撤出天京，但遭到了天王洪秀全的拒绝。洪秀全大义凛然的说："朕奉上帝圣旨、天兄耶稣圣旨下凡，作天下万国独一真主，何惧之有?"就这样，于四月二十七日，洪秀全于同治三年（1864）四月二十七日死于天王府，年仅51岁。

前面还在说自己"何惧曾（曾国藩）妖"，不久却升天离世，这看上去多少有点奇怪。所以洪秀全到底是怎么死的，研究者在不断努力探索。至今为止关于洪秀全的死因，人们主要有两种观点。

一是认为他服毒自杀；另一认为是因病去世。

认为洪秀全自杀身亡的材料有多种。其一是湘军首领曾国藩向朝廷的奏章。曾国藩在同治三年（1864）六月二十三日的奏章中说："首逆洪秀全本年五月间，在官军猛攻时，服毒自杀了。"七月七日的奏章中，他又说抓到了天王府的一个宫婢，这人是道州一位黄姓女子，是她亲手掩埋了洪秀全的尸体。听到这个消息后，曾国藩亲自加以审问。据这位宫婢说，洪秀全生前已常年不见臣僚。四月二十七日，因官军急攻天京，就服毒自杀了，当时决定秘不发丧，但城内城外的太平天国将士却早已知道。十多天后，才将死讯正式宣布。

如果说曾国藩的奏章有故意贬低洪秀全而有邀功之嫌的话，那么太平天国后期主要领导人李秀成等人的叙述，可信程度就要高了很多，因为他们对天王府的情况是最清楚不过了。李秀成在天京陷落后不久，被清军俘获。他在湘军的囚房中，写下了几万字的供词，这就是后来曾国藩刊刻的《李秀成自述》。在供词中李秀成谈到洪秀全的死亡："天王这时十分焦急，每天烦躁不安，在四月二十七日这天服毒而亡。"李秀成的叙述，似乎可以证实曾国藩奏章中所言大都是可信的。这样，人们普遍认为洪秀全是服毒自杀的。郭廷以在《太平天国史事日志》中认为洪秀全之死"以服毒说为近真"。简又文《太平天国全史》虽认为曾国藩奏章中有不实内容，黄姓宫婢的供词也是假的，但认为洪秀全自杀是事实。罗尔纲《太平天国史稿》认为洪秀全是四月十九日服毒逝世，具体死的日子虽另有所据，但事实的认定是基本一致的。

令人感到欣喜的是，藏在曾国藩家中长达一百年的《湘乡曾八本堂·李秀成亲供手迹》（即《李秀成自述》）正式影印发行，人们发现李秀成的亲笔供词和原来曾国藩刊刻本有较大的改动，其中关于洪秀全死亡的一段正是改动的重要内容之一。这就引

出了第二种观点，也就是因病去世说。

原稿印行本讲述的洪秀全是因病而死的：“此时大概三月将尾，四月将初之候，斯时我在东门城上，天王斯时已病甚重，四月二十一日而故。”照此说法，洪秀全约在三月底至四月初之间病情已十分严重，四月二十一日时因病逝世。李秀成又谈到洪秀全病重时，坚决不吃医生配的药。他的病时好时坏，人感到不适也不用药，所以四月二十一日就病死了。那么，这个手迹印行本为什么与曾国藩的刻本存在着较大的差别?

大多数学者认为曾国藩刻本是经过曾国藩篡改的。因为曾国藩在攻破南京后，他在安庆给朝廷上的奏章中已经说洪秀全是服毒自杀，到南京后他还是这种观点，所以第一次上奏章时他仍没有意识到自己的奏章有什么问题。直到李秀成被捕，经审讯，他看到了李秀成的亲供，有关洪秀全的死因与原先自己了解的完全不一样，这时他已经无计可施了。除了改动李秀成的供述外，他已经没有其他的办法了。曾国藩的幕僚赵烈文在《能静居士日记》中谈到，七月七日，曾国藩让赵烈文审看李秀成的口供，经改定后送军机处，到傍晚才改完。曾国藩把李秀成的供述送到军机处时说：“李秀成的供词，文理不甚通适，而情事真确，仅钞送军机处以备查考。”可知李秀成供述上送时，先经曾国藩和其亲信改动了。为与自己的奏稿在表述上统一，他把洪秀全的病死改定为自杀，这应该在情理之中。

能够证实洪秀全是病死的资料还有幼天王洪天贵福（洪福瑱）被捕后的《洪天贵福供词》。根据《供词》，洪秀全身体本是无病的。“父亲平日常食生冷，自到南京后以蜈蚣为美食，用油煎食”。《洪天贵福供词》首次披露说洪秀全“于今年四月初十日起病，四月十九日病死。二十四日，众臣子扶我登基。”由发病至死亡周期十天，可见与服毒无关。由此可确证洪秀全乃病死。

赵烈文在《能静居士日记》五月初六日条也说到：“闻探报禀称，逆首洪秀全已于四月二十八日病死（彼中之四月二十日）。”死的时间略有不同。但双方都认为洪秀全是病死的。

现在大多数学者都支持“病死”说，罗尔纲、周村的《洪秀全论》说：“洪秀全因天京缺粮，久吃甜露充饥，致病发逝世。”在注释中他们对自杀说进行了否定：“曾国藩刻本《李秀成亲供》所说洪秀全因被围急自杀死，乃是曾国藩为着要向清廷报功而盗改的。”从目前所掌握的资料来看，“病死”说更有依据。

11. 冷宫幽怨：紫禁城内“寡妇院”

按照清朝的祖制家法，皇帝不能与前朝的妃嫔同居东西六宫。那么，皇帝

去世之后，如何处置前代皇帝的后妃呢？她们又住在什么地方呢？紫禁城内“寡妇院”到底是怎么回事呢？

慈宁宫是专供前代皇帝的后妃们居住的地方。在紫禁城内的外西路隆宗门两侧，坐落着一组建筑群，这里就是清朝太后生活的宫院，其中主体建筑是黄琉璃瓦重檐歇山顶的慈宁宫，还包括慈宁花园、寿康宫、寿安宫、英华殿，各宫室自成体系。

明永乐年间，紫禁城初建时，这里曾仿照南京宫殿建造了皇帝的别殿“西宫”，后来专门用作太后宫。嘉靖十五年（1536），撤除了原先的大殿，在旧址上正式建成慈宁宫。万历年间因灾损坏，又重建过一次。

清朝入关以后沿袭明制，将慈宁宫作为皇太后居住的正宫，并于顺治十年（1653）、康熙二十八年（1689）、乾隆十六年（1751）进行过几次大的修葺，乾隆三十四年（1769）将慈宁宫正殿由单檐改为重檐，并将后寝殿向后移，才成为现存的形制。

慈宁宫门前有一东西向的狭长广场，两端分别是永康左门、永康右门，广场南侧为长信门，北侧为慈宁门，内有高台甬道与慈宁宫正殿相通。皇帝每天来向太后问安的舆轿就停在永康左门外。慈宁宫正殿为前后出廊，黄琉璃瓦重檐歇山顶，面阔七间，当中五间各开四扇双交四菱花扇门，两梢间为砖砌坎墙，各开四扇双交四菱花扇窗。正殿悬挂着乾隆皇帝的御笔横匾：“庆隆尊养”。两旁的对联是：“爱日舒长，兰殿春晖凝彩仗；慈云环阴，萱庭佳气接蓬山。”后殿则有康熙皇帝题写的匾额“万寿无疆”和乾隆御书的对联：“百八牟尼，现庄严宝相；三千茹葡，闻清净妙香。”院内东西两侧为廊庑，向南与慈宁门相接，向北则直抵后寝殿（即大佛堂）之东西耳房。前院东西两山设卡墙，各开一垂花门，东曰徽音左门，西曰徽音右门。宫门外东西两边各陈设有一头铜麒麟，威风凛凛，气派俨然。

慈宁宫在明朝是前代皇贵妃的居处。到了清朝顺治十年（1653），慈宁宫修葺一新，孝庄皇太后成了清朝这里的第一位主人。以后慈宁宫成了太皇太后和皇太后居住的正宫，太皇贵妃、太妃、太嫔等人也依祖制随居内各宫。换句话说，这里成了业已过世的前代老皇帝的后妃们居住的地方。由于这里的主人尽是前代老皇帝的遗孀，所以后来人们干脆把它称作“紫禁城中的寡妇院”。

清朝的前期和中期是慈宁宫的兴盛时期，当时孝庄文皇后、孝圣宪皇后都先后在这里居住过。孝庄皇太后在这里度过了45载时光，乾隆的生母孝圣皇太后也在这里入住了42年。顺治、康熙、乾隆三帝以孝闻名，因此经常出入慈宁宫请安，并在慈宁宫为太后举行庆寿大典。康熙曾御制诗

一首：

九天旭日照铜龙，
朝罢从容侍上宫；
花萼联翩方昼永，
晨昏常与问安同。

当时凡是在宫中举行的一切庆典活动，如给皇太后上徽号、册立后妃、公主下嫁以及元旦、冬至、皇太后万寿节等，在慈宁宫也同样举行盛大的庆贺仪式。最隆重的当数皇太后万寿节（皇太后生日）了。届时，皇帝亲自率领皇子、皇孙、诸王公大臣，皇后率领宫内妃嫔、公主、福晋、命妇等来到慈宁宫向皇太后行大礼称贺，场面十分隆重而热闹。

史籍记载，乾隆十六年十一月二十五日，乾隆帝在慈宁宫大行祝寿礼，庆贺母亲孝圣皇太后六十诞辰。庆寿这天，各衙门不理刑名，文武百官进献贺礼，外省官员也要进表恭贺。乾隆帝率领诸王公大臣向皇太后行六肃三跪二拜礼，皇子、皇孙向皇太后行三跪九叩礼。礼仪中最富有满族色彩的是，乾隆帝身着彩衣，手捧酒觞，面向端坐宝座的皇太后跳舞称贺并进酒祝寿，皇子、皇孙以及皇戚也身着彩衣，依次跟在他后面手舞足蹈祝寿助兴。这次祝寿总共用去绸缎上百匹，珍珠上千串，还有巨额的银两。

然而，慈宁宫里毕竟欢乐的日子很少，像庆贺及节日等一年也不过只有几天，那些皇帝的遗孀们除了这时济济一堂、饮酒作乐外，其余的日子只能和清寡孤寂相伴了，偌大一座宫室里，几乎听不到主人们的欢笑声。

道光之后，随着清王朝走向没落，国库空虚，孝和睿皇后不得不缩减宫中开支，并多次下旨：停止大节在慈宁宫举行庆贺和各种礼仪活动。

至晚清时期，慈宁宫已经变得非常冷清了，当时的慈禧太后君临天下，不可一世，然而她却不甘心依祖制像早先那些皇太后、太皇太后那样清心寡欲地住在她应该居住的慈宁宫，而是长期居住在储秀宫、宁寿宫的乐寿堂及长春宫。只在逢宫中“大三节”时，才装模作样地到慈宁宫来摆摆样子。真正入居慈宁宫的都是那些失势的寡妇，她们在先朝皇帝在位时就备受排挤和冷落，住进慈宁宫后的日子就更难过了。

“寡妇院”中的皇太后和其他妇女的待遇有天壤之别。皇太后享有后宫最高待遇，按规定每年可得黄金二十两、白银两千两、兽皮一百二十四条、绸布缎纱一百六十匹、银纽扣四百个等。而一些地位低下的太妃通常只能得到一点微薄的例银，刚够温饱。有的时候，生活困窘的寡妇只得做点针线活，让太监宫女偷偷地拿到宫外变卖，换点碎银聊以贴补。

慈宁宫中的寡妇们平时不准随便外出，更不能接触社会。年复一年，花开花落，过着毫无生气的日子。在漫漫无期、百无聊赖的寡居生活中，为了寻求精神解脱，她们只能求助于

虚无缥缈的佛，因此慈宁宫建筑群中佛堂很多，比较有名的礼佛场所就有英华殿、慈荫楼、宝相楼、成若馆、临溪亭、吉云楼等。慈宁宫后殿还有一座大佛堂，金漆大佛龛中供奉着高大威严的三世佛，它成了清朝后妃们的主要礼佛之所，也是紫禁城内最重要的传佛殿。焚香礼佛，借着佛教慰藉痛苦，麻木心灵，这大概就是皇帝死去以后，“红颜暗老白发新”的后妃们主要的生活内容吧。

12. 魂归幽井：珍妃落井有蹊跷

光绪二十六年（1900）七月，八国联军进攻北京。在慈禧太后准备仓皇出逃前夕，光绪皇帝的宠妃珍妃死于宁寿宫外的玻璃井中，但珍妃是否坠井而死，一直众说纷纭。有人说她其实是被慈禧太后派人推下井的。那么，事情的真相到底是什么呢？

珍妃，姓他拉氏，满洲镶红旗人，才色并茂，颇通文史，光绪十四年（1888）进宫，后晋封为珍妃。光绪帝与珍妃感情非常好，但慈禧与珍妃一直有矛盾。后来，因为珍妃支持光绪的戊戌变法，受到了慈禧太后的怨恨，最后在光绪二十六年（1900）七月，八国联军进攻北京、慈禧仓皇出逃前夕，珍妃溺死在宁寿宫外的井中，但珍妃的死因一直是一个未解之谜。

第一种说法认为：珍妃生了天花，慈禧不得已派人把珍妃推下井。这一说法主要来自太监小德张过继孙张仲忱在《我的祖父小德张》一文中的叙述。他转述了小德张的回忆。据他回忆，小德张谈起珍妃时说，当年八国联军进城后，慈禧也来到了御花园旁，在养心斋前换上了便装。各宫妃嫔陆续到来，光绪皇帝也由瀛台过来，换上了青衣小帽。这时，慈禧把珍妃叫来，让她换好衣服一起走。此时的珍妃已被囚禁了整整三年。不大一会，珍妃披散着头发，穿着旗袍来了。老祖宗大怒说：“到这时候了，你还装模作样，洋人进来，你活得了吗？赶紧换衣服走！”珍妃说：“皇阿玛，奴才面出天花，身染重病，两腿酸软，实在走不了，让我出宫回娘家避难去吧！”慈禧不同意，仍然叫她走，珍妃跪在地上就是不走。这就为慈禧把珍妃扔到井里提供了借口，因为珍妃生了天花没体力逃难，投井是不得已而为之……

第二种说法认为：慈禧派人杀害说。1900年庚子之乱，八国联军马上就要打进北京城，此时珍妃已在西二长街百子门内牢院中囚禁了6年，就在慈禧仓皇“西狩”前夕，珍妃托宫女带信给姐姐瑾妃，让她无论如何想办法留住皇帝在京主持大局。言外之意是可借机摆脱慈禧的控制，收回皇

帝的大权。谁知信件落入二总管崔玉贵之手，并被转呈给了慈禧。于是慈禧盛怒之下令其自尽，珍妃不从，才由崔玉贵将她沉入井中。另据《清朝野史大观》记载，八国联军兵临城下，慈禧等人收拾行装准备逃出紫禁城，珍妃进言说皇上是一国之君，应该留在京城，太后一怒之下命李莲英将其推入宁寿宫外大井中。但这里有一个问题，就是珍妃究竟为什么被囚禁，是因为她“赞襄新政”吗？

通过历史的记载，我们可以得出结论，珍妃被囚绝非因为“赞襄新政”。从时间上来说，珍妃被囚是在光绪二十年，而戊戌变法直到四年之后的光绪二十四年才发生，她虽生长在得风气之先的广州，并受教于文廷式，但思想也不会先进到康梁的程度。如果她在光绪二十年即因“赞襄新政”被囚，岂不成了康梁之前驱。吾国思想与革命之启蒙者？珍妃利用光绪卖官鬻爵是事实，但她对慈禧的揽权干政，使光绪不得一展抱负的不满也是显然的。慈禧杀死珍妃不是因她“习尚奢华”，“屡有乞请”，也不是因她“赞襄新政”，而是因为她策划光绪留京。光绪若能留京主持大局，则慈禧“西狩”便成流放，永无回京之望！

第三种说法认为：珍妃自己投井自杀。这一说法主要来自当事人的口述资料。据慈禧太后的曾孙叶赫那拉·根正所著的《我所知道的慈禧太后》一书记载，隆裕皇后曾经告诉作者的爷爷说：“很多人都说是我嫉妒告她黑状，所以老太后派人把她推到井里去了。其实事情是这样的——当时被八国联军打败后，洋人军队打到了北京。在完全没有取胜希望的情况下，老太后西行。当时的情况非常紧急，因为谁也不清楚这帮洋人最后会干什么，会不会像烧圆明园那样，把紫禁城也烧了。当然西行带不了那么多人，因为人多了就会成为负担。但是因为当时光绪是皇帝，而我是皇后，同时又是老太后的亲侄女，要带也只能带我和皇上走。而其他的一些亲属就地回娘家躲避，妃子们也不例外。可是当时的珍妃非常气盛，不服从老太后的指挥，并当场顶撞了老太后。在那个紧急时刻，珍妃一直对老太后说：‘我是光绪的妻子，我要跟着去。您有偏见，皇后是您的侄女，所以您带她走。所以我也请求你带我走。’这就让老太后非常难堪。从另外一层上讲，本来老太后就对珍妃平日的作为有点不高兴，再加上紧急时刻的顶撞，老太后气得脸色发白，直打哆嗦。在皇宫里，大清朝几百年来从来没有人敢于这么顶撞太后，即便是皇上都从来没有过，何况一个珍妃。老太后也是一个非常要脸面的人，所以气得当时抬脚就走，珍妃一直跟着老太后说自己的理由，于是就来到了距离珍妃住所不远处。珍妃这时候还不死心，对太后说：‘我是光绪的妻子，就要跟

皇上在一起，不在一起宁愿死。活着是皇家人，死了是皇家鬼。’老太后一听，就更加生气，本来火烧眉毛的事情，哪还有时间吵架啊，于是就对珍妃说：‘你愿意死就死去吧。’当时离说话的地方不远处就有一眼井，于是珍妃紧走两步说：‘那既然这样，我就死给你看。’于是直接就奔井口去了。老太后一看情况不对，这孩子跟我顶撞两句，怎么还真的去死啊。于是对崔玉贵说：‘赶紧去拉住她。’但是这时已经晚了，当崔玉贵跑过去的时候，珍妃已经跳了下去。老太后一看没办法，内忧外患，于是没来得及管她，就走了。”

如果按照这种说法来看，珍妃不是慈禧所杀，而是自杀。其实事情远远不像人们想像的那样，因为慈禧和珍妃都死了，所以人们就随意把一些屎盆子都扣到了慈禧的脑袋上。与其他观点不同的是，此书的作者甚至指出，因为珍妃非常有才干，又非常聪明漂亮，所以慈禧非常喜欢珍妃。在慈禧看来，珍妃就是年轻时的自己，这些都让慈禧对珍妃有着一种别样的感情。

珍妃之死无疑是清代后宫又一未解之谜。她的死因，正史的记录都语焉不详，野史和口述史料的记录详细，但可信度不及正史，且版本很多。自杀还是他杀至今仍不得解。

13. 身首异处：李莲英墓地的发现

清朝大太监李莲英生前是极得慈禧太后宠信的心腹。慈禧死后，他又巧度难关，全身而退，平平安安地从宫中脱身而出。然而他死后多年，人们却发现他棺内只有一颗骷髅头，不见其下身躯干。原来，在下葬之前他便已身首异处。那么，李莲英墓中为什么只有头颅而没有尸身呢？难道他是被人杀害的吗？

围绕着李莲英之死，充满了种种猜测，却一直没有发现真相。李莲英是清末权倾朝野、势焰灼人的三个大太监之一。道光二十八年（1848），李莲英出生于直隶河间府（今河北省任丘市以南），早年曾贩过皮硝、硫磺，后来当过皮鞋匠，帮人缝破绽打补子，再后来还一度出家做过道士。他生性好赌，一次在赌场上把辛辛苦苦挣来的积蓄输得一干二净，急怒之下，就引刀自宫了。被人救活以后，没有别的出路，只好由同乡沈玉兰引荐，进宫当了一名太监。

最初李莲英在御花园钦安殿照应香火。钦安殿供的是真武大帝，每逢朔望，慈禧都会来此拈香祈福。李莲英自小聪明，性灵心细，他把佛前的锦伞绛节、宝盖珠幢以及祭神用具等

收拾得干干净净，于是被慈禧相中并调到了内宫伺候御前起居。当时慈禧身边有个太监专门负责每天早上为她梳头晨妆，有一阵子生病不能上殿当差，换了几个太监，慈禧都觉得不满意，不是发根松紧扎得不合适，就是经常有一撮头发翘着。轮到李莲英试着为慈禧梳头，他是个有心人，知道慈禧脖颈上的头发刚硬，很难梳顺溜，于是事先准备好一小盒发胶，用小刷子几下就把慈禧后脖颈上的头发拢得服服帖帖。很快，李莲英就担任慈禧的梳头太监了，加上他善于揣摩迎合慈禧的心思，对其他太监、宫女等也都有意回护，帮衬照应，颇得太后左右人的好感，因此便接替被光绪帝除掉的太监安德海，爬上了总管大太监的位置，成为慈禧的心腹。

“文革”期间，红卫兵在北京市海淀区恩济庄发现了李莲英的墓，刨开一看，紫红色金丝楠木的棺内，李莲英衣冠楚楚躺在里面，袍衣袍褂完整无缺，可衣褂内和棺内四角全是金银财宝和一颗骷髅头，身躯却不知何处，连一根骨头也没有。墓异常坚固，没有被盗挖过的痕迹。那么，李莲英到底是怎么死的？为什么会身首异处？李莲英之死迄今还是一个未解之谜，找不到任何可资参考的史料。

根据民间的流传，李莲英有可能死于以下三种情形之一。

其一，隆裕的宠监小德张跟李莲英是死对头，他想乘李莲英倒势之机联合其他太监们将李莲英积攒多年的财物攫为已有。于是，小德张就派心腹四处调查，并查明李莲英存在原籍及各银号、金店的存款，储存在宫中尚未来得及运走的现金，还有在直隶购置的大片土地等，于是面奏太后。隆裕下了一道手谕，命内务府即刻查办李莲英。

李莲英闻讯后赶紧派人去通关系，他找到了当时驻扎在京城里的袁世凯的亲信江朝宗求救，并献上大量财宝。江朝宗便召来小德张，要他转告隆裕，对李莲英不要赶尽杀绝。其实，李莲英图的是袁世凯和江朝宗的势力，而江朝宗图的是李莲英的钱财。隆裕碍于江朝宗与袁世凯关系密切，只好卖一个面子，放松了对李莲英的追查。小德张见此，也把财宝源源不断送进江府，江朝宗见李莲英已成困虎，而小德张蒸蒸日上，又是太后的亲信，也开始跟小德张密切交往起来。有一天，江朝宗在什刹海会贤堂摆席请李莲英吃饭。散席后，李莲英在回家路上被人杀死，后来李家人只寻到了他的人头。

其二，李莲英是病死的。从他自宫当了太监之后，心里就总觉得自卑，虽然他的亲友都沾他的光享受上了荣华富贵，生活奢侈，昔日的穷家陋室彻底改换了门庭，然而李莲英却不止一次说过，来世一定要做个真正的男人。据说他曾恳求家人在其死后为他下体装一个木制的生殖器，以求死得

像个完整之人。

然而，自己毕竟是个半残之身，深感死后没脸去见阴间的列祖列宗，加上顾忌家人认为他到底是个阉人，就算安上木柄还是对不起祖宗，所以干脆留下遗嘱，死后只留头颅，把脑袋以下整个身躯舍弃掉了。

其三，李莲英是被暗杀的。因为当时正值辛亥革命爆发前夕，经常发生暗杀事件。由于李莲英是慈禧的爪牙，与慈禧狼狈为奸、卖国求荣，干尽了坏事，为了打击封建势力和旧王朝，激进的革命党人便刺杀了他。但是，迄今也没有从任何资料中发现这方面的证据。

总之，以上关于李莲英之死的原因都是一些民间猜测。李莲英之死迄今还是一个未解之谜。

参考书目

温相著:《帝国雄图》，北京，西苑出版社，2006
岳帆著:《后妃末路：大清后妃的生死歌哭》，北京，西苑出版社，2008
岳帆著:《帝王末路：大明后妃的生死歌哭》，北京，西苑出版社，2008
史荣新著:《权臣末路》，北京，西苑出版社，2008
李文勇编著:《权臣末路》，北京，西苑出版社，2008
李文勇编著:《历史可以这样读》，北京，九州出版社，2008
廉永清主编:《中国历史未解之谜》，北京，中国画报出版社，2009
李锁清主编:《图说中国历史未解之谜》，北京，华文出版社，2009
张海英、叶军主编:《中国历史之谜》，上海，文汇出版社，2003
李广生主编:《中国历史之谜》，天津，百花文艺出版社，2002
王雷主编:《中国历史未解之谜全记录》，北京，中国戏剧出版社，2002
山齐编著:《千古疑案——中国历史文化之谜》，长春，吉林文史出版社，2002
何忆、孙建华编著:《历史密码：揭秘历代悬案疑案》，北京，工人出版社，2008
张剑光、邹国慰主编:《中国帝王之谜》，上海，文汇出版社，2003
向思鑫主编:《细说中国历史36大悬案》，武汉，湖北人民出版社，2007
闻君编著:《中国历史探秘》，北京，时事出版社，2007
闻明、张林主编:《中国历史百科》，北京，中国环境科学出版社，2006
姚正、林力编著:《中国历史之谜》，济南，时代文艺出版社，2003
东篱子编著:《历史上这些事儿》，北京，中国华侨出版社，2007
邱立坤著:《知道点中国历史》，南昌，21世纪出版社，2007
骆玉明著:《权力玩家：中国历史上的大阴谋》，上海，复旦大学出版社，2009
高思芳主编:《中外重大历史事件全记录》（中国卷），北京，中国戏剧出版社，2004
高思芳主编:《历史悬疑解析》（中国卷），北京，中国戏剧出版社，2004
任冀湘编著:《中国帝王死因探秘》，北京，中国时代经济出版社，2006
孙铁主编:《影响中国历史的38位传奇女性》，中央编译出版社，2007

李学勤主编:《话说中国大历史》,北京,华艺出版社,2009
墨人主编:《中国历代后妃之谜》,中国戏剧出版社,2006
刘明、罗宾编著:《每天读点中国历史》,海潮出版社,2009
张武顺编著:《重现中国历史·成王败寇》,北京,中国大百科全书出版社,2008
亦非著:《中国历史的天窗》,北京,京华出版社,2007
王意如著:《中国历史上的传说与谎言》,上海,文汇出版社,2005
张志君著:《颠覆历史》,北京,中国传媒大学出版社,2007
翟文明编著:《细说中国历史悬案》,沈阳,万卷出版公司,2007

另外,本书在编写时,参考了一些专家学者发表在网络上的资料,在此对他们一并表示深深的感谢。